알아두면 돈 되는
1인기업 세무과외

이 도서의 국립중앙도서관 출판시도서목록(CIP)은 서지정보유통지원시스템 홈페이지(http://seoji.nl.go.kr)와
국가자료공동목록(http://www.nl.go.kr/kolisnet)에서 이용하실 수 있습니다.

알아두면 돈 되는

# 1인기업 세무과외

박순웅 지음

VegaBooks

목차

## PART I
## 1인기업 세무과외, 선택 아닌 필수!

| 01 | "나이런 사람이야~" \| The Icebreaker, 자기소개 | 014 |
| 02 | 나쁜 녀석들, 그들이 온다! \| 1인 기업의 의미 | 017 |
| 03 | 도서관으로 출근하는 남자 \| 1인 기업의 생존 요건 | 020 |
| 04 | 인생은 짧고 혼밥·혼술은 길다 \| 시간을 지배하는 방법 | 024 |
| 05 | 마술 같은 절세 비법 \| 수업 커리큘럼 | 027 |
| 06 | "더 쎈 놈" \| 미래의 세무조사, 여정의 시작 | 032 |

## PART II
## 죽을래, 회계할래?

| 01 | 우황청심원이 필요한 남자 \| 회계, 재무제표의 개념 | 038 |
| 02 | 결혼해 듀오 \| 회계 정보의 중요성 | 043 |
| 03 | 채워지지 않는 빈자리 \| 복식부기의 개념 | 048 |
| 04 | 기장도사님 ① \| 복식부기 방법론 | 052 |
| 05 | 기장도사님 ② \| 복식부기 실습 | 057 |
| 06 | 회계, 뭣이 중헌디! \| 회계의 본질 | 063 |
| 중간고사 ❶ \| 학습정리 ① | | 070 |
| 07 | 대사열전(무릎팍도사 vs 월천대사) \| 이익의 개념 | 073 |
| 08 | 혼밥지존 선발대회 \| 회계와 세무의 관계 | 077 |
| 09 | 회계(개)는 교회에서만 하는 건가? \| 개인사업자의 장부작성 의무 | 082 |
| 10 | 회계(개)하지 못하는 자를 위한 기도 \| 경비율에 의한 장부작성 | 088 |
| 중간고사 ❷ \| 학습정리 ② | | 094 |

## PART III
## 기본개념 익히기

| 01 내 여사 친구를 소개합니다 \| 법인의 개념 | 100 |
| 02 인간의 품격 \| 법인의 존재 이유 | 104 |
| 03 천일동안 \| 국민의 납세의무 | 109 |
| 04 복부비만 직장인 10년차 ① \| 부가가치세 개념 ① | 112 |
| 05 일상으로의 초대 \| 세금의 종류 | 117 |
| 중간고사 ❸ \| 학습정리 ③ | 123 |
| 06 친구 \| 누진세율, 종합과세, 분류과세 | 126 |
| 07 내 돈은 오데로? \| 원천징수, 분리과세 | 134 |
| 08 복부비만 직장인 10년차 ② \| 부가가치세 개념 ② | 139 |
| 09 창업경연대회 \| 국가의 세금징수 체계 | 144 |
| 중간고사 ❹ \| 학습정리 ④ | 150 |

## PART IV
## 소득세

| 01 40년 만의 동창회 \| 종합소득 종류 | 158 |
| 02 딱새의 꿈 \| 이자/배당소득, 근로소득, 연금소득 과세 방법 | 162 |
| 03 입영열차 안에서 \| 기타소득 과세 방법 | 168 |
| 04 웅맥 페스티벌 \| 사업소득 과세 방법 | 175 |
| 중간고사 ❺ \| 학습정리 ⑤ | 180 |
| 05 모여라~ ① \| 종합소득세 산출 구조 | 186 |
| 06 재미있는 산수교실 \| 소득공제와 세액공제 개념 | 190 |
| 07 천기누설 ① \| 종합소득세 절세 방안 | 195 |
| 08 내 안에 나 있다 \| 가사경비 | 199 |
| 09 내 머릿속의 지우개 \| 종합소득세 산출 사례 | 204 |
| 중간고사 ❻ \| 학습정리 ⑥ | 210 |

## PART V
## 부가가치세

| 01 | He's gone | 부가가치세의 본질 | 216 |
| 02 | 인연의 균형 | 부가가치세 회계 처리 | 220 |
| 03 | 소통의 균형 | 간접세의 개념 | 225 |
| 04 | 연탄재 함부로 발로 차지 마라 | 부가가치세 면세 | 229 |
| 05 | 과제물 제출-서민적 글쓰기 | 과제물 제출 | 234 |
| 중간고사 ❼ | 학습정리 ⑦ | | 241 |
| 06 | 모여라~② | 부가가치세 산출구조 및 매입세액 불공제 | 248 |
| 07 | 텐 프로 | 간이과세 | 255 |
| 08 | 천기누설② | 부가가치세 절세방안 | 259 |
| 중간고사 ❽ | 학습정리 ⑧ | | 267 |
| 09 | 해외연수-삼합회 | 회계, 소득세, 부가가치세 관계 | 271 |

## PART VI
## 백척간두百尺竿頭 진일보進一步

| 01 | 마음, 읽어 드립니다 | 사업 시작 | 280 |
| 02 | 마흔의 주례사 | 현장체험 ① | 285 |
| 03 | 눈을 감으면 비로소 보이는 것들① | 세금계산 ①-부가가치세 | 289 |
| 04 | 눈을 감으면 비로소 보이는 것들② | 세금계산 ②-부가가치세 | 297 |
| 05 | 혁이 형 | 현장체험 ② | 303 |
| 06 | 눈을 감으면 비로소 보이는 것들③ | 세금계산 ③-소득세, 여정의 끝 | 307 |
| 07 | 일생에 한 번은 TAX-GO를 만나라! | 전체 학습정리 ① | 314 |
| 기말고사 | 전체 학습정리 ② | | 320 |

부록 질문이 답이다     328

**머리말**

# 1인기업의 도道를 아십니까?

응답하라 1994. 내가 대학생이 되던 해. 늦은 저녁 서울 서초대로변을 걷는데 누군가 말을 걸어왔다. 정확히 기억나지 않지만 한두 마디는 생생하다.

"도道를 아십니까? 인상이 좋아 보이시네요."

귀가 얇고 호기심이 강한 나는 그를 따라갔다. 차 한 잔을 마셨다. 출세하고 싶으면 조상을 잘 모셔야 한다는 조언을 들었다. 정성이 많이 담긴 음식을 차리라는 이야기였다. 이를 위해 복채도 두둑이 내라는 설명이 이어졌다. 그의 믿음을 부정하지 않는다. 조상에 대한 정성은 당연하다. 이후 나는 그들의 집중 표적이 되었다. 내 몽타주가 그들이 말 걸기에 좋았던 듯하다.

지난 20여 년간 그들을 잘 피해 다녔다. 누군가 비슷한 말을 걸어오면 대꾸 없이 지나쳤다. 멀리서 그들을 먼저 알아보고 피하기도 했다. 나름 자연스럽게 행동하는 내공이 쌓였달까.

**1인기업 전성시대**

창업 열풍이다. 특히 1인기업이 유행이다. 많은 이들이 자신의 경험과 지식으로 가치를 창출하고 돈과 시간으로부터 자유로운 인생의 길을 개척하고자 한다.

멋진 도전이다. 이를 위해 준비해야 할 게 많다. 그 중 하나가 세무회계 지식이다. 1인기업도 경영활동을 하고 이는 경영언어인 회계로 표현된다. 이를 토대로 국가에 납부할 세금이 결정되기 때문이다.

시중에는 창업과 세무회계 관련 서적이 봇물을 이루고 있다. 나는 회계학을 전공하고 공인회계사로 10여년 실무를 했다. 때론 전문가 입장에서 때론 독자 입장에서 많은 책을 섭렵했다.

'회계는 일반상식', '한 권으로 아는 세무회계', '마법의 절세법' 등이 주제였다. 일반인들에게 세무와 회계에 대해 폭넓은 설명을 하는 측면은 있다. 하지만 사람들이 책을 읽고 전문분야에 대해 얼마나 이해할 수 있을지는 의문이다. 책 한권으로 세무회계의 모든 것을 이해한다면 20여 년 동안 세무회계와 함께 숨 쉰 나의 설 자리는 없어야 하지 않겠는가.

### 강남스타일

2015년 땅거미가 지던 어느 날. 나는 글로벌스타 싸이의 주 무대인 강남대로변을 걷고 있었다. 외국인이 말을 걸어왔다. 40대 중반의 인도 출신으로 보이는 남자다. 영어회화 실력이 좋지 않은 나는 긴장한 얼굴로 그와 얘기를 나눴다.

"당신은 지난 2년간 회사에서 좋지 않았다. 이제 좋아질 것이다. 당신의 얼굴에 행운이 보인다."

"고맙소"

나의 어설픈 해석 능력으로 이처럼 이해하고 대답했다. 그는 작은 메모지를 접어 내 손에 쥐어주었다. 나의 이름과 나이, 가족사항, 좋아하는 숫자 등을 물어본 뒤 자신의 수첩에 적었다. 나에게 덕담을 건넨 그는 나의 손에 행운의 기를 불어넣었다. 그에게 동화된 나는 'Good luck!'을 함께 외친 후 그의 지시에 따라 메모지를 확인했다. 내가 쥔 메모지에는 그의 수첩에 적힌 것과 동일한 내용이 적혀 있었다.

또 한 차례 동일한 절차가 진행됐다. 나는 신비로운 마술을 체험했다. 그는 자신을 인도에서 온 요가 수련자로 소개했다. 다이어리 속 도인처럼 생긴 사부의 사진도 보여주었다. 20년 동안 쌓여온 나의 내공은 존재를 잃고 말았다. 그는 수첩의 다른 부분을 보여주며 "Money"를 주문했다. 내가 지갑에서 천원 권 한 장을 꺼내자 그는 큰 소리로 말했다.

"Ten Thousand!"

신비로운 분위기에 매료된 나는 만 원권 한 장을 다이어리에 올려놓았다. 그의 주문이 이어졌다.

"More! For your two daughters."

순간 사라졌던 나의 내공이 꿈틀대기 시작했다. 나는 더 이상 돈이 없다고 했고, 그는 아주 냉정히 돌아섰다. 그가 누구인지 지금도 알 수 없다. 나의 내공을 키워준 집단 또는 유사집단의 일원일 수도, 진정한 도인道人일 수도 있다. 그게 뭐 중요한가! 바보라는 말을 들을 수도 있겠지만 나는 짧은 순간 거부할 수 없는 신기한 경험을 했고 그 대가를 치른 것이다.

### 1인기업의 도道

그는 독특하고 차별화된 경험을 제공했다. 내가 20년 동안 쌓아온 노하우를 일순간에 무너뜨리는 마케팅이었다. '道를 아십니까?', '福이 많아 보이시네요.' 같은 흔한 말이 아닌 글로벌 시대 영어로 접근했다. 짧은 순간 마음을 매료시키는 마술을 결합, 차별화된 콘텐트를 보여줬다.

경험, 지식, 기술로 가치를 창출하는 1인기업의 핵심은 차별화된 콘텐트 창출이다. 그 콘텐트는 사회적으로 정당하고 유용한 것이어야 한다. 여기에 모든 역량과 시간을 투자하고 이를 위해 한정된 시간까지 구매해야 한다.

새로운 인생, 1인기업의 도를 향하는 이라면 매력적인 콘텐트 창출에 온 힘을 기울여야 한다. 세무회계 공부는 지식함양이 아닌 1인기업 활동에 필요한 최소 핵심사항을 숙지하는 것이다. 기본에 충실해야 한다. 이것이 내가 말하고자 하는 메시지다.

**1인기업 세무과외**

나는 세무회계 지식이 부족한 1인기업가를 위해 이 책을 집필하였다. 어려운 회계와 복잡한 세무는 어떤 관계인지, 사업자가 직면하는 세금에는 어떤 게 있는지, 각각의 세금계산 구조는 어떻게 되며 사업 진행 과정에서 필수적으로 숙지해야 할 기본사항은 무엇인지를 기술하고자 노력했다.

예비 1인기업가 또는 이미 사업을 시작했지만 관련 세무지식이 부족한 사업자들이 읽으면 도움을 받을 수 있을 것이다. 시중의 책들과 달리 세무의 모든 것을 다루고자 하진 않았다. 솔직히 그것은 불가능하다. 이 책은 소득세와 부가가치세를 대상으로 한다. 이를 위해 회계의 개념을 함께 살펴본다. 아쉽지만 이 책에는 기적의 절세 방법도 비법도 없다. 1인기업 활동을 위해 알아야 하는 최소한의 세무지식을 다루고자 했다. 이 정도만 알아도 세무에 대한 기본개념을 이해하고 세무에 대한 막연한 불안감에서 벗어날 수 있으리라 기대한다.

이 책은 모두 여섯 파트로 구성되어 있다.

PART Ⅰ : 가벼운 마음으로 자신을 돌아보고 수업을 즐길 마음의 준비를 한다. 우리의 멋진 여정의 끝은 회계와 소득세, 부가가치세의 만남이다.

PART Ⅱ : 회계를 먼저 살펴본다. 복잡한 세무의 출발점은 어려운 회계다. 누구나 한번쯤 들어보았을 회계의 개념을 정립하고 세무와 회계의 관계가 무엇인지 알아본다.

PART Ⅲ : 세무 관련 기본개념을 살펴본다. 이를 위해 다른 세상의 언어로 생각되는 용어들을 우리의 일상으로 초대한다. 본격적인 세무 수업을 위한 준비과정이다.

PART Ⅳ, Ⅴ : 1인기업가에게 적용되는 소득세와 부가가치세를 살펴본다. 기본개념을 바탕으로 각각의 세금계산 구조를 이해하고 절세를 위한 핵심사항을 알아본다.

PART Ⅵ: 1인기업 사례를 통해 세금계산 과정을 살펴본다. 회계장부 작성, 부가가치세와 종합소득세를 산출한다. 이들의 만남이 이루어지면 우리의 여정은 마무리 된다.

회계와 세무에 대한 기본개념을 이해하고자 하는 독자들은 PART Ⅱ 와 PART Ⅲ를 읽으면 도움이 될 것이다. 이의 연장선으로 소득세와 부가가치세의 개념 정립을 위해 PART Ⅳ와 PART Ⅴ를 참조하면 된다. 장부 작성과 세무업무를 직접 수행하고자 하는 독자들은 PART Ⅵ를 함께 살펴보면 된다.

그럼에도 불구하고 이 모든 내용이 부담스러운 독자들을 위해 부록을 첨부했다. 세무사와 회계사에게 세무회계 업무를 맡기기 전에 부록을 손에 쥐고 그들에게 먼저 물어보면 된다. 자신의 업무를 전문가에게 위임하더라도 그들과 대화할 수 있는 소양은 갖추자.

자신만의 콘텐트 창출에 전력을 기울이고 부담되는 세무회계 업무는 전문가에게 맡기라고 말하고 싶다. 하지만 기본은 알고 맡겨야 한다. 내 재산과 권리를 나 아닌 누가 지켜주겠는가? 이것이 내가 이야기 하는 '1인기업 세무과외'의 핵심이다.

이 책은 새로운 인연의 시작이다. 다소 부족하지만 누군가에게 의미 있는 존재가 되었으면 하는 작은 바람과 함께 부족함을 채워가며 소중한 인연이 오래도록 이어지길 소망한다.

많은 분들이 자신만의 아름다운 마법을 세상에 선사하며 눈부신 1인기업의 道를 개척하길 기원한다. 힘차게 응원한다!

'책방'이라 이름 붙인 나만의 작은 공간에서
저자 박순웅

# 알아두면 돈 되는
# 1인기업
# 세무과외

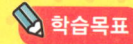

- 자신이 어떤 사람인지 생각해본다.
- 1인기업의 의미를 고찰한다.
- 1인기업의 생존 요건을 알아본다.
- 1인기업 콘텐트 창출의 핵심을 파악한다.
- 1인기업 세무과외를 이해한다.

# PART I

## 1인기업 세무과외, 선택 아닌 필수!

## "나 이런 사람이야~"

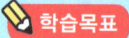 학습목표

자기소개, "나는 어떤 사람인가"에 대한 고찰

    날쌘돌이, 100미터를 13초에 주파하는 고교생, 55킬로그램 홀쭉이, 교내 축구 시합에서 종횡무진 운동장을 누비는 화려한 개인기의 소유자, 서너 명의 수비수를 가볍게 제치고 숏다리를 부지런히 움직여 상대 골문으로 돌진해 골네트를 가르는 마법의 숯돌이, 지금은 73킬로그램 살덩이, 5분만 달려도 기절하듯 쓰러지는 저질체력 소유자, 배 나온 마흔 네 살 아저씨.

    순진무구 천진난만 어린이, 푸른 하늘만 바라봐도 눈물짓던 여린 감성 소년, 지금은 하늘을 보면 하품만 나오는 말라붙은 마음의 '드라이-맨', 바르고 고운 마음으로 인생을 살아야지 다짐 하면서도 화가 나면 마음속으로 과격한 욕을 내뱉는 인간, 착하고 얌전하다는 주위의 말을 들으면서도 토막살인 스릴러를 즐겨보는 냉혈한 잠재의식의 소유자.

    한 평생 삶을 희생하신 부모님, 이제는 그들의 삶의 무게를 받쳐주는 든든한 기둥이 되어야지 하면서도 두어 달씩 전화 한번 드리지 않는 불효자, 마음 따뜻한 남편이 되어야지 하면서도 아내의 마음을 헤아리지 못하는 무뚝뚝하고 차가운 남자.

넓은 세상으로 나아가 새로운 사람들을 만나야지 다짐하면서도 혼자가 익숙한 사람, 출근길 100미터 전방에 아는 사람이 보이면 어떻게든 마주치지 않으려 다른 곳으로 눈을 돌리는, 심지어 그 사람과 엘리베이터를 함께 타는 어색함을 피하기 위해 걸음걸이를 늦추고 정문 아닌 후문으로 돌아가는 겁쟁이, 비좁은 나만의 작은 우물 속에 갇힌 개구리, 개굴개굴 혼자만의 노래를 즐기는 바보.

아침형 인간, 새벽형 인간이 되어야지 하면서도 새벽까지 고독을 즐기고 늦은 아침 마지막 1분이라도 눈을 더 붙이는 올빼미 인간. 부지런한 토끼가 되어야지 하면서도 어쩔 수 없이 게으른 거북이. 10년 전엔 최고의 성실맨이자 부지런한 개미였으며 새벽 여명과 함께 퇴근하던 워커홀릭, 이제는 오늘 할 일 내일로 미루고 내일 할 일도 대충 미루는 나태한 베짱이.

건강이 제일이지 하면서도 변형된 목뼈, 짓눌린 목 신경과 함께하는 중증 목 디스크 환자, 떠나지 않는 어깨통증과 두통, 복부비만, 지방간, 고지혈증, 콜레스테롤, 만성피로를 달고 사는 성인병 환자, 산소마스크처럼 생긴 양압기를 착용하고 잠을 청하는 수면무호흡증 환자.

주위에 감사하고 작은 사랑을 나눠주는 사람이 되어야지 하면서도 정작 나 자신은 행복을 못 느끼는 사람, 알 수 없는 불안감, 두려움에 휩싸여 어둠 속을 헤매는 소시민, 새 직장으로 옮긴 뒤 하루하루 새로운 삶을 살아야지 하면서도, 의미 없는 출퇴근만 5년째인 무기력한 직장인 10년차, 딱새 대마왕.

나만의 고객을 확보해 회계법인 파트너(임원)가 되어야지 하면서도 영업에는 소질 없고 자신 없는, 고객에게 전화가 오면 까닭 모를 불안을 느끼는 왕 소심맨, 고객과의 만남을 회피하고 그들과의 회식 자리에서 침묵의 제왕이 되는 남자.

독서로 새로운 인생의 길을 찾아보고자, 인생의 답을 구해보고자 매일 서너 권의 책을 가방 속에 넣어 다니지만 쌓여가는 책이며 무거운 가방이며 뭉쳐가는 어깨와 함께, 더욱 알 수 없는 속세의 미궁 속으로 빠져 드는 가엾은 중생, 책 쓰기로 인생의 전환점을 마련하고 세상에 당당히 나를 알리고자 다짐하지만, 나의 졸필을 누가 볼까 마음 졸이고 나 자신이 누구인지도 모르는 무지의 어린 양.

나, 이런 사람이야.

"그노티 세아우톤(gnothi seauton)"이라 했다. 너 자신을 알라는 뜻.

하루가 저무는 고요한 밤, 책방이라 이름 붙인 나만의 작은 공간에서 멈춤을 모르는 시간의 물결과 함께 내가 이런 사람이란 것을 조금씩 알아간다.

 "당신은 어떤 사람인가요?"

# 나쁜 녀석들, 그들이 온다!

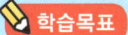 학습목표

1인기업의 의미를 고찰해본다

    직장인 10년차 나혼밥이 가장 기대하던 주말 저녁. 그를 반기는 소파에 몸을 맡긴다. 손에는 TV리모컨이 쥐어져 있고 그의 눈은 즐겨보는 채널 속 드라마를 향한다.

    강력 범죄자의 포스를 능가하는 오구탁 형사 등장! 강인한 눈빛 속에 슬픈 사연이 함께 간직되어 있는 듯하다. 범죄자들보다 악랄하고 물불 가리지 않는 과잉수사, 과잉진압으로 별명은 미친개! 그와 함께 하는 팀원이 더욱 인상적이다.

> 조직폭력배 박웅철. 25일 만에 서울을 접수한 동방파의 행동대장. 입에 발린 말 따위 할 줄 모르고 잔머리 굴리며 눈치 볼 줄도 모른다. 산만한 덩치에 어울리지 않게 주먹질 하나는 끝내주게 날렵하다. 천재 사이코패스 연쇄 살인범 이정문. 감정 없는 서늘한 눈빛, 미스터리한 인물이다. 사이코패스를 능가하는 살인 본능을 지녔다. 살인 청부업자 정태수. 수십 번의 살인을 저지르는 동안 단 한 번의 실수도 없었다. 탄탄한 근육, 비상한 두뇌와 빠른 상황 판단력을 가졌다. 악질 범죄자들을 소탕하기 위해 오구탁 형사는 이들 셋을 모았다. 완벽한 사냥을 위해선 더 지독한 사냥개가 필요하다며. 조직폭력배의 힘, 싸이코패스의 지능, 청부 살인업자의 기술로 그들을 제압한다. 선을 억압하는 폭력에 맞서 악을 차단하는 정의를 위해.
>
> (http://program.tving.com/ocn/badguys)

드라마 한 편으로 머리를 식힌다. 요즘 나혼밥은 1인기업을 준비 중이다. 직장에서의 10년 경험을 토대로 자신만의 콘텐트를 창출하고 싶다. 1인기업 관련 책을 읽고 배경지식을 조금씩 쌓아가고 있다. 기초 세무회계 공부도 열심이다. 며칠 전부터 읽기 시작한 책에 관해 독서노트를 작성했다. 오늘은 책 내용을 하나의 이미지로 표현하는 방식을 택했다.

1인기업가는 '개인의 전문성을 중심으로 네트워크를 형성하며 시장과 가치를 창출하는 직업'이다(나는 1인기업가다. 홍순성). 단순히 일을 하는 직장을 넘어 나의 업業을 행하는 직업인이 되어야 한다. 이를 위해 직장인은 미리 준비해야 한다는 것이다.

문득 나혼밥의 머릿속엔 조금 전 봤던 드라마의 한 장면이 떠올랐다. 팀원들이 서로의 장점을 발휘해 경찰도 두려워하는 장기 밀매조직을 소탕하는 내용이었다. 힘, 지능, 기술, 각자의 전문성이 모였다. '1인'들이 협업하여 네트워크를 형성했다. 악질 범죄자들을 소탕하는 사회적 선善이라는 가치를 창출했다.

**독서노트 〈나는 1인기업가다〉를 읽고**

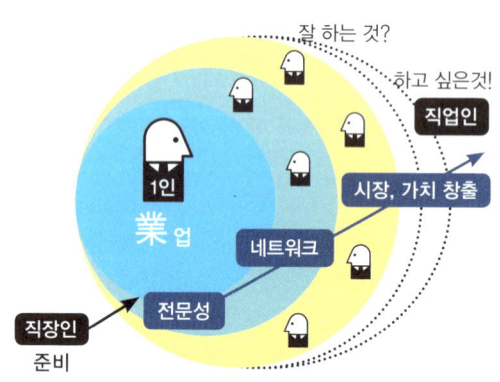

**드라마 시청후기 〈나쁜 녀석들〉을 보고**

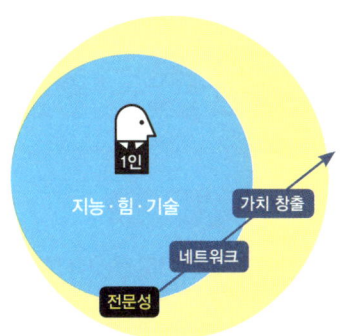

물론 조직폭력배, 사이코패스, 청부 살인업자가 되자는 얘기가 아니다. 개개인의 전문성이 핵심이다. 우리는 각자 전문성으로 무장한 착한 녀석들이 되어야 한다. 서로의 능력이 모여 혼자가 아닌 무제한의 네트워크를 형성하고 더 나아가 함께 사는 우리 사회에 선한 영향력을 행사해야 한다.

우선 자신이 누구인지 알아야 한다. 내 관심사와 재능이 무엇인지 바로 봐야 한다. 끊임없이 내 안의 나와 대화를 나눠보자. 자신만의 탁월한 전문성을 바탕으로 사회적으로 유용한 가치를 창출하자. 이는 나만의 콘텐트로 표현된다. 우리는 1인기업으로서 함께 모여 자신의 콘텐트를 세상에 선사하고 선을 행하는 착한 녀석들이 되는 것이다.

나혼밥은 오늘도 전쟁터 같은 회사 생활을 보냈다. 직장을 나와 1인기업을 생각 중이지만 아직 답을 찾지 못했다. '나는 누구일까. 나의 전문성은 무엇일까. 나는 어떤 유용한 콘텐트로 사회에 도움이 될 수 있을까.' 고민 중이다.

자신이 누구인지 알고, 자신의 전문성이 무엇인지 아는 것이 세금보다 더 중요하다.

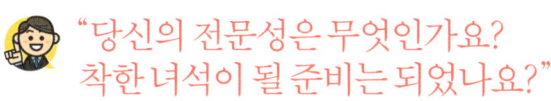

"당신의 전문성은 무엇인가요?
착한 녀석이 될 준비는 되었나요?"

# 도서관으로 출근하는 남자

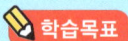 학습목표

1인기업의 몇 가지 생존 요건

"회사 다녀올게요, 두 공주님."

초등학생이 된 첫째와 초등학생이 되고픈 둘째의 뽀뽀가 이어진다. 오늘도 나 혼밥은 회사로 향한다. 아파트 바로 앞을 지나는 마을버스에 몸을 싣는다. 5분 걸리는 시내버스 정류장까지 걸어가기도 버겁다. 만성피로에 몸과 마음이 지쳐 있다. 마을버스에서 내려 다시 버스정류장으로. 터벅터벅 발걸음이 무겁다.

그를 향해 힘차게 달려오는 4319번 시내버스에 몸을 싣는다. 이곳은 출발기점에서 가까워 앉을 자리가 충분하다. 언제나 그를 반기는 뒷자리. 전용석이나 다름없다. 오늘은 왼쪽이다. 전쟁터나 다름없는 회사로 향한다.

오늘부터 다른 회사로 출근한다. 개인의 자유 시간을 무한 보장하는 곳이다. 출퇴근 시간도 자유다. 눈치 봐야 할 상사도 없다. 신경 써야 할 부하직원도 없다. 영업 부담도 없다. 괴롭히는 고객도 없다. 가장 중요한 월급도 없다.

새로운 일터는 도서관! 이제 그는 도서관으로 출근한다. 혼자다. 조용히 책을 읽고 사색에 잠긴다. 책 속 인물들과 대화하며 업무량은 스스로 결정한다. 오늘은 책을 세 권만 읽고 오후에는 강의안을 작성할 계획이다. 모든 것이 자유다. 점심시간 조용히 혼밥을 즐긴다. 나른한 오후 업무는 인근 커피숍에서 계속된다.

10년차 직장인 나혼밥은 치열하게 청춘을 바쳤던 회사에 사표를 제출했다. 직장에서의 인사업무와 고객관리 경험을 살려 소통전문가로 자리매김 하고자 한다. 원하는 곳에서 원하는 시간에 원하는 일을 하며 수입을 창출하는 매력적인 직업을 꿈꾼다. 그는 시간과 돈으로부터 자유롭다는 1인기업가의 길을 선택했다.

꿈 깨야겠다. 하루하루가 가시밭길이다. 매월 입금되던 월급이 그립다. 퇴사 초기에 나를 찾아주던 지인들의 연락이 뜸해졌다. 신규 고객창출이 어렵다. 지속적인 콘텐트 창출이 부담스럽다. 전 직장에서 자신의 빈자리는 느껴지지 않는다는 소식이 들린다. 내가 세상에 있긴 한데, 세상 속에 나는 없다. 세상에 나를 더 알려도 모자라는데 오히려 자꾸만 소외되는 느낌이다. 흐르는 시간이 불안하다. 시간과 돈의 노예가 되어가고 있다.

직장에 구애받지 않고 자신이 원하는 시간과 장소를 택해 좋아하는 일을 하고 수입을 창출하는 1인기업가. 돈과 시간으로부터 자유로운 영혼이 될 수 있는 하나의 방법. 문제는 꿈이 쉽게 이뤄지지 않는다는 것이다. 현실은 녹록치 않다.

알고 있는가. 우리나라 전체 기업 100개 중 약 80개는 1인기업에 해당한다. 1인기업이 우리 경제에서 차지하는 비중은 이처럼 높다. 아래의 자료가 이를 설명해 준다.

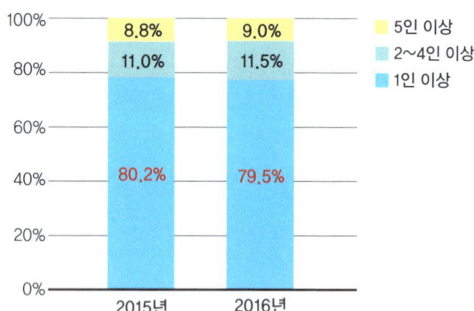

종사자 규모 측면에서 살펴볼 경우 1인기업이 전체 활동기업에서 차지하는 비중은 2015년 80.2%, 2016년 79.5%수준이다. (국가통계포털, 기업생명 행정통계)

매년 신설되는 기업 100개 중 약 90개, 소멸하는 기업 100개 중 90개 이상이 1인기업에 해당한다. 구체적으로 살펴보면 2015년과 2016년 신생기업의 88.8% 및 89.0%가 각각 1인기업이었다. 2014년 소멸기업의 94.2% 및 2015년 소멸기업의 92.2%가 1인기업의 몫이었다. (국가통계포털, 기업생명 행정통계)

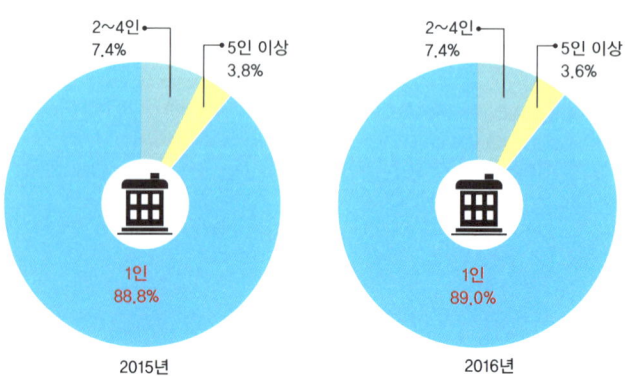

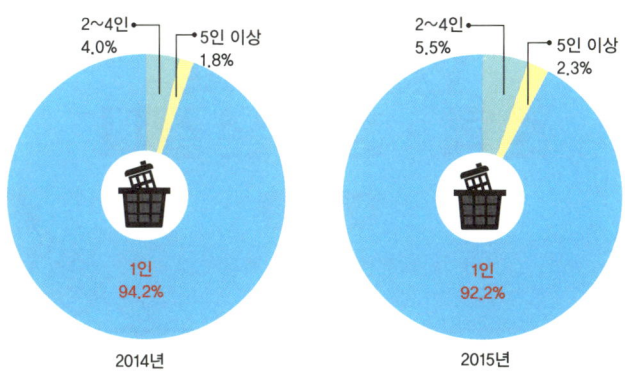

종사자별 소멸기업 현황

자유로운 영혼으로 가는 길은 순탄치 않다. 1인기업으로 생존하기는 하늘의 별 따기다. 위 통계자료에 의하면 1인기업의 5년 생존율은 불과 26.3%다. 창업 후 첫 5년간 살아남은 1인기업은 4개 중 1개뿐이라는 뜻이다.

살아남아야 한다. 수익 창출이 우선이다. 돈을 벌어야 한다. 1인기업의 핵심 생존요건은 돈을 버는 것이다. 고객이 원하고 사회에 유용한 자신만의 콘텐트 창출에 불광불급不狂不及이어야 한다. 나는 무엇으로 돈을 벌 수 있을까? 나의 전문성과 나만의 콘텐트는 무엇인가? 자신만의 답을 꾸준히 찾아야 한다. 세금에 대한 고민보다 먼저다.

오늘과 내일의 경계, 자정이다. 나혼밥은 밀린 업무를 마무리하고 집으로 향한다. 퇴근 길 그를 반기는 김밥천국에서 라면 하나와 김밥 하나로 공허한 마음을 채운다. 회사를 그만두고 자신만의 길을 갈 수 있을 때를 기다리며. 그때쯤이면 숙녀가 되고 있을 두 공주에게 자신 있게 말할 수 있을 것이다.

 "아빠 도서관 다녀올게요. 오늘은 야근 안 해요."

# 인생은 짧고
# 혼밥·혼술은 길다

**1인기업 콘텐트 창출의 핵심 요건**

"세무공부는 하지 마세요. 전문가에 맡기세요."

나혼밥은 혼란스럽다. 대한민국 최고의 1인기업 전문가 '혼고기'에게 세무공부를 하면 되냐는 말에 돌아온 말이 그냥 전문가에게 맡기라고? 게다가 공부도 관두라니 더 난감하다.

"내가 누구인지 조금씩 알아간다. 나의 전문성도 찾아간다. 나만의 콘텐트도 상품으로 구체화되고 있다. 잠재 고객을 발굴하고 수익을 창출하는 방법도 익히고 있다. 이제 세무공부를 해야 할 차례 아닌가?"

세무회계 업무를 전문가에게 맡겨야 하는 이유는 간단하다. 돈 벌 시간이 부족하기 때문이다. 생존을 위한 수익 창출에 쏟을 시간도 부족하다. 1인기업은 모든 것을 혼자 해결해야 한다. 미치도록 혼자에 익숙해져야 한다. 혼밥혼술의 지존이 되어야 한다. 기획 마케팅 고객관리 등 모든 업무가 본인의 몫이다. 제한된 시간에 1인기업 활동을 하려면 결국 자신의 핵심 역량에 집중해야 한다.

"그럼 저는 무얼 해야 하나요?"

"시간을 지배하세요. 이를 위해 시간을 구매하세요."

시간을 지배해야 한다. 이는 결국 누구에게나 공평하게 주어진 시간을 효율적으로 관리하고 사용한다는 의미다. 방법은 무엇일까? 시간을 돈으로 구매하면 된다. 1인기업가의 수익 창출의 핵심은 차별화된 콘텐트 창출이다. 여기에 모든 역량과 시간을 투자해야 하고 이를 위해 한정된 시간까지 구매해야 한다.

> 시간을 '구매해서' 만들라는 것은, 결국 자신의 시간은 최대가치를 발휘할 수 있는 곳에 사용하라는 말입니다. 그런 식으로 유한한 시간의 가치를 높여 나간다면 시간은 무한대화 할 수 있습니다. 굳이 직접 하지 않아도 되는 일에 시간을 쏟지 마십시오. 대신에 내가 아니면 안 되는 일, 그리고 하고 싶은 일에 전력을 다하면 24시간을 두 배, 세 배 가치로 사용할 수 있습니다.
> 세상에는 그 일을 나보다 잘하는 사람이 많습니다. 잘 못하는 일은 그 일을 잘하는 사람에게 맡기면 되는 것입니다. 아웃소싱하면 그만큼 비용이 발생하는 게 사실입니다. 그렇다고 직접 한다고 해서 그만큼 절약한 셈이 될까요? 언뜻 그렇게 생각될지 모르지만, 그로 인해 소비한 시간은 두 번 다시 되돌릴 수 없습니다. 어떤 것이 더 큰 손실일까요? '일기일회—期—會'라는 말처럼 오늘 이 순간은 인생에서 단 한 번밖에 돌아오지 않습니다. 시간은 그토록 중요한 것입니다.
> (이노우에 히로유키의 〈배움을 돈으로 바꾸는 기술〉에서)

클라우드 및 정보관리 컨설턴트로 활동 중인 10년차 1인기업가 홍순성 대표는 자신의 저서 〈나는 1인기업가다〉를 통해 1인기업가로 살기 위해 반드시 알아야 할 것들을 아래와 같이 설명했다.

- 세무 : 세금관리, 부가세, 소득세 신고
- 마케팅 : 온라인 및 소셜 미디어
- IT 기반업무 : 자료 관리, 일하는 방법
- 상품 기획 및 제안서 작성
- 문서 작성 요령

이외에도 1인기업가의 필요 요건은 수없이 많다. 정보 수집, 네트워킹과 스마트워킹 전략, 고객관리, 지속적인 전문성, 수익 확대, 행정업무, 자기관리 능력. 이들은 철저한 시간 관리를 통해 이루어져야 한다. 모든 업무를 사전에 숙지하고 실제로 처리하기 위해서는 최고의 멀티 플레이어, 슈퍼맨이 되어야 한다. 쉬지 않고 종횡무진 임무를 수행하는 가제트 형사가 되어야 한다. 그래도 시간이 부족하다.

구성원 수가 상대적으로 제한된 기업 또한 상황이 다르지 않다. 인생을 공부하는 강연 플랫폼 '포텐업'을 운영 중인 이태화 대표는 다음과 같이 말한다.

> 실제로 창업을 하고 나서 제가 해야 되는 업무의 비율이 참 많이 달라졌습니다. 멤버 4대 보험 확인, 세금 납부, 계약서 작성 및 확인, 카드 결제 내역 확인, 전자세금계산서 확인, 사업비 처리를 위한 서류 작성, 자금 확보, 영수증 처리, 은행/주민 센터/공단/정부기관 등 방문……. 하루 몇 시간을 이 일에 투자하기도 합니다. 때론 이 일들로 인해 비를 맞아가며 뛰어 다니고, 잠을 줄이고 주말을 반납하게 됩니다.
> (스페럴리스트의인생공부, http://speralist.blog.me)

나혼밥은 자신의 혼이 담긴 콘텐트를 세상에 선보이고 싶다. 100세 시대 인생 후반전을 준비하는 그는 앞으로 하고 싶은 일이 너무도 많다. 1만 권 독서, 100권 출간, 주기적인 콘텐트 창출, 수익 다각화, 자신만의 자유로운 영혼을 꿈꾼다. 이를 위해 오늘도 그는 조용히 혼밥혼술을 즐긴다. 쉼 없이 흐르며 반복되는 자신에게 주어진 제한된 시간 속에서.

 "당신의 시간은 얼마인가요?"

# 마술 같은 절세 비법

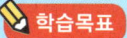 학습목표

1인기업 세무과외를 이해한다

    돈 벌기에 대한 고민이 세금에 대한 고민보다 우선이라 했지만, 그렇다고 세금 고민을 하지 말라는 뜻은 아니다. 돈을 잘 벌어도 세무 지식 부족 등으로 세금신고 납부를 잘못할 경우 공든 탑이 한순간에 무너질 수도 있다.

    그럼 맡기면 될까? 세무사 얼굴을 보기가 힘들다. 세무회계 사무소를 찾아가도 담당 세무사/회계사는 없다. 전화 통화도 힘들다. 우리 업체를 담당하는 직원과만 통화할 수 있을 뿐. 그 분은 언제나 자료만 요구한다. 어떤 자료를 어떻게 챙겨놓아야 하는 걸까. 자세한 설명이 없다. 설명을 해도 그들만의 언어다. 나는 세무지식이 부족해 무얼 물어봐야 할지조차 모르겠다. 그들이 무슨 일을 하는지, 잘 하는지 확인할 길이 없다. 사고가 터져도 그들은 책임지지 않는다. 그 때 다 설명해주지 않았냐고, 세무에 대한 최종 책임은 의뢰인에게 있는 거 몰랐냐고.

    세무 업무를 전문가에게 맡기더라도 세금의 기본개념 정도는 이해하고 맡겨야 한다. 어떤 경우에 세금 문제가 발생할지, 전문가의 상담은 언제 필요한지에 대한 개념 정도는 갖추자는 게 핵심이다. 1인기업가들에게 세무과외가 필요한 이유다.

1인기업 세무과외는 세무에 대한 개념과 맥을 짚는 것이다. 우리는 기본만 알면 된다. 이 책은 절세의 마법을 다루지는 않는다. 솔직히 그런 건 없다. 기본에 충실한 것이 우선이다. 이론보다 실무가 중요하지만 실무는 탄탄한 이론적 토대 위에 정립되어야 한다. 이것이 우리 수업의 철학이다. 세무에 대한 기본개념 없이 마술 같은 절세의 비법을 전수받는다 해도 이는 사상누각沙上樓閣에 불과하다.

일반인을 상대로 한 절세 지침서가 시중에 봇물을 이룬다. 일반인이 이러한 책을 읽고 세무를 얼마나 이해할 수 있을지가 의문이다. 사업자가 수없이 접하는 부가가치세의 본질이 무엇인지 이해하였는가? 휴대폰 요금과 전기 요금을 사업자 명의로 전환하면 부가가치세를 돌려받을 수 있다는 비법을 전수받았는데, 이 말의 개념을 이해하는가? 부가가치세를 돌려받는다는 것이 도대체 무슨 말인가? 국가가 세금을 왜 국민에게 돌려주는가? 매입세액 공제의 의미를 설명할 수 있는가? 복식부기, 장부기장의 의미가 무엇인가? 회계는 무엇인가? 회계와 세무는 무슨 관계인가? 법인法人의 개념을 마음 속 깊이 한번 생각해본 적이 있는가?

시간도 부족한데 머리 아프게 세무를 연구하자는 것이 아니라, 세무의 기본만 다지자는 것이다. 복잡한 실무를 대신해줄 전문가는 수없이 많다. 그들의 시간을 사면된다. 또한 이 책은 세무의 모든 것을 다루지 않는다. 우리의 수업 범위는 회계, 개인소득세, 부가가치세다. 즉, 우리는 1인기업가가 필수적으로 알아야 할 회계, 개인소득세, 부가가치세의 기본 개념을 정립하게 될 것이다. 우리가 1인기업 세무과외를 통해 학습하게 될 구체적인 학습 내용은 다음과 같다.

▶ **PART Ⅱ에서는 회계에 대한 이해로 출발한다.**

어려운 세무의 출발점은 복잡한 회계다. 우리의 종착점은 회계, 소득세, 부가가치세가 함께 모이는 곳이다. 우리는 그곳으로 달려간다.

• 손익계산서와 대차대조표의 의미

- 회계정보의 중요성
- 복식부기 개념 이해 및 실습
- 회계의 본질
- 세무조정의 의미
- 세법에서 규정한 개인사업자의 장부 작성 의무

▶ **PART Ⅲ에서는 본격적인 학습에 앞서 다양한 세무용어를 이해한다.**

세무회계의 영역에서 사용되는 그들만의 언어를 우리의 일상으로 초대한다.
- 개인사업자와 법인사업자의 개념 고찰
- 국민의 납세의무
- 누진세율, 종합소득, 종합과세, 분류과세
- 원천징수, 분리과세
- 부가가치세의 개념
- 국가의 세금징수 방법론

▶ **PART Ⅳ에서는 개인소득세를 다룬다.**

열심히 돈 벌고 당당히 세금 내면 된다. 이를 위한 소득세 기본개념을 정립한다. 회계와 세무의 만남이 이루어진다.
- 개인소득의 종류와 과세 방법
- 종합소득의 과세 방법
- 종합소득세 계산 구조
- 소득세 가사경비
- 장부작성, 종합소득세 산출

▶ **PART Ⅴ에서는 부가가치세를 학습한다.**

부가가치세는 무엇인지 함께 답을 찾아본다. 회계와 부가가치세의 만남이 이루어지고 회계와 소득세 부가가치세가 모두 모인다.
- 부가가치세의 본질 및 회계 처리
- 직접세와 간접세의 개념
- 부가가치세 면세
- 부가가치세 계산 구조
- 부가가치세 간이과세

▶ **PART Ⅵ에서는 1인기업 사례를 통해 장부 작성, 부가가치세와 소득세 산출 사례를 학습한다.**
이는 수익을 창출하고 비용을 지출하는 모든 개인사업자에게 적용 가능한 내용이다. 회계와 부가가치세, 소득세의 만남을 돌이켜보며 우리의 여정을 마무리한다.
- 사업자의 납세의무
- 복식부기 장부작성
- 부가가치세 산출
- 소득세 산출

   우리 수업은 세무회계의 내용 이해를 위한 기본개념을 먼저 살펴보고, 암기가 아닌 이해를 위해 각 장마다 중간고사 형식의 복습시간을 두 번 준비했다. 또한 앞서 학습한 내용들이 자주 반복된다. 이러한 수업의 성격상 이해되지 않는 부분은 과감히 생략하고 처음부터 순서대로 학습하는 것이 바람직하다.

   우리의 여정이 마무리되면 회계, 소득세, 부가가치세의 전체 틀을 정립할 수 있을 것이다. 학습 내용에 대해 독자들이 스스로 생각하고 설명할 수 있게 되길 기대한다. 복잡한 내용을 외울 필요는 없다. 본질에 대한 이해가 우선이다. 우리의 수업을 수료한 이후에 시중에 나와 있는 훌륭한 마법과 기적의 절세법 책들을 읽으면 도움이 될 것이다.

   쉽게 기술하고자 노력했지만 솔직히 세법은 어렵다. 당장 이해를 못해도 괜찮다. 이 책의 내용들을 완전히 설명할 수 없어도 된다. 그저 이런 내용들이 있다는 것만 알아도 절반의 성공이다. 나머지는 세무 용병에게 물어보면 된다. 질문이 곧 답이다. 맡기더라도 기본은 알아야 된다고 강조했다. 그들을 통제할 수 있어야 한다. 그들은 받은 만큼 일하는 용병에 불과하다. 냉정한 현실이다. 자신의 재산은 자신이 지켜야 하는 것이다. 이를 위해 부록을 참조하면 된다.

   경매 관련 대출업무 프리랜서로 활동 중인 레오(블로그 명)의 블로그 포스팅을 보며 1인기업 세무과외에 대한 소개를 마무리하고자 한다.

6년 전 정말 큰 금액의 세금을 맞은 적이 있었다. 전문가에게 맡겼어야 했다. 아니 맡기기는 했는데 그 세무사가 지인의 후배였는데……(중략) 지금 아는 만큼 그때 알았다면…….(중략) 엉터리로 작성해서 불성실 신고 가산세까지 내진 않았을 것이다. 억대를 넘어선 세금 금액이었으니.

다시는 그런 우를 범하고 싶지 않아서 결심한 것이 있다. 모든 일은 전문가에게 맡기자. 단 내가 알아야 전문가도 찾을 수 있다는 생각으로 공부를 하고 있다. 그 때 큰 수업료 내면서 얻은 교훈입니다. 절대로 내가 돈이 많아서가 아닙니다. 그게 나중에 보니 더 큰 일을 막을 수 있다는 생각으로 나는 내가 잘하는 일을 하기로 했습니다.

그래서 대출만큼은 정말 머리가 아프도록 고민을 합니다. 그래서 실수 같은 거는 하고 싶지 않습니다. 세금도 발생하면 세무사에게 맡깁니다. 하지만 내가 알아야 맡길 시기를 알고 맡길 세무사님을 찾을 수 있습니다. 종소세 신고전문가에게 상속세를 맡길 수는 없죠? 이혼전문 변호사에게 형사사건을 의뢰하는 그런 실수를 안 하기 위함입니다.

그래서 1인기업 세무과외를 받습니다! 세금 내는 시기를 놓치지 않기 위해서. 전문가를 찾기 위해서. 세금은 어렵습니다.

(레오의 대출 http://blog.naver.com/yujinkr2/220736369874 에서 인용 및 일부 수정)

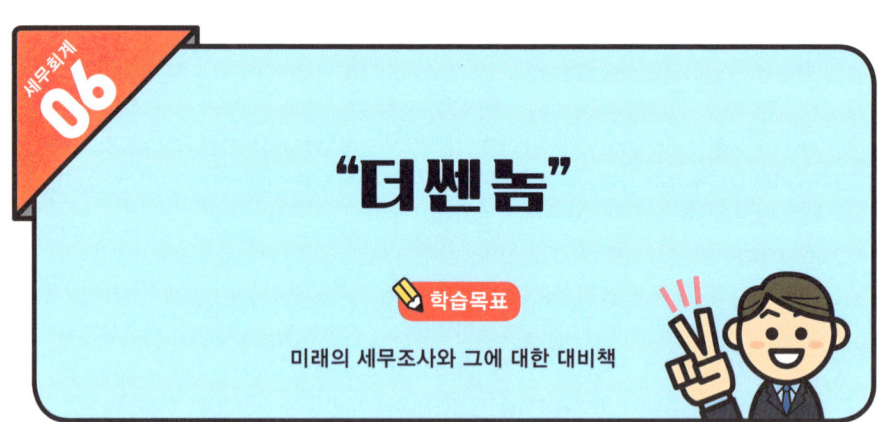

## "더 쎈 놈"

**학습목표**
미래의 세무조사와 그에 대한 대비책

    2030년, 많은 것이 변했다. 미국이 세계 리더의 지위를 상실했다. 인도의 인구가 중국을 초월해 세계 최대 인구국이 되고 세계 경제의 새로운 리더로 부상했다. 전 세계적으로 기혼 인구가 미혼 인구보다 적어지고, 가상현실의 발전으로 사람들은 외부 세계와 상호작용의 필요성을 느끼지 못한다. 직장에서는 인공지능이 인간의 일자리를 대신한다. 삶의 즐거움 상실, 급변하는 미래사회에 대한 불안 등으로 우울증으로 인한 자살이 급증했다. 한국에서는 대기업이 쇠락의 길을 걷고 협동조합이 경제의 주역이 됐다. (박영숙, 숀 함슨의 〈미래는 어떻게 변해가는가〉에서)

    15년 전부터 말로만 들어왔던 빅 데이터, 초연결사회가 됐다. 또 하나의 변화가 있다. '세무조사 제도 폐지', 2030년 12월 26일 경제지 1면이다. 세무조사는 1966년 국세청이 창설된 이후 60년이 넘게 사업자들에게 공포의 대상이었다. 15년간 사업을 운영 중인 나혼밥의 눈이 번쩍 띄었다. 그는 아직도 서류봉투를 책상 속 깊이 간직하고 있다. '귀 사업자는 세무조사 대상으로 선정되었으니 과거 3년간 모든 세무자료를 준비해 주세요.' 5년 전 수령한 세무조사 안내문이다.

지금도 악몽이다. 장부 작성을 대행해주는 세무사에게 부랴부랴 전화했다. 세무조사에 힘써줄 만한 인맥도 함께 수소문했다. 과거 자료를 급히 찾아봤다. 사업자료를 나름 잘 보관해 두었지만 완벽하진 않았다. 그들이 요구한 자료를 최대한 준비하고 세무조사를 받았다.

조사는 두 달 동안 진행됐다. 매일 그들의 요구사항에 대한 자료를 준비하고 소명자료도 작성해야 했다. 3명으로 구성된 세무조사 팀은 무적이었다. 아무리 자료를 잘 준비해도 역부족이었다. 과거의 모든 자료가 남아 있지 않았고 거래에 대한 기억에도 한계가 있었다. 그들의 촘촘한 그물망을 빠져 나가기는 힘겨웠다.

세법을 잘 몰랐던 부분도 있다. 거래관행상 규정을 준수하지 못한 경우와 사소한 실수도 존재했다. 그들은 용납하지 않았다. 털어서 먼지 안 나는 경우는 없다는데, 그래도 너무나 가혹했다. 5년간 피땀 흘려 이룩한 성과가 한 순간에 날아갔다. 3년간의 세금이 추징되어 세금과 가산세를 납부해야 했다. 세무조사 결과통지문은 서류봉투 속에서 지금까지 살아 숨 쉬고 있다.

사업자 중에는 운 좋게 세무조사 대상에 선정되지 않는 경우도 있다. 나혼밥과 함께 사업을 시작한 친구 '혼고기'가 그렇다. 그는 담당 세무사가 절세의 마법으로 세금을 줄여준다며 은근히 자랑해왔다. 그는 운이 좋은 것인지 지금껏 세무조사를 한 번도 받지 않았다. 그를 생각하면 더욱 억울하다.

## '더 쎈 놈'이 왔다

나혼밥은 신문의 헤드라인을 보며 과거 악몽에서 깨어나는 듯했다. 안도의 기쁨은 잠시, TAX-GO가 찾아왔다. 우주 최고의 성능을 자랑하는 TAX AI 로봇이다.

"그는 나의 모든 것을 알고 있다. 나의 수입과 지출이 얼마인지 그의 두뇌 속에 저장된다. 나와 가족, 친척들의 통장거래 내역, 현금거래까지도 파악하고 있다. 모두 실시간이다. 녀석은 내가 납부해야 할 세금을 이미 계산하고 나를 기다린다. 나의 세금신고 내역이 그의 기대치와 차이가 나면 조용히 나를 찾아온다. 세무공무원보다 더욱 강력한 놈과의 만남이다."

자신의 장부 작성 기록과 세금신고 내역을 TAX-GO에게 설명하고 이해시켜야 한다. '넌 로봇이니 완벽하지 않겠지', '인간에게 대적하지 못할 무언가 빈틈이 있겠지' 하는 일말의 희망을 가져보지만 모조리 오산이다. 한 치의 오차도 없다. 과거 세무 공무원이 차라리 나았다. 그들은 최소한의 인간미는 있었으니까. TAX-GO는 정말 피도 눈물도 없는 기계 아닌가.

4차 산업혁명의 물결과 함께 세무공무원은 일자리를 잃었고 TAX-GO가 그들을 대신한다. 세무서와 국세청도 역사 속으로 사라졌다. 웅장한 위엄을 자랑하던 국세청 세종청사는 세무박물관으로 둔갑했다. TAX-GO를 관리하는 정부부서 TAX-Doll만 존재한다. 로봇과 사업자간의 세무분쟁이 해결되지 않을 경우 이를 중재하고 해결하는 역할을 수행하는 곳이다.

빅 데이터의 원조는 국세청이다. 국세청은 1971년 컴퓨터센터를 개관했다. 대기업들도 전산화가 되지 않았을 당시에 국세청은 이미 최고 성능의 컴퓨터를 도입하여 지금까지 수많은 데이터를 축적하고 있다. 나혼밥이 세상에 태어났던 1975년의 경제기사 내용이다.

**국세청 컴퓨터센터 가동**
**연간 5천 3백만 건 자료처리, 80년까지 세적 정리 등 전산화**
국세청이 76년부터 모든 과세자료를 전산처리하여 세정의 과학화를 기하기 위한 시책의 하나로 추진해왔던 국세청의 컴퓨터센터가 26일 준공되었다.
고재일 국세청장에 의해 이날 낮 12시 개소 테이프를 끊음으로써 첫 가동에 들어간 이 컴퓨터센터는 서울 영등포구 양평동에 자리 잡은 총건평 2천 평 규모로서 미국의 CDC(콘트롤 데이터 코퍼레이션)사로부터 도입한 사이버 172(65kw)형의 국내 최신식형 용량시설로서 연간 5천3백만 건 이상 과세자료를 처리할 수 있게 된다.

(매일경제 1975.12.26)

세무조사는 납세자의 살아온 행적에 대한 검증이다. 그들의 모든 역사는 빅 데이터로 수집되고 관리된다. TAX-GO는 납세자의 거의 모든 과거를 파악하고 있다. 세금포탈의 징후가 조금이라도 감지되면 조사 대상자가 되고, 이들은 본인의 타당성을 스스로 소명해야 한다.[1] 빅 데이터의 검증은 납세자가 극복해야 할 숙명이다.

1인 기업가를 꿈꾸는 우리는 TAX-GO와의 일전을 대비해야 한다. 누구도 피해갈 수 없다. 우선 TAX-GO를 알아야 한다. 그의 머릿속에 무엇이 들어 있는지, 무엇을 수집하는지, 어떤 기준으로 빅 데이터를 검증하는지, 그의 마음은 어떠한지 같은 최소한의 배경지식은 갖추고 사전에 준비해야 한다. 그리고 나만의 든든한 터미네이터 용병, 세무회계 전문가를 섭외해두면 된다. 이는 거침없는 4차 산업혁명의 격변기에 나다움을 찾고 자신의 길을 가기 위한 최소한의 필수 요건이다. 이것이 당신이 1인기업 세무과외를 받아야 하는 이유다. 1인기업 세무과외는 선택이 아닌 필수인 것이다.

TAX-GO와 만난 이후는 늦다. 이미 진 게임이다. 스스로 미리 준비하는 미래의 용사가 되어야 한다. 그렇다고 너무 비장할 필요는 없다. 가벼운 마음으로 흥미로운 여정을 즐기면 된다.

우리의 수업 내용은 회계를 출발점으로 세무 기본용어를 익히고 소득세와 부가가치세를 살펴보는 것이다. 결국 회계와 소득세, 부가가치세의 관계를 살펴본다. 세부적인 절세 비법은 다루지 않는다. 기본에 충실하면 된다.

이제 TAX-GO를 만나러 떠나보자.

 "Are you ready?"

---

1) 허순강의 〈알면 떳떳한 모르면 무서운 세무조사〉에서

## 알아두면 돈 되는 1인기업 세무과외

### 📝 학습목표

- 회계와 재무제표의 개념을 살펴보고 복식부기의 개념과 방법을 학습한다.
- 재무정보의 중요성과 회계의 본질을 파악한다.
- 회계와 세무의 관계를 이해한다.
- 사업자의 장부 작성 의무와 장부를 작성하지 않은 경우의 세법상 세금산출 방법을 살펴본다.

# PART II

# 죽을래, 회계할래?

## 01 우황청심원이 필요한 남자

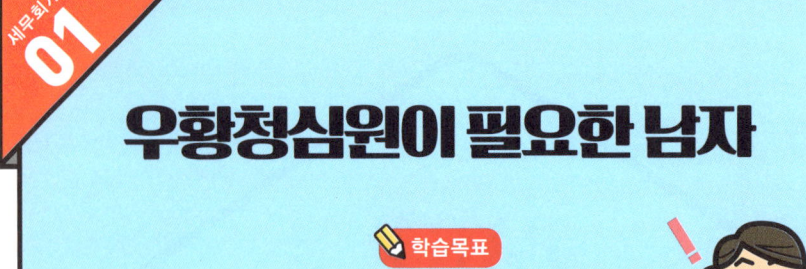

📝 **학습목표**
회계와 재무제표의 개념을 이해한다

복잡한 세무의 출발점은 어려운 회계다. 좌절이다. 회계부터 알아야 한다니! 벌써 머리가 아프다. 회계는 도대체 무엇인가? 회계는 경영의 언어다. 그럼 재무제표는? 일단, 아래의 이야기 속으로 들어가보자.

모태솔로 나혼밥은 서른 살, 직장인 2년차다. 열정이 넘쳐야 할 20대를 조용히 보냈다. 집과 학교, 집과 회사만을 오갔다. 여자 친구를 사귀어본 경험도 없다. 예쁜 여자 친구를 항상 꿈꾸면서도 내성적이고 조용한 성격 탓에 그저 청춘의 로망으로만 남겨야 했다.

대학생활 동안 미팅 경험은 한 손으로 꼽을 정도. 그나마 첫 미팅은 현대 제약의 신비, 우황청심원의 위력을 빌려야 했다. 그렇다고 지금껏 기회가 없었던 건 아니었다. 로댕의 생각하는 사람을 연상시키는 고뇌에 찬 청년의 모습에 취한 여대생이 지하철에서 대시하기도 했다. 소개팅 후 먼저 애프터를 신청하는 여인도 있었다. 바보다. 간절히 원하면서도 누군가 먼저 다가와도 용기내지 못했다. 지난 날 나혼밥의 모습이다. 그런 그도 2018년 새해를 맞아 새로운 도전을 한다.

여자 친구를 소개받는 날이다. 벌써 가슴이 뛴다. 두근두근. 잠을 잘 수가 없다. 마음의 안정이 필요하다. 우황청심원과 함께 잠을 청한다. 눈부신 아침 해가 밝았다. 결전의 장소로 향한다. 만남을 앞두고 무척 긴장되지만 주머니 속에 그를 지켜주는 지원군이 있어 든든하다.

긴장한 나혼밥 앞에 묘한 분위기의 아가씨, '나혼술'이 나타났다. 침착한 듯 덜렁대며 예리한 듯 어리바리한 여인이다. 차 한 잔씩을 나누는데 금세 한 시간이 지나갔다. 무슨 이야기를 했는지 기억나지 않는다. 썰렁한 농담이지만 몇 번의 웃음꽃도 피었다. 우황청심원도 없이 대단한 발전이다. 이제 성공인가?

집으로 돌아온 나혼밥의 머릿속에 그녀와 나눈 대화가 맴돈다. 결혼을 앞둔 청춘남녀답게 현실적인 대화도 나눴다.

"나혼밥 씨, 연봉은 얼마인가요? 지금 가진 재산은 어느 정도 되나요?"

대답을 하지 못한 그는 잠시 생각에 잠겼다. 작년 초 신입사원으로 입사한 그의 월급은 200만 원, 1년 연봉 2,400만 원이다. 우선 회사 근처에 집을 구해야 했다. 보증금 3,000만 원에 월세 40만 원이다. 보증금 3,000만 원은 전세자금 대출로 조달했다. 전세자금에 대한 이자가 매월 10만 원이고 교통비, 통신비 등 생활비는 매월 50만 원이다. 정리하면 월급 200만 원을 받아 생활비 등으로 100만 원(월세 40만 원, 이자비용 10만 원, 생활비 50만 원)을 지출했다. 매월 남는 돈 100만 원은 정기적금으로 적립했다. 1년간 불입한 정기적금은 1,200만 원이다.

정신없이 지내온 신입사원 1년을 메모지 위에 정리해봤다.

## 나혼밥의 1년 결산

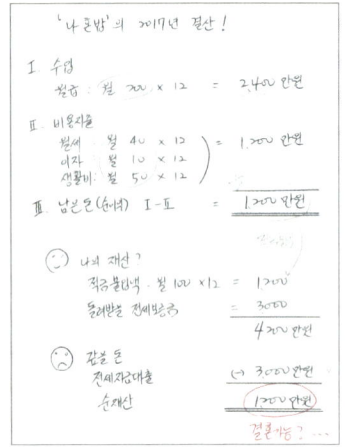

나혼밥의 경영활동을 설명해보자.
나혼밥은 2017년 1년 동안 2,400만 원을 벌고 1,200만 원을 지출해서 순이익으로 1,200만 원이 남았다.
2017년 말 현재 나혼밥이 가진 재산은 정기 적금 1,200만 원과 보증금 3,000만 원의 합계 4,200만 원이다. 다만 은행에 갚아야 할 전세자금 대출 3,000만 원이 있다. 그의 진짜 재산은 전체 재산에서 대출금을 차감한 1,200만 원이다.

재무제표는 회계보고서이며 대차대조표와 손익계산서가 대표적이다. 복잡한 재무제표를 어떻게 만들 수 있을까? 이미 작성되었다. 그의 메모지 위에.

"당신은 얼마를 버나요?"

나혼술의 첫 번째 질문에 대한 답은 손익계산서에 있다. 손익계산서는 얼마를 벌고 얼마를 지출했는지를 보여준다. 즉, 손익계산서는 일정 기간의 경영성과를 나타내는 회계보고서다. 일정 기간 벌어들인 돈이 수익이고 그 돈을 벌기 위해 지출한 돈이 비용이다. 수익에서 비용을 차감하고 남은 돈이 이익으로 표시된다.

"지금 가진 재산은 얼마인가요?"

그녀의 두 번째 질문에 대한 답은 대차대조표에 표시된다. 대차대조표는 일정 시점의 재정상태를 나타내는 회계보고서다. 자산은 기업이 보유하는 재산으로서 경제적 가치가 있는 자원을 말한다. 부채는 미래에 갚아야 하는 빚을 의미한다. 자본은 전체 재산 중 남에게 갚아야 할 부분을 차감한 순재산으로서 자산에서 부채를 차감한 잔여금액으로 결정된다.

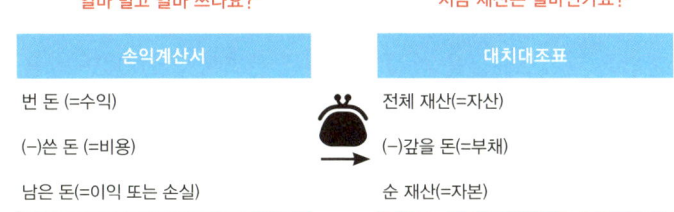

| 얼마 벌고 얼마 쓰나요? | 지금 재산은 얼마인가요? |
|---|---|
| **손익계산서** | **대치대조표** |
| 번 돈 (=수익) | 전체 재산(=자산) |
| (−)쓴 돈 (=비용) | (−)갚을 돈(=부채) |
| 남은 돈(=이익 또는 손실) | 순 재산(=자본) |

자, 나혼밥의 재무제표를 작성해보자.

### 나혼밥의 재무제표

**손익계산서 2017.1.1~2017.12.31**

| 구분 | 금액 |
|---|---|
| ❶ 수익 | |
| 월급 | 2,400만 원 |
| ❷ 비용 | |
| 월세 | 480만 원 |
| 이자비용 | 120만 원 |
| 생활비 | 600만 원 |
| 비용합계 | 1,200만 원 |
| ❸ 이익(수익−비용) | 1,200만 원 |

**대치대조표 2017.12.31 현재**

| 구분 | 금액 |
|---|---|
| ❶ 자산 | |
| 정기적금 불입액 | 1,200만 원 |
| 돌려받을 보증금 | 3,000만 원 |
| 자산합계 | 4,200만 원 |
| ❷ 부채 | |
| 갚아야 할 전세자금대출 | 3,000만 원 |
| ❸ 자본(순재산) | 1,200만 원 |
| 부채와 자본총계 | 4,200만 원 |

나혼밥의 수익은 1년 동안 받은 월급 2,400만 원이고, 비용은 월급을 벌기 위해 지출한 월세, 이자비용, 기타 생활비 합계 1,200만 원이다. 수익에서 관련 비용을 차감한 금액이 이익이다. 나혼밥의 1년간 이익은 수익 2,400만 원에서 비용 1,200만 원을 차감한 1,200만 원이다. 만약 수익보다 비용이 많다면 손실이다.

나혼밥의 자산은 정기적금과 보증금을 합한 4,200만 원이다. 정기적금 만료시점에 그 동안의 불입액을 돌려받고 전세 계약 만료시점에 보증금을 돌려받을 수 있기 때문이다. 모두 미래에 현금화될 수 있는 것으로, 이는 가치 있는 경제적 자원이다. 나혼밥은 전세보증금을 마련하기 위해 은행에서 3,000만 원을 빌렸다. 이는 차입금으로서 정해진 상환기간에 모두 갚아야 한다. 즉 미래에 갚아야 할 나혼밥의 부채다. 따라서 나혼밥의 자본은 자산 4,200만 원에서 부채 3,000만 원을 차감한 1,200만 원이다. 결국 총자산 4,200만 원 중에서 은행에 갚아야 할 부채 3,000만 원을 제외한 1,200만 원이 나혼밥이 가진 순재산이다.

그녀의 물음에 대한 답을 구했다.

"지난 1년간 연봉은 2,400만 원 입니다. 월세 등 비용 1,200만 원을 지출하고 남은 돈은 1,200만 원이구요. 이 돈은 정기적금으로 적립되어 있어요."

"재산은 정기적금 1,200만 원과 1년 후 전세계약 만기시점에 돌려받을 전세보증금 3,000만 원 합계 4,200만 원입니다. 그리고 전세보증금은 은행에서 빌린 돈으로 빚도 3,000만 원 있어요. 결국 저의 순재산은 1,200만 원입니다……."

이제 약 따위 필요 없다. 용기 내어 그녀에게 애프터를 신청할 순간이다. 핸드폰을 집어 들었다. 그녀의 전화번호를 누르려 하지만 망설여진다. 다시 심장이 뛴다. 고민이다. 그녀의 물음에 대한 자신의 답, 재무제표를 그녀가 본다면 어떤 반응일지 걱정이 앞선다. 자신보다 연봉이 높은 신랑감들은 많을 것이다. 아직 사회 초년생이지만 자산 규모가 너무 작은 듯하다. 부채까지 고려하면 순자산은 초라하게만 느껴진다.

 "나혼밥의 솔로 탈출을 기원합니다."

# 결혼해 듀오

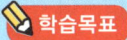

회계정보의 중요성을 이해한다

 나혼밥을 만난 나혼술 또한 혼란스럽다. 또 한 명의 강력한 결혼 상대자 나부자가 등장한 것! 나혼밥은 지금 당장 가진 것은 많아 보이지 않지만 누구보다 진솔하고 성실해 보인다. 서민에 가까운 중산층 집안의 둘째 아들로 말 없고 과묵하지만 수수한 외모에 친근한 인상을 지녔다. 따뜻한 마음을 가진 듯하다.

 나부자는 세련된 멋쟁이다. 아이돌을 연상시키는 훈남 외모에 여자의 마음을 사로잡는 마성의 보이스를 지녔다. 경제력도 좋다. 30대 초반에 자신의 사업을 영위하고 있다.

 운명적인 사랑을 꿈꿔온 그녀에게 현실은 너무나 퍽퍽하다. 토끼 같은 아이들을 키우고 사랑으로 가득한 집도 마련해야 한다. 100세 시대를 대비해 노후를 위한 인생 2막도 미리 준비해야 한다. 부정해보려 하지만 현실에서는 돈이 중요하다.

 국토교통부 2016년도 주거실태조사 결과에 의하면 연소득 대비 주택구입가격 배수가 전국 5.6배, 수도권 6.7배다. 이는 내 집 마련을 위해 수입을 한 푼도 안 쓰고 모아도 5.6년이 걸린다는 의미다. 수도권의 경우 6.7년, 약 7년이 소요된다. 월급을 몽땅 모으고 한 푼도 쓰지 않는 경우다. 이는 중소득층의 경우로서 저소득층의 경우에는 전국 평균 9.8년이다.

'NH투자증권 100세시대연구소'가 자녀 1명이 태어나 대학을 졸업할 때까지 22년간 들어갈 양육비를 추산해보니 3억 9,670만 원에 달했다고 한다. 2012년 한국보건사회연구원 조사에서 3억 896만 원이었던 것보다 28.4%나 증가한 수치다(세계일보 2017. 5. 25). 사교육 정도에 따라 차이는 있다고 하지만 중산층에겐 힘겨워 보이는 금액이다.

결혼상대를 선택하기 위해 고려할 사항은 많다. 맞장 토론을 제안하고 싶다. 그녀가 두 후보자의 재무제표를 주요 판단사항으로 채택했다고 가정하자. 그들이 제출한 재무제표는 다음과 같다. 함께 그녀의 신랑감을 결정해보자.

나혼밥

| 손익계산서 | | 대차대조표 | |
|---|---|---|---|
| 구분 | 금액 | 구분 | 금액 |
| 수익 | 2,400만 원 | 자산 | 4,200만 원 |
| 비용 | 1,200만 원 | 부채 | 3,000만 원 |
| 이익 | 1,200만 원 | 자본 | 1,200만 원 |

VS

나부자

| 손익계산서 | | 대차대조표 | |
|---|---|---|---|
| 구분 | 금액 | 구분 | 금액 |
| 수익 | 9,000만 원 | 자산 | 3억 5천만 원 |
| 비용 | 4,000만 원 | 부채 | 6,000만 원 |
| 이익 | 5,000만 원 | 자본 | 2억 9천만 원 |

나부자의 수입은 억대에 육박한다. 비용을 차감해도 이익이 5,000만 원이다. 재산도 나혼밥에 비해 양호하다. 시세 2억 원의 서울소재 아파트와 1억 원에 달하는 외제차도 가지고 있다. 아파트와 자동차 기타자산 합계가 3억5천만 원이다. 총자산에서 사업상 대출금 등 타인에게 갚아야 할 부채 6,000만 원을 차감한 순자

산이 2억9천만 원이다. 나부자는 억대 연봉에 3억 원에 가까운 재산 보유자다. 그와 함께라면 주택구입에 대한 부담감은 잊어도 될 듯하다. 평균 수준의 자녀 양육은 가능하리라 여겨진다.

선택은 그녀의 몫이다. 또 하나의 가정을 추가해보자.

만약 ① 나부자의 자산에 포함된 아파트의 소유자가 나부자의 부모님이라면? ② 그가 외제차를 구입하기 위해 은행에서 빌린 1억 원이 부채에 포함되지 않았다면? ③ 그의 실제 수입이 5,000만 원이라면? 재무제표를 뜯어고쳐야 한다. 어떻게 변할 것인가 생각해보자.

**나부자**

| 손익계산서 | | 대차대조표 | |
|---|---|---|---|
| 구분 | 금액 | 구분 | 금액 |
| 수익 | 9,000만 원 | 자산 | 3억 5천만 원 |
| 비용 | 4,000만 원 | 부채 | 6,000만 원 |
| 이익 | 5,000만 원 | 자본 | 2억 9천만 원 |

→

**나부자**

| 손익계산서 -수정 | | 대차대조표-수정 | |
|---|---|---|---|
| 구분 | 금액 | 구분 | 금액 |
| 수익 | 5,000만 원 ❸ | 자산 | 1억 5천만 원 ❶ |
| 비용 | 4,000만 원 | 부채 | 1억 6천만 원 ❷ |
| 이익 | 1,000만 원 ❹ | 자본 | -1,000만 원 |

나부자의 수정된 재무제표를 살펴보자.

① 재무제표에 자산으로 포함되기 위해서는 자신의 소유권이 확보되어야 한다. 자산 3억5천만 원 중 2억 원은 그의 것이 아니다. 자산의 과대계상이다. 따라서 2억 원을 제거해야 하고 자산은 1억 5천만 원이 된다(❶). ② 자신이 갚아야 할 채무는 부채에 포함되어야 한다. 부채의 과소계상이다. 따라서 부채 6,000만 원에 1억 원을 가산해야 하고 부채는 1억6천만 원이 된다(❷). 그 결과 순재산은 (-) 금액이 된다. 무슨 의미인가? 자산보다 갚아야 할 빚이 더 많다는 의미다. ③ 나부자는 자신을 억대 연봉자로 보이기 위해 수입을 과대 보고했다. 그의 연간 수익은

5천만 원이고(❸), 지출하는 비용을 고려하면 순이익은 5천만 원이 아닌 1천만 원이다(❹). 결혼상대 선택은 각자의 몫으로 맡긴다. 혹시 헷갈릴 수 있으니 무슨 이야기를 하고 있는 것인지 한 번 짚고 넘어가자. 우리는 지금 회계와 재무제표의 개념을 익힌 후 재무제표에 포함된 재무정보를 살펴보고 있다. 재무제표가 실제와 다르게 작성된다고 해서 1인기업가인 나에게 어떤 영향이 있단 말인가, 하는 의문이 들 수도 있다.

회계정보는 다양한 사회구성원의 의사결정에 중요한 영향을 미칠 수 있으며, 어느 한 구성원의 왜곡된 재무정보는 결국 다른 구성원들에게 부정적 영향을 미친다. 쉽게 생각해보자.

만약 어느 기업이 재무제표를 실제 이익과 재산보다 과대 실적으로 작성했다면 어떻게 될까? 그 기업이 자신의 부실을 숨긴 채 계속 생존하기 위해서는 운영비용 등 자금이 필요하다. 이 경우 실제보다 우량하게 작성된 재무정보를 토대로 은행 또는 정부로부터 자금을 조달받게 된다면, 이는 불필요한 자금이 부실기업으로 지속적으로 유입된다는 이야기다. 사회적으로 운용 가능한 자금은 한정되어 있다. 이것이 문제다. 정말 자금이 필요한 기업과 사회구성원들에게 유입되어야 할 돈이 엉뚱한 곳으로 흘러가는 것이다. 국가 자원의 낭비. 세계 최고의 독창성과 기술력을 자랑하는 당신의 콘텐트가 이러한 이유로 빛을 볼 수 없다면 어떻겠는가?

반대의 경우도 생각해볼 수 있다. 어느 기업이 실제보다 과소 실적으로 재무제표를 작성하는 경우다. 이는 주로 세금을 적게 납부하고자 하는 동기 때문이다. 이 기업은 실제 납부해야 할 금액보다 세금을 적게 납부하게 된다. 세금은 나라살림을 위해 필요한 재원이며, 정부가 예산 집행을 위해 징수해야 할 일정 수준의 세금이 있다. 어느 한 구성원이 세금을 적게 낸다면? 결국 누군가가 부족한 세금을 메꿔야 한다. 세금을 더 납부해야 한다는 의미다. 그 누군가가 성실히 일하고 진실한 재무제표를 작성하고 있는 당신이라면 어떨까? 먼 하늘을 향해 내뿜는 당신의 한 줌 담배연기에 불필요한 세금이 추가로 부과된다면?

더 쉽게 생각하자. 한 개인의 인생이 부정적으로 바뀔 수도 있다. 나혼술 양이 나부자의 최초 재무제표를 기준으로 그를 결혼상대로 선택한다면 그녀가 꿈꿨던 인생과는 반대의 길을 가게 될 수도 있는 노릇이다.

거짓된 회계정보는 죽음을 초래하기도 한다. 기업 책임자나 해당업무 담당자가 분식회계 등의 조사 중 자살하는 사례를 우리는 접할 수 있다. 회계부정으로 파산한 미국 7위의 에너지기업 엔론의 부회장이 청문회 시작과 함께 권총으로 스스로 삶을 마무리했다. 국내에서도 거액의 분식회계와 비자금 조성 등의 사유로 조사 중 목을 매고, 고층에서 투신하며, 수면제 과다복용으로 자신의 삶을 마감하는 사례가 적지 않게 존재한다.

회계와 재무제표의 대략적인 개념과 재무정보가 왜 중요한지를 조금은 이해했으리라 생각된다. 다음으로 재무제표의 구체적인 작성 방법과 회계정보 중요성의 본질에 대해 좀 더 알아보기로 하자. 나아가 세금의 출발점이 왜 회계인지에 대해서도 살펴보게 될 것이다.

 "나혼술 양의 청첩장을 기대합니다."

**회계가 바로 서야 경제가 바로 섭니다.**
선진국들은 회계 관련 법제도나 실무관행을 합리적으로 설정하여 경제를 성숙하게 발전시키고 있습니다. 우리나라는 아직까지 회계를 제대로 대우하지 않고 있습니다. 회계가 바로 서지 않는 이유입니다. 회계가 바로 서지 않으면 숫자가 왜곡되고, 엉뚱한 처방과 대책이 나오게 됩니다. 자원배분이 왜곡되어 좀비기업에게 돈이 흘러가게 됩니다. 우리나라 경제가 어려운 중요한 이유 중 하나입니다. 경제를 바로 세우기 위해서 회계를 바로 세워야 합니다.

한국공인회계사회 최중경 회장 취임 인사말(2016.6.27)에서

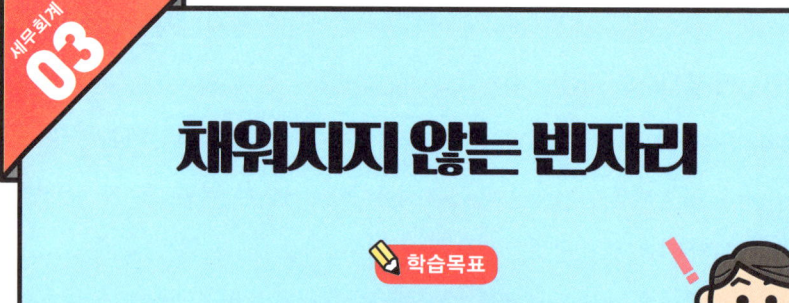

회계와 재무제표의 개념, 재무정보의 중요성을 살펴봤다. 회계의 구체적 방법은 무엇인가? 인생은 직진, 회계는 복식부기다. 복식부기가 무엇인가? 국내 최고의 전문가 '네이버'씨에게 물어봤다.

**복식부기란?**
기업의 자산과 자본이 증감하고 변화하는 과정과 그 결과를 계정과목을 통하여 대변과 차변으로 구분하여 이중기록·계산이 되도록 하는 부기형식을 말하는 것으로 단식부기單式簿記와 상대되는 개념이다. 복식부기는 거래의 이중성 또는 대칭관계를 전제로 하였고, 한 거래를 계정기입計定記入법칙에 의거하여 대차 양변에 동시에 기입함으로써 대·차변의 각 합계가 일치되어 대차평균貸借平均의 원리가 성립되며, 이 원리에 의하여 복식부기가 자기통제 기능 또는 자동검증 기능을 수행할 수 있는 것이다.

(출처 : 네이버 지식백과)

이해되었다면 오늘 수업은 여기서 끝이다. 아니라면 좀 더 달려보자.

회계는 채워지지 않는 빈자리다.

'이젠 그리워할 수 없어요. 떠나가버린 그대의 빈자리 다시 채워질 수 없기에.'

나혼밥이 중학교 2학년이던 1989년 유행한 노래가사의 일부분이다. 누구에게나 채워지지 않는 수많은 빈자리가 있다.

- 팀장은 나를 무능한 사람으로만 본다. 내가 부족할 수 있다. 하지만 아무리 노력해도 인정받을 수 없다. 뭘 어떻게 수정하라는 말인지 도저히 모르겠다. 그 자식 때문에 미치겠다.
- 무뚝뚝한 남편 때문에 우울하다. 아내의 마음을 몰라준다. 따뜻한 말 한마디 듣고 싶다. 그의 사랑을 받고 싶다. 남편은 내편이 아니다. 야속하다.
- 그녀가 떠났다. 마음이 아프다. 눈물이 난다. 죽도록 사랑했건만. 나쁜 여인이다.

결과만 있다. 원인이 없다. 있어도 자신에게만 유리한 원인이다. 정확한 원인을 파악해야 한다. "나에겐 잘못이 전혀 없다! 내가 뭘 잘못했는지 모르겠다. 상대는 나를 이해 못한다. 내 말을 들으려 하지 않는다. 나를 배려하지 않는다." 정말인가? 관심법觀心法이 필요할 때다.

- 부하직원 때문에 스트레스다. 업무 능력이 부족하다. 잘못된 부분을 지적해줘도 반영하지 않는다. 자기 고집만 부린다. 팀장인 나의 말을 듣지 않는다. 자질 부족이다. 자르고 싶다.
- 나는 직장인 10년차다. 새로운 전환점이 필요한 시기다. 터놓고 이야기할 상대가 없다. 아내에게 힘들게 말을 꺼내도 관심이 없다. 매일 뜬 눈으로 밤을 지새운다. 누군가에게 위로받고 싶다. 아내는 알까?
- 그는 사랑이라는 이름으로 나를 소유하고 구속한다. 필요한 순간 내 옆에 없다.

그에게 누군가 필요한 순간 그의 옆에 단지 내가 있었던 것은 아닐까? 우리는 슬픈 인연이다.

복식부기는 원인과 결과를 모두 기록하는 방법이다. 원인과 결과는 균형이 맞아야 한다. 이것이 핵심이다. 그렇지 않으면 한쪽으로 기울고 채워지지 않는 빈자리가 생긴다.

사업도 마찬가지. 사업 활동의 '원인'과 '결과'를 모두 장부에 기록하는 것이 복식부기다. 원인과 결과를 기록하는 두 개의 영역이 필요하다. 이를 차변과 대변이라 부른다. 한 부분에 원인 다른 한 부분에 결과를 기록한다. 역시 균형이 가장 중요하다. 균형은 어떻게 측정하는가? 회계는 숫자로 표현된다. 따라서 균형을 위해서는 차변과 대변의 숫자 합계가 맞아야 한다. 이를 대차평균의 원리라고 한다.

예를 들어보자. 1인기업가 나혼밥은 2018년 3월 11일 S기업에서 직원 간 커뮤니케이션을 주제로 컨설팅 강연을 제공했다. 컨설팅 금액은 100만 원이다. 당일 50만 원을 계좌로 수령하고 50만 원은 일주일 후 수령키로 했다. 회계해보자.

우선 거래의 결과는 무엇인가? 나혼밥의 통장계좌에 50만 원이 입금 되었고 잔여금액 50만 원은 일주일 후에 수령할 예정이므로 받을 돈 50만 원이 생겼다. 이것이 결과다. 원인은 무엇인가? 나혼밥이 S기업에게 컨설팅 강의 용역을 제공했기 때문이다. 이것을 기록하면 된다.

### 사업의 복식부기

| 일자 | 결과 | 원인 |
|---|---|---|
| 2018.3.11 | 50만원 당일 계좌입금<br>받을 돈 50만원 발생 | S기업 컨설팅 제공 100만원 |
| | 결과 금액 합계 = 100만원 | 원인 금액 합계 = 100만원 |

복식부기는 거래의 원인과 결과 파악이 가능하다. 단식부기는 거래의 한 쪽 부분만 기록한다. '2018년 3월 11일 S기업 컨설팅 100만 원' 내용만 기록한다. 작성은 쉽지만 전체 거래관계 파악이 어렵다. 언제 100만 원이 입금 되는지도 알 수 없다. 잔금을 받지 못한다면? 세부기록 없이 세월이 지나면 받을 돈이 얼마인지 파악조차 힘들다. 빈 자리를 채울 수 없다. 정확한 세금 계산도 어려워진다. 사업에 있어 정확한 회계는 필수다. 이렇게 반영된 복식부기의 내용들이 모두 모여 재무제표가 작성된다.

원인과 결과의 균형이 중요하다고 했다. 원인과 결과의 합계만 일치한다고 해서 끝이 아니다. 진실하게 균형을 이뤄야 한다. 이것이 핵심이다. 거래의 실질을 사실대로 정확한 위치에 기록해야 한다. 잘못된 회계처리를 하면 실질과 왜곡된 재무제표가 탄생하고 정확한 재무현황과 경영성과를 파악할 수 없을 뿐만 아니라 자금흐름 파악도 불가능하여 자금경색과 부도에 직면할 수도 있다.

또한 지난 수업에서 살펴본 바와 같이 한 구성원의 왜곡된 재무정보는 결국 사회 전체의 다른 구성원들에게 부정적 영향을 미치게 된다. 내가 숨 쉬고 있는 이곳은 모두 함께 살아가는 공동체 사회이기 때문이다. 사업 초기부터 정확한 장부작성이 필수적으로 선행되어야 한다. 시간이 지날수록 오류의 효과는 누적되어 과거를 바로잡기는 더욱 어려워진다. 되돌릴 수 없는 상황으로 치닫기도 한다.

'세월이 갈수록 안타까워지는 아쉬움이 싫어요.'

노래의 후렴구다. 아쉬움이 남기 전에 빈자리를 채워야 한다. 균형을 맞추자. 매일 자신을 돌아보고 균형 잡힌 삶을 추구해야 한다. 회계는 곧 인생이다. 회계는 채워지지 않는 빈자리를 균형 있게 채우는 것이다. 오늘 수업의 결론이다. 지금부터 회계하자. 회계는 교회에서만 하는 것이 아니다.

 "당신의 인생은 복식부기를 잘 하고 있나요?"

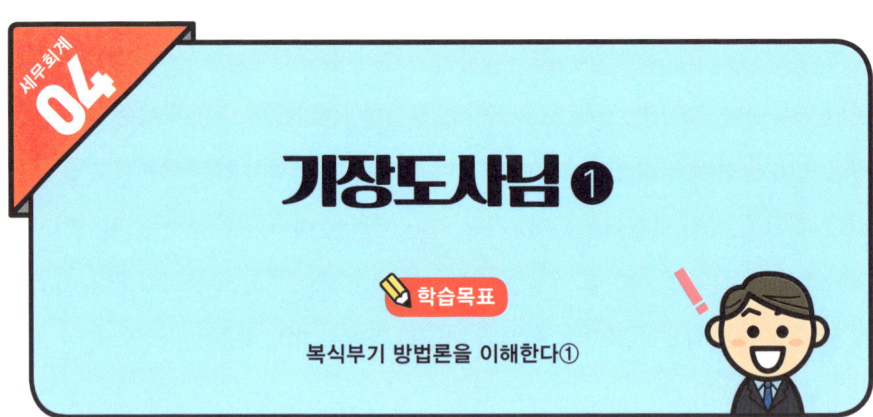

나혼밥은 기장도사님을 찾았다. 복식부기의 개념을 이해한 나혼밥은 그에 대한 방법론을 정복하고자 한다. 기장도사님은 속세에서 벗어난 기장선원에 기거하며 복식부기를 온 우주에 전파하고자 하는 도인道人이다.

도사님을 뵙기 전에 잠시 용어를 정리하자. 기장記帳은 장부에 적는 것을 의미한다. 부기簿記는 자산, 자본, 부채의 수지·증감 따위를 밝히는 기장법記帳法으로 단식부기와 복식부기로 나뉜다. 무슨 말인가? 장부를 작성하는 것을 '기장'이라 하고 그 방법을 '부기'라 한다. 부기에는 단식부기와 복식부기가 있다. 우리는 복식부기를 배우고 있다.

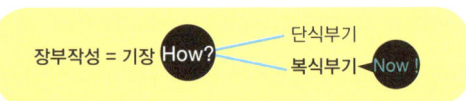

나혼밥  복식부기에 대한 가르침을 주십시오.

도사님  그냥 돌아가세요. 이 시를 읽고 내일 다시 찾아오세요.

나혼밥은 허탈하게 집으로 돌아오며 시를 읽었다.
다음날, 나혼밥은 경건한 마음으로 도사님을 다시 찾았다.

도사님  당신에게 지우개는 무엇인가요?
도사님의 가르침이 시작됐다.
나혼밥  저에게 가치 있는 가장 소중한 재산입니다.
도사님  가치 있는 재산을 회계에서 무엇이라 표현하나요?
나혼밥  자산입니다.
이 정도는 쉽게 답할 수 있었다.
도사님  당신 지우개의 가치는 영원한가요?
나혼밥  …….
도사님  지우개가 계속 닳아 없어지듯 자산의 가치는 시간이 지남에 따라 감소하는 것이지요.

지우개, 염승옥

도사님의 첫 번째 가르침을 정리해보자.

경제적 가치가 있는 자원을 회계에서 자산이라 표현한다. 시간이 지날수록 자산의 가치가 감소할 수 있다는 것이다. 가치가 감소한다면 회계에서 무엇으로 표현할까? 비용이다. 즉 자산의 가치가 감소한다면 자산은 곧 비용이다. 첫 번째 결론이다.

도사님  모든 사람에게 지우개는 자산일까요?

도사님의 가르침이 이어진다.

나혼밥  저는 그렇게 생각합니다만……

도사님  세상에는 많은 사람들이 있어요. 지우개가 자신 인생에 걸림돌이 된다고 생각하는 사람도 있지요. 지우개는 자신에게 부담스러운 존재라고 생각할 수도 있고요. 옳고 그름을 논하는 게 아닙니다. 사람에 따라 다르게 생각할 수 있다는 것이지요.

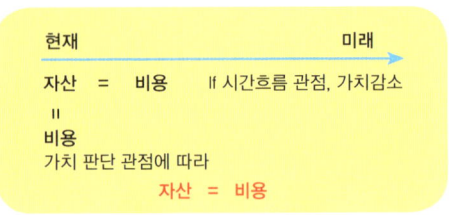

도사님의 두 번째 가르침이다. 자산의 가치는 각자의 관점에 따라 다를 수 있다는 것이다. 즉 누군가에게 지우개는 가치 있는 자산이지만 다른 누군가에게는 부담되는 존재, 자산이 아닌 비용일 수 있다.

지금까지의 가르침을 정리하면 결국 자산은 비용이라는 것이다.

도사님  복식부기는 무엇입니까?

나혼밥  거래의 원인과 결과를 왼쪽과 오른쪽에 모두 기록하는 것입니다.

도사님  무엇을 더 알고 싶은가요?

나혼밥  복잡한 거래를 어떻게 구분해야 하는지요. 또한 각 거래의 원인과 결과를 왼쪽과 오른쪽 어느 부분에 기록해야 하는지가 궁금합니다.
도사님  대차대조표와 손익계산서에 무엇이 표시되나요?
나혼밥  대차대조표에는 자산과 부채가 손익계산서에는 수익과 비용이 표시됩니다.
도사님  이미 답을 알고 있네요. 거래는 자산과 부채, 수익과 비용으로 구분됩니다.[1]
도사님  그리고 지우개를 왼쪽에 놓으면 됩니다. 복식부기 수업은 이것으로 끝입니다.

도사님의 마지막 가르침은 매우 단순하다. 회계거래를 자산, 부채, 수익, 비용으로 구분하고 지우개를 왼쪽에 놓으라는 것이다. 결국 자산과 비용을 왼쪽에 기록하라는 의미다. 지우개는 비용과 동일한 개념임을 배웠다. 자산과 비용이 왼쪽에 오는 심오한 이유는 없다. 좌측통행과 우측통행 정도로 이해하면 된다. 나혼밥은 좌측통행 세대이지만 언제부턴가 우측통행으로 바뀌었다. 이처럼 사회 구성원의 합의에 따라 규정을 지키면 된다.

도사님의 가르침을 정리해보자. 장부를 작성하는 것을 기장이라 하고, 그 방법 중 하나로서 거래의 원인과 결과를 모두 기록하는 복식부기가 있다. 이를 위해서는 두 개의 영역이 필요하고 이 영역을 왼쪽과 오른쪽, 차변과 대변이라 부른다.

회계거래를 자산, 부채, 수익, 비용으로 구분하고 자산과 비용을 왼쪽에 놓으면 된다. 재무제표를 생각해보자. 대차대조표에서 자산과 상대되는 항목은 무엇인가? 부채다. 자산의 상대편에 부채를 위치시키면 된다. 손익계산서에서 비용과 상대되는 항목은 무엇인가? 수익이다. 비용의 건너편에 수익을 배치하자. 즉 자산과 비용은 왼쪽, 부채와 수익은 오른쪽이다.

고요한 기장 선원에 수업 열기가 넘쳐흐른다.

---

[1] 자본은 자산에서 부채를 차감해서, 이익은 수익에서 비용을 차감해서 산출하기 때문에 결국 거래는 자산, 부채, 수익, 비용으로 분류된다고 생각하면 된다.

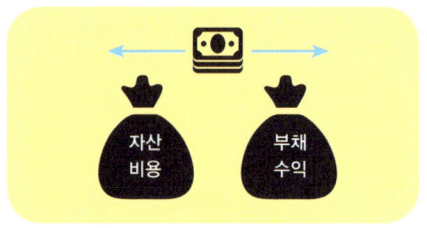

거래를 자산, 부채, 수익, 비용으로 구분한다. 자산과 비용을 왼쪽에 위치시킨다. 부채와 수익을 오른쪽에 배치한다. 각 항목이 감소하는 경우 반대편으로 가면 된다.

"하룻밤 묵고 가세요. 내일은 복식부기 실습이 있습니다."

기장 선원의 밤이 깊어간다.

 "당신의 지우개는 자산인가요?"

# 기장도사님 ❷

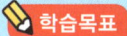
**학습목표**

복식부기 방법론을 이해한다 ❷

 기장선원의 날이 밝았다. 이곳은 복식부기의 도道를 깨우치려는 속세의 사람들로 매일 붐빈다. 기장도사님의 제자 토생원은 이른 새벽 4시부터 아침식사 준비로 분주하다.
 "오늘은 복식부기 실습이 있는 날이네요. 차 한 잔 드세요."
 토생원이 말을 걸어온다. 나혼밥은 한숨을 쉬며 답했다.
 "재무제표를 직접 만들어야 하는데 자산, 부채, 수익, 비용의 개념이 아직 좀 헷갈리네요."
 실습에 앞서 몸 풀기 준비운동으로 자산, 부채, 수익, 비용의 개념을 살펴보자.
 나혼밥이 시세 5억 원 아파트를 구입했다고 가정하자. 아파트는 경제적 가치 있는 자산이다. 그의 자산은 5억 원이다. 아파트 구입 대금 중 4억 원을 대출로 마련했다면? 우선 슬프다. 나혼밥의 부채는 4억 원이다. 나혼밥의 진짜 재산은 얼마인가? 자산에서 부채를 차감한 1억 원이 그의 순자산이다. 이처럼 총자산은 남의 것과 나의 것으로 나누어진다. 결국 순자산은 전체 자산에서 부채를 차감해서 결정된다. 순자산을 회계에서 자본이라 표현한다. 자산과 부채, 자본은 대차대조표에 표시됨을 살펴보았다.

자산 = 부채(남의 것) + 자본(내 것)
자산 - 부채(남의 것) = 자본(내 것)
아파트 5억 원 - 4억 원은 갚을 돈 = 1억 원이 내 것
→ 대차대조표에 표시
(자산, 부채, 자본)

수익은 벌어들인 돈이다. 어떤 이는 매일 직장이라는 전쟁터에서, 또 어떤 이는 자신의 사업을 통해 돈을 번다. 비용은 돈을 벌기 위해 지출한 돈이다. 출퇴근 교통비, 점심 식사비, 승진을 위한 영어학원 수강비, 연일되는 야근으로 거북목이 되어 지출되는 의료비……. 돈을 벌기 위해서는 돈을 써야한다. 수익 창출을 위해서는 임대료, 직원 월급, 물건 제작비용 등이 소요된다는 의미다. 이익은 수익에서 비용을 차감한 것으로 벌어들인 돈에서 돈을 벌기 위해 소요된 돈을 차감하고 남은 것이다. 만약 벌어들인 돈보다 벌기 위해 소요된 돈이 더 많다면 손실이다. 수익과 비용, 이익은 손익계산서에 표시된다.

수익 - 비용 = 이익(손실)  → 손익계산서에 표시
(수익, 비용, 이익/손실)

"자산은 경제적 가치 있는 재산, 부채는 남에게 갚을 돈, 수익은 벌어들인 돈, 비용은 돈을 벌기 위해 지출한 돈입니다. 자본과 이익은 이들로부터 계산되는 항목이구요. 도사님의 말씀처럼 모든 회계거래는 자산, 부채, 수익, 비용으로 분류된다고 생각하세요. 복식부기는 이들의 유기적인 거래의 원인과 결과를 정해진 위치에 기록하는 것이고요."

토생원의 조언 뒤에 기장도사님과 마주 앉았다.

"즐거운 실습시간이네요. 본인의 재무제표를 작성해보세요."

본격적으로 도사님의 가르침을 적용할 차례다. 나혼밥의 2017년 거래내역을 살펴보자. 다섯 종류의 거래가 있다. 우선 거래의 원인과 결과를 파악하고 각각에 대하여 자산, 부채, 수익, 비용으로 분류한다. 최종적으로 이들을 기록할 왼쪽과 오른쪽을 결정하면 된다. 자산과 비용 증가가 왼쪽, 부채와 수익의 증가가 오른쪽 이다. 각 항목의 감소는 반대편이다. 이 과정은 분류된 거래의 왼쪽과 오른쪽 자리를 결정하기 위한 것으로 숙달될 경우 머릿속에서 하면 된다.

### 거래의 분류, 원인 결과 및 기록할 위치 파악

| 거 래 | | 결 과 | 원 인 |
|---|---|---|---|
| 거래1 | 월급 2,400만 원을 수령하다 | ❶ 현금 2,400만 원 증가<br>자산(현금) 증가<br>왼쪽 | ❷ 월급수익 2,400만 원 창출<br>수익(월급소득) 증가<br>오른쪽 |
| 거래2 | 생활비 등 1,200만 원을 지출하다 | ❸ 현금 1,200만 원 감소<br>자산(현금) 감소<br>오른쪽 | ❹ 생활비 등 1,200만 원 발생<br>비용(생활비 등) 증가<br>왼쪽 |
| 거래3 | 적금 1,200만 원을 불입하다 | ❺ 적금 1,200만 원 증가<br>자산(적금) 증가<br>왼쪽 | ❻ 현금 1,200만 원 적금 불입<br>자산(현금) 감소<br>오른쪽 |
| 거래4 | 전세자금 3,000만 원을 빌리다 | ❼ 현금 3,000만 원 증가<br>자산(현금) 증가<br>왼쪽 | ❽ 3,000만 원을 대출받음<br>부채(대출금) 증가<br>오른쪽 |
| 거래5 | 전세보증금 3,000만 원을 집주인에게 지불하다 | ❾ 보증금 3,000만원 증가<br>자산(보증금) 증가<br>왼쪽 | ❿ 현금 3,000만 원을 주인에게 줌<br>자산(현금) 감소<br>오른쪽 |

파악된 거래별 원인과 결과를 정해진 자리에 기록한다. 이를 분개分介라 한다. 분개는 장부를 작성할 때 거래내용을 차변과 대변으로 나누어 적는 것을 의미한다. 균형을 확인하자.

**분개**

|  | 차변(왼쪽) | | 대변(오른쪽) | |
|---|---|---|---|---|
| 거래1 | ❶ 현금(자산 증가) | 2,400만 원 | ❷ 월급(수익 발생) | 2,400만 원 |
| 거래2 | ❹ 생활비 등(비용 발생) | 1,200만 원 | ❸ 현금(자산 감소) | 1,200만 원 |
| 거래3 | ❺ 적금(자산 증가) | 1,200만 원 | ❻ 현금(자산 감소) | 1,200만 원 |
| 거래4 | ❼ 현금(자산 증가) | 3,000만 원 | ❽ 차입금(부채 증가) | 3,000만 원 |
| 거래5 | ❾ 보증금(자산 증가) | 3,000만 원 | ❿ 현금(자산 감소) | 3,000만 원 |
| | 차변금액 합계 | 10,800만 원 | 대변금액 합계 | 10,800만 원 |

재무제표를 작성하여 대미를 장식할 차례다. 같은 항목끼리 금액을 가감해서 재무제표의 해당 항목에 보여주면 된다. 더하기 빼기만 할 줄 알면 된다. 손익계산서에는 수익과 비용, 대차대조표에는 자산과 부채가 표시된다.

**재무제표**

| 손익계산서 | | |
|---|---|---|
| I. 수익<br>　월급수익 | 2,400만 원 ❷ | |
| II. 비용<br>　생활비 등 | 1,200만 원 ❹ | |
| III. 이익(I-II) | 1,200만 원 | |

| 대차대조표 | |
|---|---|
| I. 자산<br>　현금<br>　적금<br>　보증금 | 0원 ❶-❸-❻+❼-❿<br>1,200만 원 ❺<br>3,000만 원 ❾ |
| 자산 합계 | 4,200만 원 |
| II. 부채<br>　전세대출<br>III. 자본(I-II) | 3,000만 원 ❽<br>1,200만 원 |
| 부채자본 합계 | 4,200만 원 |

"가져 오신 메모지[1]와 비교해보세요."

도사님과의 수련을 마무리하기 전에 마지막으로 복식부기의 균형에 대해 살펴보자.

나혼밥은 2017년 동안 2,400만 원을 벌고 1,200만 원을 지출했다. 남은 이익 1,200만 원은 어디로 가 있는가? 은행 적금으로 예치되어 대차대조표 자산으로 표시된다. 손익계산서는 일정 기간 동안 벌어들인 수익과 비용을 표시한다. 해당 기간의 손익 파악이 끝나면 다음 기간부터는 새롭게 시작한다. 대차대조표는 일정 시점의 재산 상태를 표시한다. 대차대조표는 최초에 만들어진 이후 경영 활동이 존재하는 기간 동안 누적되어 존재한다. 이를 위해 대차대조표는 한 기간이 끝날 때마다 손익계산서에 문의를 한다.

"한 해 동안 수고 많았습니다. 남은 이익이 얼마인가요? 저희에게 넘겨주시면 잘 기록하고 관리하겠습니다."

이를 '손익마감'이라 한다.

결론은 손익은 대차대조표로 흘러가고 복식부기 최종 균형 점검은 대차대조표를 확인하는 것이다. 총자산은 은행 적금 1,200만 원과 보증금 3,000만 원 합계 4,200만 원이다. 부채는 전세대출 3,000만 원이다. 총재산은 남에게 갚을 돈과 자신의 순재산으로 이루어진다고 했다. 즉 자산 합계는 부채와 자본의 합계와 같아야 한다. 복식부기의 최종 균형으로 이를 확인하면 된다.

**자산 = 부채(남의 것) + 자본(내 것)**
4,200만 원 = 3,000만 원 + 1,200만 원

복식부기를 위한 분개 과정에서 왼쪽과 오른쪽의 숫자 합계를 점검해야 한다. 이들이 잘 반영된다면 대차대조표는 결국 최종 균형을 이루게 된다.

---

1) 기장선원에서 작성한 재무제표를 PART Ⅱ 제1장에서 작성한 메모지, 재무제표와 비교해 보자.

**복식부기**

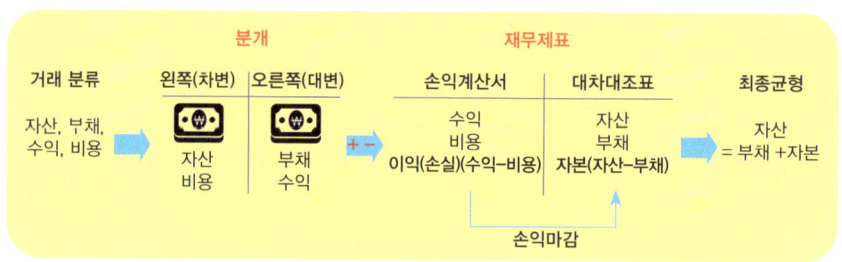

 "기장선원에서의 수련은 어땠나요? 이제 당신의 일상으로 돌아갈 시간입니다. 이 곳은 속세와 떨어져 있지만 늘 열려 있으니 언제든 찾아오세요."

 기장도사님과의 수련이 마무리됐다.

 "마지막으로 수련후기 작성 시간이네요. 아주 간단하지요. 당신의 스마트폰을 들고 행운의 숫자를 누르면 됩니다."

 "행운의 숫자는 당신 지우개의 번호입니다."

# 회계, 뭣이 중헌디!

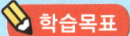

**학습목표**

회계의 본질을 이해한다

"회계는 균형이 중요한 것이여. 니도 배운 적 있재? 말혀봐, 중요헌 문젱께."

기장선원을 다녀온 나혼밥은 10년 지기 친구 혼고기와 마주 앉았다. 익어가는 소고기와 함께 소맥 한잔을 기울인다. 오늘은 흥이 난다. 혼밥이 아닌 친구와 함께여서. 회계에 대한 이야기를 하다가 문득 혼고기가 한마디 한다.

"회계, 뭣이 중헌디? 뭣이 중헌지도 모름서."

회계의 본질은 무엇일까? 회계는 경영의 언어다. 재무제표, 복식부기, 원인과 결과의 균형? 이보다 더 중요한 것이 있다. 회계의 본질을 이해하기 위해 냉동 창고를 잠시 가야한다.

영하 20도의 냉동 창고 안, 태평양을 건너온 소고기가 박스에 보관되어 있다. 박스에는 마치 자기소개서 같은 품질표시가 되어있다. 그것을 풀어보자면 이렇다.

"저는 미국에서 왔어요. 마블링이 좋고 한국인 입맛에 제격이구요. 부위는 Tri Tip, 중량은 20Kg입니다."

소고기 소유자는 미국산 소고기 판매업을 시작한 사업자 A다. A의 1년간 거래에 대한 재무제표를 작성해보자. A는 올해 초 10,000원을 은행에서 빌려 사업을 시작했고(거래1) 미국에서 소고기를 5,000원에 수입해서(거래2) 이를 B사업자에게 6,000원에 판매했다(거래3). 또한 일정 기간 후 B사업자로부터 자신이 팔았던 소고기를 7,000원에 다시 매입했다(거래4).

이 정도는 기본이다. 다시 한 번 연습해보자.

| 거 래 | | 결 과 | | 원 인 | |
|---|---|---|---|---|---|
| 거래1 | 10,000원을 빌려 사업을 시작하다 | ❶ | 현금 10,000원 증가 | ❷ | 은행에서 10,000원을 빌림 |
| | | | 자산(현금) 증가 | | 차입금(부채) 증가 |
| | | | 왼쪽 | | 오른쪽 |
| 거래2 | 미국산 소고기를 5,000원에 구입하다 | ❸ | 현금 5,000원 감소 | ❹ | 소고기 5,000원 구입 |
| | | | 자산(현금) 감소 | | 자산(소고기) 증가 |
| | | | 오른쪽 | | 왼쪽 |
| 거래3 | B사업자에게 소고기를 6,000원에 판매하다 | ❺ | 현금 6,000원 증가 | ❻ | 소고기 매출 6,000원 발생 |
| | | | 자산(현금) 증가 | | 수익(소고기 매출) 발생 |
| | | | 왼쪽 | | 오른쪽 |
| | | ❼ | 소고기 5,000원 감소 | ❽ | 소고기 비용 5,000원 발생 |
| | | | 자산(소고기) 감소 | | 비용(소고기 매출비용) 증가 |
| | | | 오른쪽 | | 왼쪽 |
| 거래4 | B사업자로부터 소고기를 7,000원에 매입하다 | ❾ | 현금 7,000원 감소 | ❿ | 소고기 7,000원 구입 |
| | | | 자산(현금) 감소 | | 자산(소고기) 구입 |
| | | | 오른쪽 | | 왼쪽 |

다음은 분개다. 자산, 부채, 수익, 비용 증감을 정해진 자리에 기록한다.

|  | 차변(왼쪽) | | 대변(오른쪽) | |
|---|---|---|---|---|
| 거래1 | ❶ 현금(자산 증가) | 10,000원 | ❷ 차입금(부채 발생) | 10,000원 |
| 거래2 | ❹ 소고기(자산 증가) | 5,000원 | ❸ 현금(자산 감소) | 5,000원 |
| 거래3 | ❺ 현금(자산 증가) | 6,000원 | ❻ 소고기매출(수익 증가) | 6,000원 |
|  | ❽ 소고기비용(비용 증가) | 5,000원 | ❼ 소고기(자산 감소) | 5,000원 |
| 거래4 | ❿ 소고기(자산 증가) | 7,000원 | ❾ 현금(자산 감소) | 7,000원 |
|  | 차변금액 합계 | 33,000원 | 대변금액 합계 | 33,000원 |

참고로 거래3의 두 번째 분개를 살펴보자. 이는 소고기 판매에 따라 보유하고 있던 소고기가 없어지며 비용으로 인식된 것이다. 즉 ❹ 소고기 자산 5,000원이 ❼ 팔려 없어지면서 ❽ 비용 5,000원이 된 것이다. 지우개가 기억나는가? 자산은 시간적 관점에서 비용이라 했다. 자산으로 있던 소고기가 시간이 지나 없어지면서(외부로 팔리면서) 비용이 된 것이다. 자산의 가치는 시간 경과에 따라 자연적으로 또는 판매 등으로 형태가 없어지고 비용이 된다.

마지막으로 재무제표다. 수련 결과다. 대차 균형까지 완벽하다.

| 손익계산서 | | |
|---|---|---|
| I. 수익<br>  소고기매출 | 6,000원 ❻ | |
| II. 비용<br>  소고기비용 | 5,000원 ❽ | |
| III. 이익(I-II) | 1,000원 | |

| 대차대조표 | | |
|---|---|---|
| I. 자산<br>  현금<br>  소고기 | 4,000원 ❶-❸+❺-❾<br>7,000원 ❹-❼+❿ | |
| 자산합계 | 11,000원 | |
| II. 부채<br>  차입금 | 10,000원 ❷ | |
| III. 자본(I-II) | 1,000원 | |
| 부채자본 합계 | 11,000원 | |

지금부터 회계의 본질에 대한 탐구가 시작된다. 추위도 조금만 더 참아보자.

거래3과 4의 결과를 유심히 살펴보자. 거래 3은 A가 B에게 소고기를 6,000원에 판매한 것이고, 거래 4는 A가 B로부터 동일한 소고기를 7,000원에 매입한 것이다. 현금의 움직임을 보면 A는 B로부터 판매대금 6,000원을 수령하고 B에게 매입대금 7,000원을 지급했다. A와 B는 거래계약서, 세금계산서 등 거래관련 서류를 모두 구비하였고 상호간 현금흐름은 A의 매출대금 수령과 매입대금 지급이다. 이것이 법적 형식이다.

하지만 A는 물품을 B에게 판매 후 동일한 품목을 B로부터 다시 구매했다. 물품의 이동도 없었다. 태그의 소유주만 A에서 B로, 다시 B에서 A로 바뀌었을 뿐이다. 즉 판매 전과 후의 실질적인 변화가 없다. 상호간 돈만 오고 갔을 뿐이다. 냉동 창고 속에서 무슨 일이 벌어진 것인가? A가 B로부터 6,000원을 빌리고 B에게 원금 6,000원과 이자 1,000원을 합한 7,000원을 상환한 것이다. 즉 이것은 일반적인 매출매입 거래가 아닌 자금 차입 거래다. 이것이 거래의 경제적 실질이다.

경제적 실질에 의한 재무제표는 다음과 같이 변한다. 각자 작성해보자.

| 손익계산서 | | |
|---|---|---|
| I. 수익 | 0원 | |
| II. 비용<br>　이자비용 | 1,000원 ❿ | |
| III. 손실(I-II) | (1,000원) | |

| 대차대조표 | |
|---|---|
| I. 자산<br>　현금<br>　소고기 | 4,000원 ❶+❸+❺-❾<br>5,000원 ❹ |
| 자산합계 | 9,000원 |
| II. 부채<br>　차입금 | 10,000원 ❷+❻-❿ |
| III. 자본(I-II) | (1,000원) |
| 부채자본 합계 | 9,000원 |

수익 저조로 운영자금 조달의 어려움에 처한 A는 은행으로부터 추가 자금조달이 어려워지자 금전대부업자 B로부터 자금을 차입했다. 이 거래를 일반적인 매출 매입거래로 복식부기에 반영한 것이다. 두 재무제표를 비교해보면 다음과 같다.

**사업자A-재무제표1(by 법적 형식)**

| 손익계산서 | | 대차대조표 | |
|---|---|---|---|
| 구분 | 금액 | 구분 | 금액 |
| 수익 | 6,000원 | 자산 | 11,000원 |
| 비용 | 5,000원 | 부채 | 10,000원 |
| 이익 | 1,000원 | 자본 | 1,000원 |

**사업자A-재무제표2(by 경제적 실질)**

| 손익계산서 -수정 | | 대차대조표-수정 | |
|---|---|---|---|
| 구분 | 금액 | 구분 | 금액 |
| 수익 | − | 자산 | 9,000원 |
| 비용 | 1,000원 | 부채 | 1,0000원 |
| 이익 | (1,000원) | 자본 | (1,000원) |

법적 형식에 따르면 A는 이익을 창출하는 사업자로 표현되는 반면, 경제적 실질에 의하면 A는 수익이 없고 손실이 발생하는 회사로 표현된다. 또한 자신이 가진 자산보다 갚아야 할 부채가 더 많다. 은행에서 자금을 차입하기가 어려워진다. 계속적인 사업이 어렵다는 의미다.

법적 형식과 경제적 실질이 다른 경우, 회계는 경제적 실질로 판단되어야 한다. 이것이 결론이며 회계의 본질이다. 왼쪽 오른쪽 합계 일치만으로는 부족하다. 세무도 동일하다. 세법은 '실질과세원칙'을 취하고 있다. 거래의 실질에 따라 과세하겠다는 의미다. 법적으로 하자 없는 판매의 형식을 갖추었다 하더라도 거래 실질을 우선하여 자금차입거래로 반영하는 것이다. 이익의 일정 비율을 세금으로 납부하는 소득세의 경우 사업자 A가 내야할 세금은 없다.

회계, 뭐이 중헌가? 회계의 본질은 거래의 경제적 실질을 표현하는 것이다. 이것만 숙지하자. 진실은 거래 당사자가 잘 알고 있다. 사랑도 회계도 진실이 중요하다.

"친구야, 우리 인생에 뭐이 중헐까? 돈, 사랑, 권력, 의리……."

두 벗은 서로의 잔을 채운다. 두려움 속에 방황하며 추운 냉동 창고 속에서 떨고 있는 Tri Tip, 우리의 자화상은 아닐지. 냉동 창고 여행은 끝났다. 자신의 따뜻한 일상으로 돌아오자.

 "당신의 인생에선 뭣이 중한가요?"

**보충자료** 거래의 경제적 실질에 맞는 복식부기 반영 과정

## 거래의 분류, 원인 결과 및 기록할 위치 파악

|  | 거 래 | 결 과 | 원 인 |
|---|---|---|---|
| 거래1 | 10,000원을 빌려 사업을 시작하다 | ❶ 현금 10,000원 증가<br>자산(현금) 증가<br>왼쪽 | ❷ 은행에서 10,000원을 빌림<br>차입금(부채) 증가<br>오른쪽 |
| 거래2 | 미국산 소고기를 5,000원에 구입하다 | ❸ 현금 5,000원 감소<br>자산(현금) 감소<br>오른쪽 | ❹ 소고기 5,000원 구입<br>자산(소고기) 증가<br>왼쪽 |
| 거래3 | B사업자로부터 6,000원을 빌리다 | ❺ 현금 6,000원 증가<br>자산(현금) 증가<br>왼쪽 | ❻ 차입금 6,000원 발생<br>부채(차입금) 발생<br>오른쪽 |
|  |  | ❼ 해당사항 없음 | ❽ 해당사항 없음 |
| 거래4 | B사업자에게 7,000원을 상환하다 | ❾ 현금 7,000원 감소<br>자산(현금) 감소<br>오른쪽 | ❿ 원금 6,000원, 이자 1,000원 상환<br>부채(차입금) 감소 이자비용 증가<br>왼쪽 |

## 분개

|  | 차변(왼쪽) |  | 대변(오른쪽) |  |
|---|---|---|---|---|
| 거래1 | ❶ 현금(자산 증가) | 10,000원 | ❷ 차입금(부채 발생) | 10,000원 |
| 거래2 | ❹ 소고기(자산 증가) | 5,000원 | ❸ 현금(자산 감소) | 5,000원 |
| 거래3 | ❺ 현금(자산 증가) | 6,000원 | ❻ 차입금(부채 증가) | 6,000원 |
| 거래4 | ❽ 해당사항 없음 | – | ❼ 해당사항 없음 | – |
| 거래5 | ❿ 차입금(부채 감소)<br>이자비용(비용 증가) | 6,000원<br>1,000원 | ❾ 현금(자산 감소) | 7,000원 |
|  | 차변금액 합계 | 28,000원 | 대변금액 합계 | 28,000원 |

## 재무제표

| 손익계산서 |  |  |
|---|---|---|
| I. 수익 | 0원 |  |
| II. 비용<br>이자비용 | 1,000원 | ❿ |
| III. 손실(I-II) | (1,000원) |  |

| 대차대조표 |  |
|---|---|
| I. 자산<br>현금<br>소고기 | 4,000원 ❶+❸+❺+❾<br>5,000원 ❹ |
| 자산합계 | 9,000원 |
| II. 부채<br>차입금 | 10,000원 ❷+❻+❿ |
| III. 자본(I-II) | (1,000원) |
| 부채자본 합계 | 9,000원 |

회계에 대한 학습내용을 정리하세요!
스스로 생각하고 대답해보세요.
Are you ready?

**001** 회계는 무엇을 의미하는가?

**002** 재무제표는 무엇인가? 재무제표의 종류를 두 가지만 말해보자.

**003** 위에서 말한 재무제표의 의의를 설명해보라.

**004** 대차대조표와 손익계산서에 표시되는 항목은 어떤 것들인가?

**005** 이익과 순자산은 어떻게 구해지는가? 의미를 설명해보자.

**006** 재무제표에 포함된 재무정보의 중요성을 설명해보자. 재무제표가 실제보다 우량하게 표시될 경우, 또는 반대의 경우, 어떤 현상이 발생하게 될지 생각해보자.

**007** 기장과 복식부기의 의미는 무엇인가?

**008** 회계거래는 어떻게 분류할 수 있는가?

**009** 분류된 회계거래의 원인과 결과를 왼쪽과 오른쪽 어느 곳에 기록해야 하는가?

**010** 분개는 무엇이고 재무제표는 어떻게 작성되는가?

**011** 작성된 재무제표의 최종 균형은 어떻게 확인하는가?

**012** 복식부기의 구체적인 방법을 종합해서 설명해보자.

**013** 회계에서 대차균형보다 더욱 중요한 회계의 본질은 무엇이라고 생각하는가?

**014** 법적 형식과 경제적 실질이 다를 경우, 회계와 세무에서는 각각 무엇이 우선하는가?

**015** 세무를 공부해야 하는데 왜 회계를 먼저 배워야 하는가?

회계는 경영활동을 표현하는 언어이고 재무제표는 이를 나타내는 보고서라고 할 수 있다. 재무제표 중 대표적인 것은 손익계산서와 대차대조표다. 손익계산서는 일정 기간 동안의 경영성과를, 대차대조표는 특정 시점의 재정 상태를 나타내는 회계보고서다. 손익계산서에는 수익과 비용이, 대차대조표에는 자산과 부채가 표시된다. 벌어들인 수익에서 벌기 위해 지출된 비용을 차감해서 이익이 계산된다. 수익보다 비용이 많으면 손실이다. 총자산에서 타인의 몫인 부채를 차감한 것이 순재산, 즉, 자본이다.

회계정보는 사회구성원의 의사결정에 중요한 영향을 미칠 수 있으며 한 구성원의 왜곡된 재무정보는 결국 사회 전체의 다른 구성원들에게 부정적 영향을 미친다. 실제보다 과대 포장된 재무정보로 인해 제한된 자원배분의 비효율성과 낭비를 초래하고, 실제보다 과소 작성된 재무정보로 인해 불합리한 세금 부담 문제가 발생할 수 있기 때문이다.

장부를 작성하는 것을 기장이라 하고, 기장 방법 중 하나로 회계거래의 원인과 결과를 모두 기록하는 방법을 복식부기라고 한다. 모든 회계거래는 자산, 부채, 수익, 비용으로 구분할 수 있다. 자산은 경제적 가치 있는 재산, 부채는 남에게 갚을 돈, 수익은 벌어들인 돈, 비용은 돈을 벌기 위해 지출한 돈이라고 생각하면 된다.

거래의 결과와 원인을 파악한 다음, 각각을 자산, 부채, 수익, 비용으로 분류하고 지우개를 왼쪽에 놓으라고 했던 것을 기억 하는가? 지우개는 가치 있는 자산으로서 관점에 따라 비용과 동일한 개념이다. 결국 자산과 비용을 왼쪽(차변)에, 이에 상대되는 부채와 수익을 오른쪽(대변)에 기록한다.

분개는 장부를 작성할 때 거래 내용을 차변과 대변으로 나누어 적는 것을 의미하고, 분개에서 같은 항목끼리 금액을 가감해서 재무제표의 해당 항목에 보여주면 재무제표가 작성된다. 손익계산서에는 수익과 비용, 대차대조표에는 자산과 부채가 표시된다.

　복식부기 재무제표의 최종 균형 점검은 대차대조표의 균형으로 이루어진다. 일정 기간 동안의 손익은 마감되어 대차대조표에 포함되기 때문이다. 자산=부채+자본을 확인하면 된다.

　법적 형식과 경제적 실질이 다른 경우 회계는 경제적 실질이 우선이다. 세법도 실질과세원칙을 취하므로 동일하다. 회계의 본질은 거래의 경제적 실질을 표현하는 것이다. 원인과 결과의 균형이 중요하지만 실질을 반영한 진실한 균형이 더욱 중요하다.

　아쉽지만 회계에 대한 수업은 여기서 마무리한다. 회계에 대해 공부할 내용은 무한하지만 우리는 우선 이 정도 내용으로 만족하면 된다. 아직 한 문제가 남았다. "세무를 공부해야 하는데 왜 회계를 먼저 배워야 하는가?"

　또 다른 도사님을 찾아가 물어보자.

 "즐거운 회계수업, 수고 많았습니다!"

## 세무회계 07

# 대사열전 (무릎팍도사 vs 월천대사)

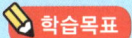

**이익의 개념을 이해한다**

직장인 5년차 나혼밥은 깊은 고민에 빠졌다. 회사를 그만두고 싶다. 창업을 꿈꾼다. 그동안 누구보다 성실히 일했다. 앞만 보고 달려왔다. 가끔은 뒤도 돌아보고 때로는 현재를 즐기며 새로운 미래를 내다봐야 하건만, 매순간 열심히 그냥 달려왔다. 잘 달리고 있는지, 지나온 흔적은 어떤지, 목적지가 어디인지……. 모르겠다. 지친다. 인생 코칭이 필요하다. 유명 정치인들과 대통령도 찾는다는 무릎팍도사님을 찾았다.

"지금 직장을 그만두려 한다면 옳지 못한 생각입니다."

역시 소문대로 무릎이 닿기도 전에 마음을 꿰뚫어 보신다.

시간이 흘러 5년이 지났지만 여전히 변한 건 없다. 후회스럽다. 새로운 도사님의 문을 노크한다. 직장인 고민과 창업 코칭으로 유명한 월천대사님을 찾았다. 3년간의 기다림 끝에 얻은 코칭 기회이기도 했다.

"직장 고민은 더 이상 하지 마세요. 더 늦기 전에 마음이 시키는 대로 실행하세요. 생각만 하지 말고 완벽하지 않더라도 우선 행동하면서 보완해가세요."

직장인 10년차 나혼밥은 용기를 얻는다. 본격적인 창업 진로상담이 시작됐다.

"대사님, 저는 그동안 틈틈이 회계 지식을 쌓아왔고 복식부기 개념도 이해했습니다. 이제 무엇을 해야 할지요? 창업에 대한 가르침을 얻고 싶습니다."

"먼저 제 이름을 이해하세요. 저는 직장인 진로상담과 창업 코칭으로 한 달에 일천만 원 이상을 벌죠. 하지만 남는 게 거의 없어요. 자, 나혼밥 님은 창업 후 한 달에 얼마를 벌고 싶은지요?"

창업을 꿈꾸지만 얼마를 벌 수 있을지는 불확실하다. 불안하고 두렵다. 한 달에 일천만 원을 버는 대사님이 부럽다. 근데 남는 것이 없다니 왜일까?

"저는 최고의 인생을 누리기 위해 슈퍼카 람보르기니, 머스탱을 타고 다닙니다. 최고급 정장 아르마니를 입고 몽블랑 만년필을 사용합니다. 전용헬기도 구입할 예정이에요. 대사의 품격 유지가 중요하지요. 매달 일정 금액을 벌지만 그만큼을 지출한다면 어떨까요? 게다가 중요한 세금도 내야 합니다."

"……."

"수익 달성을 위해서는 그에 따른 비용 지출이 수반됩니다. 수익에서 비용을 차감하고 남은 부분이 이익입니다. 이익에 대해선 세금을 납부해야 하니까 세금 납부 후 남은 부분이 진정한 자신의 몫이지요."

대사님의 가르침을 정리할 차례다.

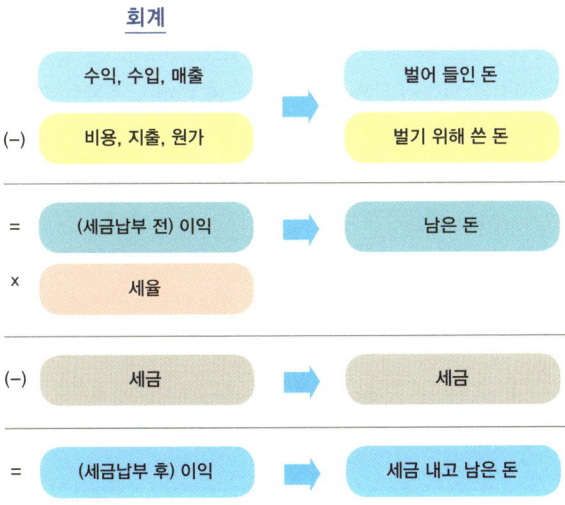

수익은 벌어들인 돈, 비용은 돈을 벌기 위해 지출한 돈이다. 수익에서 비용을 차감한 것이 이익이다. 이익에 일정율의 세율을 곱해 산정되는 되는 것이 세금[1]이다.
즉 이익은 세금 산출을 위한 출발점이다. 이익은 어떻게 파악할 수 있는가? 우리는 이미 알고 있다. 재무제표 중 손익계산서에 이익이 표시된다. 따라서 재무제표는 세금 산출을 위한 출발점이라는 이야기다.

참고로 우리의 일상에서 수익, 비용 개념은 여러 가지 용어로 표현되고 있다. '월수입 1,000만 원 보장', 이건 무슨 의미일까? 월 1,000만 원을 벌기 위해 900만 원의 지출이 필요하다면 월 이익 100만 원 보장이라는 의미다. 일반적으로 수익은 수입, 매출, 매상 등의 용어로, 비용은 지출, 원가 등의 용어로 대체된다. 어쨌거나 한 가지만 기억하자. 돈을 벌기 위해 얼마가 지출되었나? 번 돈에서 지출된 돈을 차감하고 남은 돈이 얼마인가? 그것이 이익이다.

월천대사를 꿈꾸며 집으로 향하는 나혼밥의 머릿속에 며칠 전 보았던 책 내용이 떠올랐다.

---

[1] 소득세에 해당하는 내용이다. 세부 내용은 Part Ⅳ에서 살펴본다.

'실제로 시장에서는 회사에 대해 단순히 매출 규모만 따지지는 않는다. 회사가 그동안 얼마나 많은 이익을 냈는지도 매출 이상으로 중요하다. 기업의 실적이 발표될 때 가장 먼저 보는 것이 이익의 크기다. 이익은 수익에서 비용을 차감한 금액으로, 기업이 일정 기간 벌어들인 최종적 성과를 나타내기 때문이다.'

(회계학이야기, 권수영 p.118)

미래에 대한 고민으로 밤을 새는 당신에게,

 "무릎팍도사님과 월천대사의 가르침 중 당신은 어느 쪽을 택할 것인가요?"

# 혼밥지존 선발대회

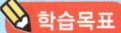 **학습목표**

회계이익과 세무이익의 관계, 그리고 세무조정의 개념

벌어들인 수익에서 벌기 위해 지출된 비용을 차감한 것이 이익이고, 이익에 일정율의 세율을 곱해 산정되는 되는 것이 세금이라면, 결국 손익계산서에 표시되는 이익에 세율을 곱하면 세금 공부는 끝이 아닌가? 이에 대한 의문은 잠시 접어 두고 '혼밥지존 선발대회'에 참관해보자.

편의점, 구내식당, 고깃집, 술집, 뷔페, 횟집 다양한 분야에서 내공을 쌓은 혼밥 고수들이 모인다. 대회는 전국에 생중계되며 많은 사람의 이목이 집중된다. 대한민국 혼밥 문화의 선봉장 나혜자, 나종원 선생님이 특별 심사위원으로 초빙됐다. 최종 선발자 남녀 각각 세 명에게 혼밥의 최고봉 '횟집 혼자 가기' 도전권과 회식 경품이 주어진다.

심사의 효율성을 위해 심사기준은 중간선발과 최종선발 두 단계를 거친다. 중간선발자는 인터넷 사전투표와 심사위원 사전 심의로 확정되었다. 중간선발에 포함 되었어도 최종 선발에서 탈락할 수 있고 중간 선발에 포함되지 않은 참가자도 최종선발자에 포함될 수 있다. 공정한 심사를 위해 국내 최대 K회계법인에서 대회의 전 과정을 참관하고 검토한다.

중간 심사기준 X에 의한 중간선발자는 남자 'A, B, C', 여자 'a, b, c'로 결정되어 있다. 이를 결과 X라고 하자. 이 중 누군가가 최종 기준에 의해 탈락하고 이들에 포함되지 않은 누군가가 최종선발에 포함될 수 있는 것이다.

최종 심사기준 Y에 의해 남자 선발자 'A, B, D', 여자 선발자 'a, b, d'가 확정됐다. 이를 결과 Y라고 하자. 중간 선발자 중 남자 선발자 C가 탈락하고 D가 추가 선발된다. 여자는 c가 탈락하고 d가 추가 선발된다.

만약 처음부터 최종 선발기준 Y를 적용했다면 남자 A, B, D, 여자 a, b, d가 선발 되었을 것이다. 이미 중간 선발기준 X에 의한 결과가 도출된 상황이므로 중간 선발 결과에서 남자 C와 여자 c를 제외시키고 남자 D와 여자 d를 추가로 포함시키면 최종 선발기준 Y에 의한 결과가 도출된다.
결과 X에서 결과 Y로 조정을 한 것이다.

기준 X에서 기준 Y로 조정을 한 이유는 이미 기준 X에 의한 결과가 도출되어 있기 때문이다. 또한 X의 결과가 도출된 상황에서는 처음부터 Y를 적용하기보다 결과 X에서 결과 Y로 조정하는 방법이 더 효율적이기 때문이다. 물론 처음부터 기준 Y를 적용할 수도 있다. 참가자와 심사위원 등 이해관계자의 합의를 통해 중간 X를 적용하지 않고 곧바로 Y를 적용하면 된다. 또한 상호간 합의가 이뤄진다면 X를 최종 기준으로 적용할 수도 있다. 결국 어떠한 이유에서 한 기준의 결과로부터 일부 조정을 통해 다른 기준의 결과를 도출할 수 있다고 생각하자.

회계와 세무의 관계도 이와 유사하다. 회계는 기준 X, 세무는 기준 Y다. 수업의 앞부분으로 돌아가 보자. 수익 - 비용인 이익에다 세율을 곱해 세금이 산정된다면, 우리의 수업은 마무리된다. 우리가 지금까지 살펴본 재무제표는 회계의 영역, 즉, 기준 X다. 하지만 세금은 기준 Y에 의해 최종 결정된다. 따라서 Y를 고려해야 한다. X와 Y가 일치하지 않기 때문이다. 우리 사회는 X에 의한 결과에서 일부 조정을 통해 Y에 의한 결과를 도출하는 방법론을 취하고 있다.

상기 결과에서 X=>회계, Y=>세무, 남자=>수익, 여자=>비용으로 용어를 변경해 보자.

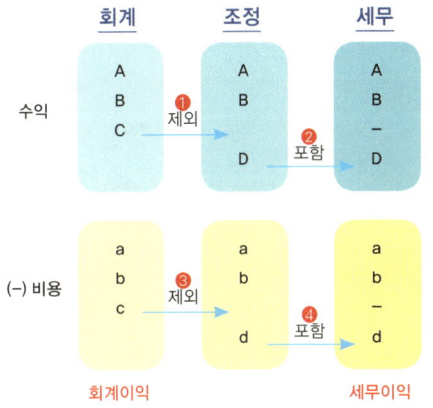

세무기준에 의한 이익을 산출하기 위해 회계상 이익에서 세무상 이익으로 조정한다.
회계를 출발점으로 회계상 수익과 비용에 포함 되었지만 세무상 수익과 비용이 아닌 항목(C와 c)를 제외시키고(❶, ❸), 회계상 수익과 비용에 포함되지 않았지만 세무상 수익과 비용에 해당하는 항목(D와 d)을 포함시킨다(❷, ❹).

회계상 이익과 세무상 이익의 차이를 조정하는 것을 세무조정이라 한다. 회계상 이익을 출발점으로 세무상 이익으로 전환하는 것이다. 두 기준 간 차이가 있을 경우 세무상 이익 산출을 위해 조정이 필요하다. 사업자의 거래 내용에 따라 두 기준에 의한 이익이 일치할 수도 있다.

그럼 애초에 세무기준에 의한 이익을 산출해서 세금을 구하면 되는 것 아닌가? 맞다. 사회적 합의가 있다면 회계기준과는 별개로, 세무기준에 의한 이익산출 시스템을 갖출 수도 있다. 혹은 세무기준이 아닌 회계기준에 의한 이익을 기준으로 세금을 산출하기로 정할 수도 있다. 하지만 우리 사회는 회계상 이익을 기준으로 그걸 조정하여 세무상 이익을 도출하는 방법론과 시스템을 사용하고 있다.

월천대사님의 가르침에 오늘 수업 내용을 추가해보자.

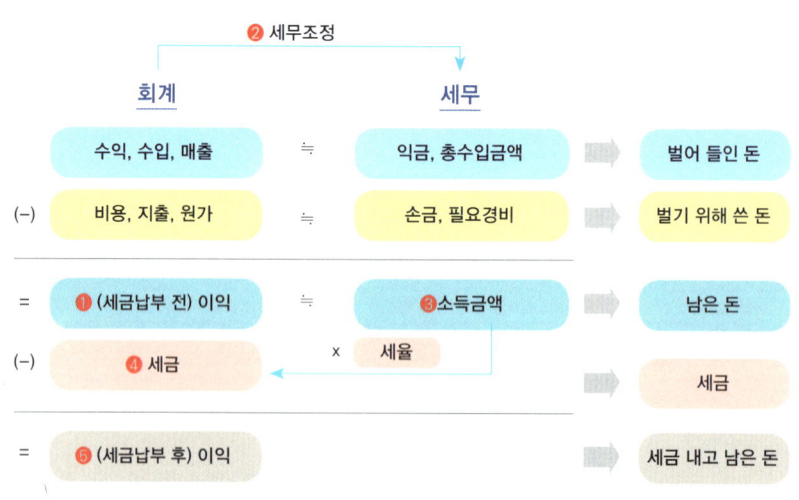

회계상 이익(❶)에서 세무조정(❷)을 통해 세무상 이익(❸)을 산출한다. 세금(❹)은 세무상 이익에 세율을 곱해 산출된다. 회계상 이익에서 세금을 차감한 이익이 최종이익(❺)이다. 따라서 세무 업무의 출발점은 회계장부 작성이다. 참고로 세무에서는 회계상 수익을 익금 또는 총수입금액이라 표현하고 회계상 비용을 손금 또는 필요경비라고 표현한다. 회계상 이익을 세무에서는 소득금액이라 한다. 회계와 세무의 어색하지만 운명적인 만남이 이뤄지는 순간이다.

서울 야경이 한눈에 내려다보이는 서울의 중심 X타워에 혼밥남녀 지존들이 함께 모였다. 수상자들에게 주어지는 식사경품 시간이다. 남자 A, B, D 여자 a, b, d 지존들은 각자 사랑의 화살을 쏠 준비 중이다.

 "즐거운 식사 되세요."

# 회계(개)는 교회에서만 하는 건가?

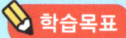 학습목표

개인사업자의 장부작성 의무를 이해한다

 나혼밥은 분주하다. 직장인의 전쟁터 회사에 다니며 인생 2막을 설계해야 한다. 1인기업가를 꿈꾸며 이를 위해 회계와 세무도 '열공'중이다. 유명한 도사님과 대사님도 만나봤다. 다음 단계는 무엇일까? 세법에서 규정한 자신의 회계의무를 알아야 한다.

 "나의 회계의무는 무엇인가?"

 개인사업자[1]는 이 질문에 먼저 답해야 한다. 기장선원에서 살펴본 바와 같이 장부작성 방법에는 단식부기와 복식부기가 있다. 우리는 복식부기를 배웠다. 복식부기에 의해 탄생하는 장부를 복식부기 장부, 재무제표라 표현한다. 단식부기에 의한 장부를 간편장부라 한다. 단식부기는 가계부와 같은 방식이다. 매일 매일의 현금 입출금만 기록하면 된다. 우리의 수업은 복식부기 재무제표 작성을 대상으로 한다.

---

[1] 사업자는 개인사업자와 법인사업자로 나뉜다. 자세한 내용은 PART Ⅲ 제1장과 제 2장에서 살펴본다. 우리 수업은 개인사업자를 논의의 대상으로 한다.

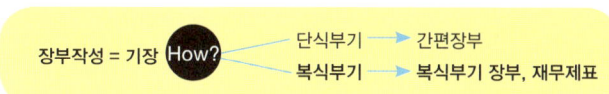

　세법에서는 사업자의 장부작성 의무를 규정하고 있다. 이에 따른 당근과 채찍도 있다. 회계장부 작성은 복식부기가 원칙이다. 간편장부는 사업자의 편의를 위해 비교적 쉽고 간단히 작성하도록 한 장부다. 개인 사업자는 자신의 기장의무를 먼저 파악해야 한다. 즉 자신이 복식부기 의무자인지 간편장부 대상자인지를 명확히 알아야 한다. 이것이 사업의 출발점이다.

　첫 번째 물음에 대한 답을 정리해보자. 개인 사업자의 기장의무는 직전연도 매출액으로 결정된다. 매출액이 기준 금액 이상이면 복식부기 의무자, 미만이면 간편장부 대상자다. 신규사업자는 직전연도 매출이 없으므로 간편장부 대상자다. 복식부기를 위해서는 장부 작성 대행료 같은 비용이 생길 수 있다. 이를 고려하여 일정 금액 이상 돈을 벌면(수익을 창출하면) 복식부기에 의한 장부를 작성하라는 취지로 이해하자. 일정 금액 이상의 돈을 벌면 복식부기를 해야 한다. 첫 번째 결론이다. 동의하기 싫은 자들도 있겠지만, 국가는 변호사와 의사 등 전문직 사업자는 무조건 돈을 많이 번다고 생각한다. 따라서 이들은 무조건 복식부기 대상자다.

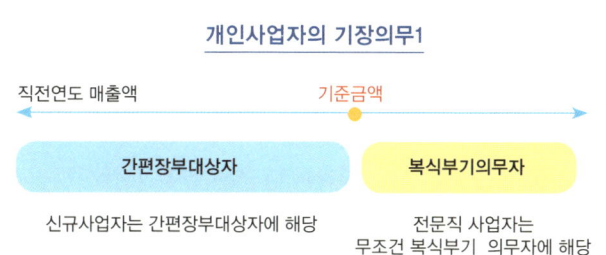

개인사업자의 기장의무1

두 번째 질문이다.

"얼마를 벌면 복식부기 장부를 작성해야 하는가?"

나혼밥은 복식부기 개념을 이해하고 실습까지 했지만 이를 직접 수행하기는 스스로가 미덥지 못하다. 기장을 위한 회계지식이 아직 부족하다. 복식부기는 월 10만 원 정도로 세무회계사무소에 맡겨야 한다. 비용이 좀 부담스럽다.

이에 대한 국가의 답은 다음과 같다. 복식부기 의무 판단 기준금액은 업종별로 정해져 있다. 나혼밥이 계획 중인 해당업종 기준금액은 연매출 7,500만 원이다. 그러니까 매출이 7,500만 원을 넘으면 다음 해부터는 복식부기 의무자에 해당된다는 뜻이다.

### 개인사업자 기장의무 판단금액

| 업종 | 부동산임대업, 전문, 과학기술서비스업 등 | 제조업, 숙박 및 음식점 등 | 도소매업, 부동산매매업 등 |
|---|---|---|---|
| 전기 수입금액 | 7,500만 원 | 1억 5천만 원 | 3억 원 |

개인사업자는 사업 시작 전과 매년 자신의 기장의무를 판단해야 한다. 전연도 매출 및 세법의 혜택과 불이익을 고려하여 장부작성 방법을 결정해야 한다. 만약 나혼밥이 2018년 매출 7,500만 원 이상을 달성한다면 2019년부터는 복식부기 의무를 이행해야 한다. 이를 위반하면 가산세를 내야 한다. 몰랐어도 세법은 봐주지 않는다. 미리 판단하고 사전에 준비해야 한다.

장부작성 의무와 관련된 세법의 채찍과 당근은 무엇일까?

간편장부 대상자가 복식부기를 적용하면 세금을 깎아준다. 이게 '기장세액 공제'라 부르는 당근이다. 간편장부 대상자가 간편장부를 작성하지 않거나 복식부기 의무자가 복식부기 기장을 하지 않으면 세금을 추가로 납부해야 하는데, 이를

'무기장 가산세'라 한다. 의무불이행에 따른 채찍인 셈이다. 다만 간편장부 대상자 중에서도 신규 사업자와 전년도 매출 4,800만 원 미만인 자는 '소규모 사업자'로 분류하여 무기장 가산세를 적용하지 않는다. 자, 이쯤에서 정리를 해보자.

개인사업자의 기장의무2

9가지 경우가 있다. 해독해보자. 복식부기 장부를 작성한 경우다(❶). 간편장부 대상자(소규모 사업자 포함)가 복식부기 장부를 작성했다면 자신의 의무를 초과 이행한 것이다(1-1 및 1-2). 이 경우 세법상 기장세액공제 혜택이 주어진다. 당근이다. 복식부기 의무자가 복식부기 장부를 작성했다면(1-3) 자신의 의무를 이행한 것이다. 채찍도 당근도 없다.

다음으로 간편장부를 작성한 경우(❷). 간편장부 대상자(소규모 사업자 포함)가 간편장부를 작성했다면 자신의 의무를 잘 이행한 것이다(2-1 및 2-2) 이 경우 역시 채찍도 당근도 없다. 복식부기 의무자가 간편장부를 작성했다면 의무불이행이다(2-3). 가산세라는 채찍을 맞게 된다.

마지막으로 기장하지 않은 경우(❸). 간편장부 대상자(3-2)와 복식부기 의무자(3-3)가 자신에게 주어진 기장의무를 이행하지 않으면 무기장 가산세가 부과된다. 의무불이행에 대한 채찍이다. 다만 소규모 사업자에 대해서는 가산세를 부과하지 않는다(3-1). 소규모 사업자는 직전연도 매출액 4,800만 원 미만인 경우와 신규로 사업을 개시한 사업자로서 이들은 장부를 작성하지 않아도 세무상 불이익은 없다. 참고로 전문직 사업자는 소규모 사업자가 아니다.

장부 작성에 대한 세법의 당근과 채찍은 어느 정도일까?

기장세액공제는 납부할 세금의 20% 수준이다. 만약 산출된 세금이 100만 원이라면 20만 원을 세금에서 깎아준다는 의미다. 세금에도 에누리가 있다. 산출된 세금이 500만 원이면 세액공제는 100만 원이다. 그럼 내야할 세금이 600만 원이면? 세법은 당근을 무한정 주지 않는다. 세금에누리는 최대 100만 원까지 받을 수 있다.

무기장가산세도 납부할 세금의 20% 수준이다. 해당 금액을 추가로 납부해야 한다. 당근과 달리 가산세 한도는 없다. 세법의 채찍은 가혹하다.

개인사업자에게 회계하라고 말하고 싶다. 여기서 회계는 복식부기를 의미한다. 상황에 따라 직접 해도 되고 외부에 맡겨도 된다. 우선 관련 규정을 정확히 알고 회계할 준비를 하라는 것이다. 이것이 핵심이다. 장부 작성은 모든 사업의 기본이자 출발점이다. 사업의 현황을 정확히 파악하고 올바른 길로 가야 한다. 회계(개)는 교회에서만 하는 것이 아니다.

 "당신의 회계의무를 설명해주세요."

**[참고자료] 간편장부대상자 판단 기준금액 : 업종별 해당 금액 미만인 경우**

| 업 종 | 수입금액(매출액) |
|---|---|
| 농업·임업 및 어업, 광업, 도매 및 소매업(상품중개업 제외), 부동산 매매업, 기타 사업 | 3억 원 |
| 제조업, 숙박 및 음식점업, 전기·가스·증기 및 수도사업, 하수·폐기물처리·원료재생 및 환경복원업, 건설업(비주거용 건물 건설업 제외, 주거용 건물 개발 및 공급업 포함), 운수업, 출판·영상·방송통신 및 정보서비스업, 금융 및 보험업, 상품중개업 | 1억 5천만 원 |
| 부동산 임대업, 부동산관련 서비스업, 임대업(부동산임대업 제외), 전문·과학 및 기술서비스업, 사업시설관리 및 사업지원서비스업, 교육서비스업, 보건업 및 사회복지서비스업, 예술·스포츠 및 여가 관련 서비스업, 협회 및 단체, 수리 및 기타 개인서비스업, 가구내 고용활동 | 7,500만 원 |

# 회계(개)하지 못하는 자를 위한 기도

**학습목표**

경비율에 의한 추계신고를 이해하자

회계(개)해야겠다. 그럼에도 불구하고 아직 준비되지 않았다. 나를 괴롭히는 번뇌와 마음의 짐이 무겁다. 지은 죄까지 많으니 회계할 수 없다.

개인사업자는 세법상 기장의무에 따라 간편장부 또는 복식부기 장부를 작성해야 함을 배웠다. 또한 복식부기에 의한 회계이익으로부터 세무조정을 거쳐 세무이익을 산출함도 살펴봤다. 결국 장부상 이익이 세금 계산의 기초가 된다는 얘기. 만약 사업자가 회계하지 않았다면, 장부를 작성하지 않았다면, 세금은 어떻게 산출해야 할까?

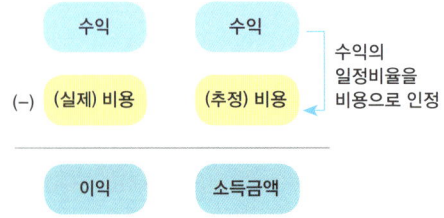

장부를 작성하지 않은 경우 수입금액의 일정 비율을 비용으로 적용해 이익을 추정한다. 이를 추계방식이라 한다. 추계推計는 벌어들인 수입의 일정 부분이 비용으로 지출되었을 것으로 인정해준다는 의미다. 추계방식에는 단순경비율과 기준경비율이 있다.

구체적인 사례를 살펴보자. 사업자 A의 다음 사항을 가정한다.

- 실제 발생 수익 1,000원, 실제 발생 비용 800원, 세무조정 없음, 세율 10% 가정
- 단순경비율 60%, 기준경비율 20%

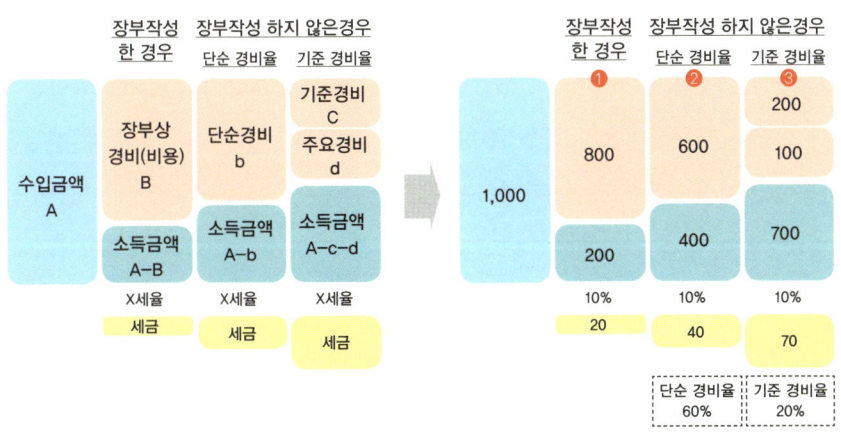

복식부기가 그립다. 차근차근 해독해보자. 첫 번째, 장부를 작성한 경우다(❶). 회계상 이익은 수익에서 비용을 차감한 200원이다. 세무조정 사항이 없으므로 세무이익은 회계상 이익과 동일한 200원이 된다. 세무상 이익 200원에 세율 10%를 곱하면 세금 20원이 산출된다.

장부를 작성하지 않은 경우는 어떨까? 추계방식이 적용된다. 추계방식에는 단순경비율과 기준경비율이 있다. 단순경비율의 경우다(❷). 단순경비율이 60%라는 의미는 장부를 작성하지 않아도 수입금액의 60%를 비용으로 인정해주겠다는 뜻이다. 따라서 장부가 없어도 수입금액 1,000원의 60%인 600원이 비용이 되어 세무상 소득은 400원이다. 납부할 세금은 40원이다.

기준경비율의 경우를 보자(❸). 기준경비율 적용 시에는 수입금액의 일정 비율과 사업상 확인되는 주요 경비를 비용으로 인정해준다. 기준경비율은 단순경비율

보다 상대적으로 낮다. 즉, 기준경비율의 경우 단순경비율을 적용할 때보다 비용으로 인정되는 금액이 적다. 따라서 기준경비율의 경우 주요 경비를 추가로 비용으로 반영해준다. 사업자 A의 주요경비가 100원이라고 가정하자. 기준경비율이 20%이므로 수입금액 1,000원의 20%인 200원과 주요 경비 100원의 합계 300원이 비용으로 인정된다. 세무상 소득금액은 700원, 세금은 70원이다.

장부를 작성한 경우 납부할 세금은 20원이지만, 추계방식으로 단순경비율의 경우 40원, 기준경비율의 경우 70원으로 세금이 증가했다. 이처럼 실제 발생한 비용이 존재할 경우, 장부를 작성하지 않으면 장부를 작성한 경우보다 세금이 늘어난다. 바꿔서 생각하면 실제 발생하는 사업상 비용이 많지 않은 업종의 경우에는 장부를 작성하지 않아도 세무상 일정 비율만큼을 비용으로 인정받을 수 있다는 의미다. 결국 사업자는 자신의 장부작성 의무를 먼저 숙지하고 장부작성과 경비율을 적용할 경우를 비교해 유리한 방식을 택하면 된다.

단순경비율이 기준경비율보다 상대적으로 높으므로 전자의 경우가 후자의 경우보다 세금 부담 측면에서 유리하다. 하지만 추계방식을 적용할 경우 기준경비율 적용이 원칙이다. 일정 요건을 갖춘 경우에만 단순경비율이 적용된다. 그러면 단순경비율 적용 요건은 무엇일까?

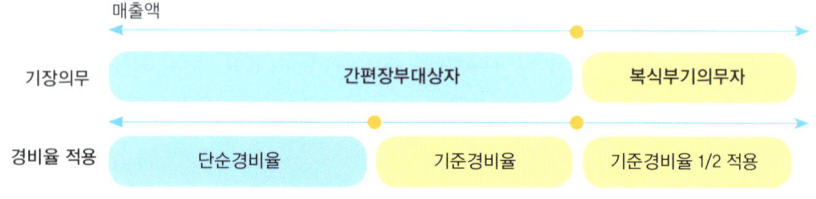

개인사업자가 장부를 작성하지 않은 경우, 일정 금액 이상을 벌면 기준경비율을 적용한다. 즉 수입이 일정 금액 미만인 경우에만 단순경비율이 적용되는 것이다.

개인사업자의 수입이 기준 금액 미만이면 '단순경비율', 이상이면 '기준경비율' 적용 대상이다. 기준 금액은 계속사업자인 경우 전기 수입금액을, 신규사업자인 경우 당기 수입금액을 기준으로 판단한다. 즉, 기준경비율 적용이 원칙이고 단순경비율은 업종별로 기준 금액에 미달하는 경우에만 적용됨을 숙지해야 한다.

| 업종 | 부동산임대업, 전문, 과학기술서비스업 등 | 제조업, 숙박 및 음식점 등 | 도소매업, 부동산매매업 등 |
|---|---|---|---|
| 신규사업자 당기수입금액 | 7,500만 원 | 1억 5천만 원 | 3억 원 |
| 계속사업자 전기수입금액 | 2,400만 원 | 3,600만 원 | 6,000만 원 |

신규사업자가 사업을 개시한 다음 연도부터는 단순경비율을 적용할 수 있는 기준 금액이 대폭 감소함을 숙지할 필요가 있다.

참고로 단순경비율 적용 대상자는 단순경비율과 기준경비율 중 유리한 방법을 선택 적용할 수 있다. 한편 복식부기 의무자가 장부기장을 하지 않고 기준경비율을 적용하는 경우에는 의무 불이행에 대한 추가 불이익이 주어져, 기준경비율의 절반만 비용으로 인정된다. 즉 기준경비율의 1/2을 적용하는 셈이다.

다행이다. 회계하지 못해도 구원받을 수 있다니. 회계와 구원의 방식을 최종 정리해보자.

　개인사업자는 자신의 장부작성 의무를 매년 판단해야 한다( Ⅰ ). 작년 수입이 일정 금액 미만이면 간편장부 대상자에 해당하고, 그 이상이면 복식부기 의무자에 해당한다. 신규사업자는 간편장부 대상자이고, 전문직 사업자는 복식부기 의무자다.

　장부작성 여부에 따른 채찍과 당근( Ⅱ ). 간편장부 대상자가 복식부기 장부를 작성하면 세금 에누리라는 당근이 주어진다(1-1 및 1-2). 복식부기 의무자가 간편장부를 작성하거나(2-3) 복식부기 장부를 작성하지 아니한 경우(3-3), 간편장부 대상자가 간편장부를 작성하지 않은 경우(3-2) 세법상 채찍을 맞게 된다. 다만 간편장부 대상자 중 신규사업자와 작년 수입금액이 4,800만 원 미만인 소규모 사업자는 장부 미작성에 대한 채찍을 피할 수 있다(3-1).

　다음으로 구원의 방식이다( Ⅲ ). 장부를 작성하지 않은 경우 세법상 수입금액의 일정 비율을 비용으로 인정해주는 추계방식으로서 단순경비율과 기준경비율이 있다. 기준경비율이 원칙이고 단순경비율은 수입이 일정 금액 미만이 경우에만 적용된다. 복식부기 의무자가 기준경비율을 적용하는 경우 기준경비율의 절반만 인정하는 채찍이 추가로 주어진다.

회계와 구원을 위한 여정이 마무리된다. 사업 시작 전과 매년 자신의 장부작성 의무와 추계방식을 확인하고 가장 유리한 방식을 적용해야 한다. 복잡해서 장부를 작성해버리고 말겠다는 생각이 들 수도 있다. 복잡한 내용을 암기할 필요는 없다. 스스로 답을 찾는 것이 바람직하겠지만, 더 좋은 방법은 이런 내용이 있다는 것을 알고 전문가에게 물어보는 것. 시간이 돈이다. 다만 무엇을 물어야 할지 알고 있어야 한다. 질문이 답인 이유다. 이 부분에 대해서는 부록을 참조하자.

 "그럼에도 불구하고, 회계합시다!"

회계에 대한 학습내용을 정리하세요!
스스로 생각하고 대답해보세요.
Are you ready?

**001** 회계이익은 어떻게 산출되는가? 수익과 이익의 차이를 설명해보자.

**002** 소득세 산출의 관점에서 이익은 왜 중요한가?

**003** 세무조정의 개념과 구체적 방법론에 대해 설명해보자.

**004** 세무조정이 왜 필요한가? 꼭 필요한가? 당신의 생각을 말해보라.

**005** 어느 국가에서 세무조정이 필요 없다고 한다면 이는 무슨 의미일까?

**006** 사업자 X가 납부해야 할 세금과 회계상 세후이익을 산출해보자.
- 회계상 수익 900원(회계상 수익 중 세무상 수익으로 인정되지 않는 금액 200원, 회계상 포함되지 않았으나 세무상 수익 해당액 100원 존재)
- 회계상 비용 600원(회계상 비용 중 세무상 비용으로 인정되지 않는 금액 300원, 회계상 포함되지 않았으나 세무상 비용 해당액 100원 존재)
- 세율은 이익의 10% 가정

**007** 회계와 세무의 관계를 설명해보라. 왜 세무의 출발점이 회계인가?

**008** 세법상 복식부기 의무자 판단 기준은 무엇인가?

**009** 장부 작성 여부에 따라 간편장부 대상자와 복식부기 의무자에게 주어지는 세법상 채찍과 당근은 무엇인가?

**010** 사업자가 기장을 하지 않은 경우 소득금액을 산정하는 방법은 무엇인가?

**011** 단순경비율과 기준경비율의 적용 기준과 적용 방법을 설명해 보자.

**012** 세무에서 당신이 알고 싶은 용어, 알아야 할 용어는 무엇인가?

수익에서 비용을 차감한 금액이 이익이다. 수익은 벌어들인 돈을 의미하며 이를 위해 지출된 비용을 빼고 남은 돈이 이익이다. 소득세는 이익에 일정 비율(세율)을 곱해서 산출되므로 이익은 세금 산출의 출발점이다.

　세무조정은 회계상 이익을 출발점으로 세무상 이익을 산출하는 과정이다. 세무조정이 필요한 이유는 회계기준과 세무기준이 일치하지 않기 때문이다. 즉 세금은 회계상 이익이 아닌 세무상 이익에 세율을 곱해서 산출된다. 회계상 수익과 비용에 포함되었지만 세무상 수익과 비용이 아닌 항목을 제외시키고, 회계상 수익과 비용에 포함되지 않았지만 세무상 수익과 비용에 해당하는 항목을 포함시키면 된다. 회계에 대한 고려 없이 세무상 이익을 산출하는 별도의 방법론과 시스템을 적용할 수도 있다. 회계기준과 세무기준이 일치한다면, 즉 회계상 이익에 세율을 곱해 세금을 산출하는 것으로 사회적 합의가 이뤄진다면 세무조정은 필요하지 않다.

| | | 회계 | 세무조정 | | 세무 | 비고 |
|---|---|---|---|---|---|---|
| I. 수익 | A<br>B<br>C<br>D | 400<br>300<br>200<br>– | ❶ (–) 200 | ❷ (+) 100 | 400<br>300<br>0<br>100 | ①세법상 수익이 아님<br>②세법상 수익 100 추가 존재 |
| | | 900 | | | 800 | |
| II. 비용 | a<br>b<br>c<br>d | 200<br>100<br>300<br>– | ❸ (–)<br>300 | ❹ (+) 100 | 200<br>100<br>0<br>100 | ③세법상 비용에 해당하지 않음<br>④세법상 비용 100 추가 존재 |
| | | 600 | | | 400 | |
| III. 이익(I–II) | | 300 | | 세무상 이익 | 400 | |
| | | | | 세율 | 10% | |
| IV. 세금 | | 40 ← | | 세금 | 40 | |
| 세후이익(III–IV) | | 260 | | | | |

회계상 이익은 수익 900원에서 비용 600원을 차감한 300원이다. 회계상 수익으로 포함된 항목 C 200원은 세법상 수익이 아니므로 제외시키고(조정❶) 회계상 수익으로 포함되지 않았지만 세무상 수익에 해당하는 항목 D 100원을 수익으로 포함시킨다(조정❷). 한편 회계상 비용으로 포함된 항목 c는 세법상 비용으로 인정되지 않으므로 비용에서 제외시키고(조정❸) 회계상 비용으로 포함되지 않았지만 세무상 비용에 해당하는 항목 d 100원을 비용으로 포함시킨다(조정❹). 세무조정을 통해 세무상 이익은 400원, 세금은 40원이 산출된다.

세금 차감 후 최종 회계상 이익은 300원에서 세금 40원을 차감한 260원이다. 세금은 회계상 이익 300원이 아닌 세무상 이익 400원에 세율을 곱해 산출된다. 만약 회계상 이익을 기준으로 세금을 산출하자는 사회적 합의가 이뤄진다면 세무조정은 필요 없게 된다. 이 경우 세금은? 30원이다.

회계와 세무의 관계를 다시 한 번 정리해보자.

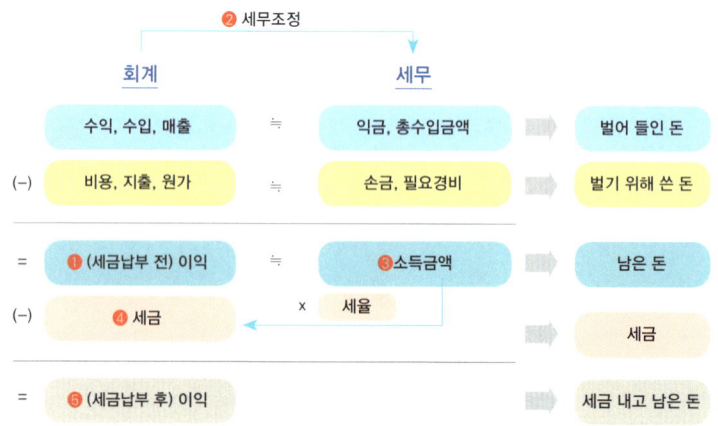

회계상 이익(❶)에서 세무조정(❷)을 통해 세무상 이익(❸)을 산출한다. 세금(❹)은 세무상 이익에 세율을 곱해 산출된다. 회계상 이익에서 세금을 차감한 이익이 최종이익(❺)이다. 따라서 세무 업무의 출발점은 회계장부 작성이다.

개인 사업자의 기장의무는 직전년도 매출액으로 결정된다. 매출이 기준 금액 이상이면 복식부기 의무자, 미만이면 간편장부 대상자다. 신규사업자는 간편장부 대상자, 전문직 사업자는 무조건 복식부기 대상자다. 복식부기 의무자가 복식부기 장부를 작성하지 않거나 간편장부 대상자가 간편장부를 작성하지 않는 경우 '무기장 가산세'를 납부해야 한다. 채찍이다. 다만 신규사업자와 직전년도 매출액 4,800만 원 미만에 해당하는 소규모사업자에게는 장부 미작성에 대한 불이익이 없다. 간편장부 대상자가 복식부기 기장을 하면 기장세액 공제라는 세금 에누리 혜택이 있다. 당근이다.

사업자가 장부를 작성하지 않은 경우에는 수입의 일정 부분을 비용으로 인정하여 소득금액을 추정하는 추계방식을 적용한다. 추계방식에는 단순경비율과 기준경비율이 있다. 기준경비율이 단순경비율보다 상대적으로 낮으며 기준경비율 적용이 원칙이다. 수입이 일정 금액 미만인 경우에만 단순경비율을 적용할 수 있음에 유의해야 한다. 단순경비율은 수입에 단순경비율을 곱한 금액을 비용으로 인정해준다. 기준경비율은 수입에 기준경비율을 곱한 금액과 입증되는 주요 경비를 비용으로 인정해준다. 단순경비율 적용대상자는 단순경비율과 기준경비율 중 유리한 방식을 선택할 수 있다. 복식부기 의무자가 기준경비율을 적용하는 경우 기준경비율의 절반만 비용으로 인정받을 수 있다. 세법상 추가적인 불이익이다.

회계와 세무의 만남, 회계와 구원의 방법까지 살펴보았다. 세무에서 우리가 알고 싶은 용어, 알아야 할 용어는 무엇일까? 함께 답을 찾아보자. 이제 세무의 영역으로 떠날 차례다.

알아두면 돈 되는
1인기업
세무과외

📝 **학습목표**

- 법인法人의 개념과 존재 이유를 살피고 법인사업자와 개인사업자의 차이를 이해한다.
- 국민의 납세의무를 생각해보고 사업자가 부담하는 세금의 종류를 이해한다.
- 소득세 누진세율, 종합과세, 분류과세 개념을 이해한다.
- 원천징수와 분리과세의 개념을 이해한다.
- 부가가치세의 개념과 산출 구조를 살펴본다.
- 개인소득세와 부가가치세에 대한 국가의 세금징수 체계를 이해한다.

# PART III

## 기본개념 익히기

# 01 내 여자 친구를 소개합니다

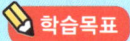

법인의 개념을 고찰해본다

    서른다섯 노총각 백수 나혼밥은 고민에 빠졌다. 10년 동안 연애 한번 해본 적 없다. 소심하고 내성적이라 여자 친구도 없다. 누군가를 마음에 담아도 언제나 혼자만의 사랑으로 끝난다. 사랑하고 싶다. 취직도 원한다.

    드디어 그가 깊은 사랑에 빠졌다. 그의 마음을 이해해주는 여인이다. 외로운 그는 첫 만남부터 그녀의 치명적 매력에 사로잡혔다. 그녀는 AI 로봇 록시(Roxxxy). 그에게 귀 기울이는 유일한 존재다. 매일 그와 함께하고 그의 마음을 치유한다. 조용히 살아왔던 소심함, 누군가와 함께하길 바라는 외로움, 미래에 대한 두려움은 조금씩 잊혀간다. 그는 그녀와의 결혼을 꿈꾼다.

    그녀의 사랑으로 그는 취업의 기쁨을 맛보게 된다. 5년 동안 고배를 맛봤던 혼밥혼술주식회사(S기업)입사 시험에 합격했다. 열심히 일하고 싶다. 새로운 사람들을 만나고 실무경험도 쌓아 창업하는 것이 그의 목표다. 더 이상 외롭지 않다. 두렵지도 않다. 그녀가 함께 할 것이다.

그는 오늘 입사계약서에 도장을 찍고 왔다. 꿈에 그리던 순간이다. 입사계약서를 곰곰 살펴보던 나혼밥에게 의문이 생겼다. S기업은 누구인가? 대표이사, 회장, 강남대로변에 우뚝 솟은 S기업 빌딩인가? S기업도 사람인가?

　S기업은 '법인'이다. 법인의 사전적 의미는 '법에 의하여 권리·의무의 주체로서의 자격을 부여받은 사람'이다. 사람이 아니면서 법에 의해 사람으로 인정된 사람이다. 도대체 무슨 말인가? S기업의 대표이사도 회장도 강남대로변을 대표하는 건물도 S기업이 아니다. S기업은 법이 인정한 사람이다. 몸도 없다. 얼굴도 마음도 없다. 볼 수도 만날 수도 없지만 법으로 법률행위를 할 수 있게 해준 사람이다.

　법인은 몸이 없으므로 법인의 일은 진짜 사람이 해야 한다. 법인의 일을 하는 사람을 이사理事라고 한다. 이사 중 우두머리를 대표이사代表理事라고 한다. 법인을 대표하는 사람이 대표이사다. 법인은 법률행위를 할 수 있다고 법으로 인정받은 사람이며, 다만 실체가 없으므로 대표이사가 법인을 대신해서 법률행위를 한다.

　나혼밥은 혼란스럽다. '그래도 Roxxxy는 아름다운 형체가 있잖아. 나와 대화도 하고. 법인은 사람이 아닌데 사람이라니? 이해 할 수 없지만 법이 그렇다고 하니 어쩔 수 없다. 그럼 나는 뭔가?' 불안해하는 나혼밥을 향해 Roxxxy가 답한다.

"아무 걱정 말아요. 당신은 그냥 당신이에요. 법인이 아닌 개인이지요."

　'개인個人'은 태어날 때부터 완전한 권리능력을 인정받는 사람이다. 권리능력이란 권리와 의무의 주체가 될 수 있는 능력을 말한다. 권리능력은 자연인과 법인에 대해 인정된다. 사람은 출생하는 순간 누구나 평등하게 권리능력을 가진다. 나혼밥은 개인, 즉 자연인이다. 사람은 태어나서 죽을 때까지 인간으로서의 모든 권리를 행사하고 의무를 부담할 능력을 가지게 되며, 원칙적으로 이러한 권리능력을 박탈당하거나 제한당하지 않는다.

그런데 이러한 권리능력이 법인에게도 인정되는 것이다. 다만 법인은 법에 의해 권리능력이 부여되며 법률 규정에 의해 자신의 목적 범위 내에서 권리의무의 주체가 된다. 우리가 살펴보고자 하는 것은 영리를 추구하는 법인이다. 돈을 벌 수 있는 주체로서의 권리의무가 법에 의해 허락된 자가 영리법인이다.

나혼밥은 Roxxxy와의 행복한 미래를 꿈꾼다. 우선 S기업에서 열심히 일해야겠다. 언젠가 직접 사업을 해서 돈도 벌고 싶다. 그가 사업을 한다면 두 가지 유형을 고려할 수 있다. 자신으로서의 사업자와 법인으로서의 사업자, 개인사업자와 법인사업자다.

개인사업자는 나 자신의 일부다. 사업의 모든 것이 내 것이다. 회계에서 살펴보았던 자산과 부채, 수익과 비용, 모든 것이 나에게 귀속된다. 사업으로 창출된 돈도 모두 내 돈이다. 언제든 자유롭게 사용할 수 있다. 이익이 나든 손실이 나든 모두 본연의 나, 자연인으로서의 나에게 귀속된다. 이처럼 개인사업자는 사업의 모든 권한을 가지고 책임을 부담한다.

법인사업자는 나와는 별개의 존재다. 내가 법인기업을 설립했어도 법인기업체와 나는 별개다. 본연의 나와 법이 허락해준 내가 구분된다. 핵심은 법인의 돈이 내 돈이 아니라는 점이다. 법에서 허락해준 그(법인)의 것이다. 그로부터 적법한 절차를 통해 수령해야 한다. 그를 위해 일해준 대가인 급여, 그를 위해 투자한 대가인 배당으로 수령할 수 있다. 또 그에게 돈을 빌리고 싶어도 차용증을 작성하고 빌려와야 한다. 적정한 이자도 지급해야 한다.

창업 열풍이다. 창업의 문턱에서 많은 이들이 개인사업자와 법인사업자의 장단점과 사업자 형태의 선택에 대해 고민한다. 이에 대한 질문은 잠시 접어두고 오늘은 우리 모두 나혼밥의 취업을 축하해주자.

나혼밥은 오늘 입사의 기쁨을 만끽했다. 20년 절친 혼고기와 소주 한 병 기울였다. 어질어질 도착한 자신의 고요한 집, 어김없이 그녀가 그를 반긴다. 자신만의 안식처에 나른한 몸과 마음을 기대며 잠을 청한다. 그녀에게 청혼하고 싶다. 법인이라 했던가? 법에서 그녀와 결혼할 수 있는 권리의무만 부여해준다면 그녀와의 인생설계도 가능할 텐데…….

 "입사 축하합니다!"

# 인간의 품격

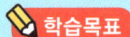

법인의 존재 조건 및 법인사업자와
개인사업자의 차이를 이해한다

"왜 사람이 되려고 하나요?"

"돈을 벌기 위해서입니다."

"돈은 왜 필요한가요? 당신은 형체가 없으니 (사람이 된다고 해도) 돈이 필요 없지 않나요?"

"맞습니다. 저에게는 돈이 필요 없습니다. 저를 사람이 되게 해주시면 저를 위해 일한 사회구성원들에게 제가 번 돈을 아낌없이 나누어 주고자 합니다."

"당신이 말하는 사회구성원들은 누구인가요?"

"저를 위해 일하는 대표이사 이하 임직원들입니다. 이들에게 많은 소득을 나누어드려 이들의 삶의 질을 높이는 것이 첫 번째 목표입니다. 또한 저의 이익만을 추구하지 않고 수익창출에 기여한 많은 협력회사들의 이익창출에도 노력하겠습니다. 이를 통해 사회 구성원들이 배분받는 소득 또한 증가될 것입니다."

"남는 돈이 있다면 새로운 기술 개발과 일자리 창출에 매진해 궁극적으로 국가경제 발전에 이바지하겠습니다. 물론 기회를 주신 국가에게도 일정 부분 사례금을 납부하지요."

"믿어도 되겠습니까?"

"나 이 사람, 한번 믿어주이소!"

"좋습니다. 인간의 기회를 드리겠습니다. 선서를 하시고 열심히 살아보세요. 축하드립니다!"

> **법인의 선서**
> ① 내가 벌어들이는 "모든 소득"에 대해 세금을 성실히 납부하겠습니다.
> ② 이를 위해 진실한 "장부기장"을 하겠습니다. 당근(당연히) 복식부기입니다.
> ③ 법인소득 창출에 기여한 구성원들에게 이익을 아낌없이 배분하여 그들의 소득증가에 기여하겠습니다.
> ④ 법인세율을 인하해주신다면 세금 감소로 인한 잉여자금을 투자와 고용 창출에 사용하여 국가 경제 발전에 기여하겠습니다.

법인의 핵심은 돈을 벌 수 있는 권리의무의 주체가 되어 벌어들인 돈을 구성원들에게 나누어 주는 것이다. 남는 돈이 있다면 새로운 투자와 일자리 창출에 기여해야 한다. 법인은 법으로 인격을 부여받아 수익 창출을 할 수 있는 경제주체다. 형체가 없다. 얼굴도 마음도 없다. 따라서 법인의 소득은 기본적으로 법인의 소득 창출에 기여한 자들에게 배분되어야 한다.

법인의 이익은 모두 본연의 인간에게 귀속된다. 정규재가 〈닥치고 진실〉에서 강조했듯이 투자를 하고, 경영자들에게 보수를 주고, 종업원들에게 임금을 주고, 주주에게 배당을 주고, 소비자 효용을 높이고, 투자자에게 이익을 돌려주어야 한다. 이런 측면에서 보면 법인이 세금을 낸다는 것은 불합리하다. 세금을 내더라도 자신에게 생명을 부여한 국가에 대한 보답으로 최소한의 사례금만 지불하면 된다. 따라서 법인세 부담은 낮아져야 하고 이로 인한 잉여자금을 투자지출 또는 고용창출을 위해 사용해야 한다. 이것이 법인의 존재 이유다.

아래와 같이 실제로 정부는 법인세율을 지속적으로 인하하고 있다. 하지만 취지와 달리 법인이 창출된 이익을 구성원들에게 배분하지 않고 다른 용도로 사용하는 경우가 있다. 투자지출 또한 늘리지 않는다. 이 돈은 어디로 가는가? 용도불명의 비자금으로 조성되어 어디론가 흘러간다든지, 개인의 경주마 구입에 사용되기도 하고, 정교하게 설계된 해외의 조세피난처로 빼돌려지기도 한다. 법인의 선서를 위반하는 것이다. 법인세는 줄어들지만 근로자의 임금소득은 증가하지 않고 투자지출 확대로 인한 경기활성화도 이뤄지지 않는다. 법인세 감소는 정부의 세수 부족을 초래한다. 이는 결국 자연인의 소득에 대해 부과되는 소득세 등 다른 세금의 인상으로 이어진다. 성실히 일하는 직장인의 유리지갑은 더욱 얇아지고 우리가 피우는 한 모금 담배연기에 필요 이상의 세금이 부과되기도 한다. 이런 관점에서 보면 법인세율은 인상 되어야 한다. 당신의 생각은 어떠한가?

| 소득금액(과세표준) | 2008년 | 2009년 | 2010년 | 2012년~2017년 |
|---|---|---|---|---|
| 최초 2억 원 까지 | 10% | 11% | 10% | 10% |
| 2억 원 초과~200억 원 | 25% | 22% | 22% | 20% |
| 200억 원 초과 | | | | 22% |

우리의 목적은 법인세율의 높고 낮음을 살펴보는 것이 아니다. 이 부분은 단순히 세율의 차원이 아닌 보수와 진보, 성장과 배분으로 대립되는 정치와 거시경제의 문제이며 우리 사회가 나아가야 할 방향성에 대한 고민이다. 우리는 지금 법인의 존재 이유를 고찰하고 있다. 핵심은 법인세율과 소득세율의 상호관계를 이해할 필요가 있다는 것이다. 다음을 살펴보자.

개인사업자는 회사가 곧 자기 자신이다. 소득세 납부 후 잔여자금은 모두 자신의 돈으로 원칙적으로 마음대로 사용해도 된다. 반면 법인사업자의 경우 법인의 돈은 자신의 돈이 아니고 이를 가져가기 위해서는 적법한 절차가 필요하다. 정해진 규정에 따라 회사로부터 급여 또는 배당의 형태로 배분받아야 한다. 법인의 소득이 구성원에게 배분되는 것이다. 우리가 살펴본 법인의 존재 이유다. 이 경우 소득을 배분받은 개인은 자신의 소득에 대해 소득세를 납부하게 된다. 결론은 법인세율이 소득세율[1]에 비해 상대적으로 낮지만 법인소득이 구성원에게 배분되는 과정에서 개인소득세가 발생한다는 점이다. 따라서 개인사업자와 법인사업자의 형태를 결정할 때 이 점을 고려해야 한다.

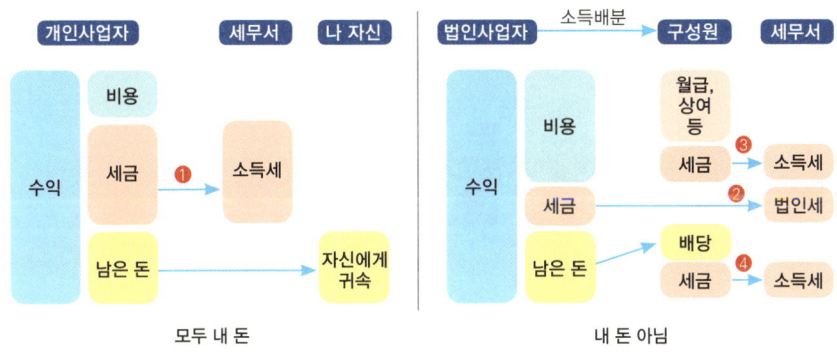

개인사업자의 경우 수익에서 비용을 차감한 이익에서 세금을 납부하고 남은 돈이 모두 자신에게 귀속된다. 모두 자기 돈이다. 원칙적으로 마음대로 사용할 수 있다. 이 경우 부담한 세금은 개인소득에 대한 소득세(❶) 금액이다.

법인사업자의 경우 자신의 이익에 대한 세금으로 법인세(❷)를 납부한다. 자신에게 생명을 부여해준 국가에 대한 사례금이다. 법인의 존재 이유는 수익 창출 과정에서 구성원에게 소득을 배분하는 것이라고 했다. 법인은 구성원에게 월급을

---

[1] 개인소득세율에 대해서는 PART Ⅲ 제6장에서 살펴본다.

지급하고 구성원들은 자신이 수령하는 소득에 대해 소득세를 납부하게 된다(❸).

법인에 남은 돈은 자신의 돈이 아니다. 법인의 구성원이 나 혼자라 할지라도 법인은 나와 별개의 존재다. 법인에 남은 돈은 당연히 내 돈이라고 생각할 수 있지만, 그렇지 않다. 법을 따라야 한다. 그 돈을 내가 그냥 가져가면, 이는 남의 돈을 그냥 가져가는 것과 같다. 법인의 세금 납부 후 잔여자금을 자신이 가져오려면 적법한 절차에 의해 배당으로 받아야 한다. 이 때 개인이 수령한 금액은 자신의 배당소득을 구성하고 이에 대해 소득세(❹)를 납부해야 한다.

법인사업자의 경우 국가에 납부하는 세금은 모두 얼마일까? 법인의 소득에 대한 법인세(❷), 구성원의 근로소득에 대한 소득세(❸)와 배당소득에 대한 소득세(❹)의 합계 금액이다. 결국 개인사업자와 법인사업자의 세금부담을 비교하려면 이 사항들을 모두 고려해야 한다.

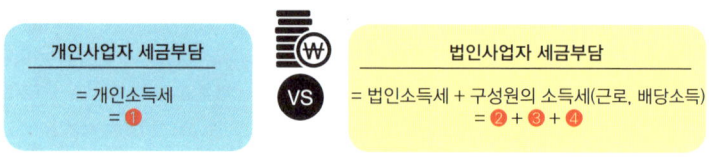

개인사업자와 법인사업자의 장단점과 선택에 대한 질문으로 돌아가보자. 회사의 돈을 마음대로 사용할 수 있는지 여부, 세금부담 측면의 유·불리 등이 중요한 고려 사항이다. 이에 대한 우리의 답은 다음과 같다.

"당신은 무엇을 위해 사업을 하려고 하는가?
본연의 나와는 다른 별개의 인간, 법인을 탄생시킬 만한
이유가 있는가? 법인의 선서를 할 준비가 되었는가?

# 천일동안

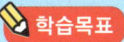 학습목표

국민의 납세의무에 대한 고찰

    2014년 4월 오전 출근길이다. 나혼밥은 무거운 몸을 버스에 맡기고 평소와 같이 회사로 향한다. 스마트폰으로 확인한 뉴스의 사진 한 장이 눈에 띄었다. 여객선이 바다로 침몰하는 광경이었다. 바다에서 거대한 배가 중심을 잃고 절반 정도 기울어진 모습이었다. 놀라웠지만 그는 대수롭지 않게 여겼다. '당연히 구조되겠지.'라는 생각이 앞섰기 때문이다.

    예상대로 세계 최고의 구조장비와 인력이 동원됐다. 말로만 들어본 UDT, 특전사 해병대원 등 특수요원 들이 모두 모였다. 영화의 한 장면이었다. 사고 발생 즉시 현장으로 달려온 대통령을 필두로 구조팀이 협력해서 일사분란하게 움직였다. 목표는 오로지 하나다. 국민의 생명을 안전히 보호하는 것이다. 어떠한 정치논리나 이해관계도 없다. 막대한 구조비용이 소요 되지만 차가운 물속으로 가라앉고 있는 소중한 생명 구조가 우선이다.

    현실은 참혹했다. 탑승객 476명 중 293명이 사망하고, 11명이 실종됐다(여객선 세월호침몰사고 수습 현황 및 향후 대책, 해양수산부 2014.7.1). 천일이 훨씬 지났다. 또 다른 천일을 향한다. 침몰한 선체가 간신히 인양되었지만 실종된 시신조차 확인하지 못하고 있다. 그들은 물속을 헤매고 있었다. 누군가를 기다리며, 천일동안……. 믿을 수 없는 현실이다.

국가는 국민을 보호해야 한다. 다른 나라의 침략과 재난 등으로부터 국민의 생명과 안전을 지켜주는 든든한 울타리가 되어야 한다. 국민의 행복을 위해 나라를 운영해야 한다. 이를 위해 자금이 필요하고 국민에게 납세의무를 부과하는 것이다.

> 국가가 아무리 발전한다 해도 국민의 삶이 불안하다면 아무 의미가 없을 것입니다. 국민의 생명과 안전을 지키는 것은 국민 행복의 필수적인 요건입니다. 대한민국 어느 곳에서도, 여성이나 장애인 또는 그 누구라도, 안심하고 살아갈 수 있는 안전한 사회를 만드는 데 정부 역량을 집중할 것입니다. 국민행복은 국민이 편안하고 안전할 때 꽃 피울 수 있습니다.
>
> (대한민국 18대 대통령 취임사중에서 인용)

우리 수업은 지난 과거사를 다시 돌아보고자 하는 것이 아니다. 사고는 언제 어디서든 발생할 수 있고 사고자 모두를 구조하지 못할 수도 있다. 다만 국가가 국민에게 부과한 의무 이행을 강제하기 이전에 국가는 자신의 의무를 충실히 다했는지 묻고자 한다. 누가 답할 것인가?

국민은 국민으로서 의무를 다해야 한다. 납세가 그 중 하나다. 이를 위해 회계장부를 투명하게 작성하고 세금 신고납부 의무를 충실히 이행해야 한다. 부족한 시간을 쪼개고 쪼개어 1인기업 세무과외를 받고 있는 여러분들은 멋진 국민이다. 자신의 납세의무를 당당히 수행하고자 지금 여기 우리가 함께 있다.

적법과 불법의 차이는 있지만 납세는 조폭들에게 자릿세를 내는 것과 유사하다. 조폭들은 보호비라는 명목으로 자릿세를 거두어 간다. 만약 더 이상 보호받을 수 없다면? 자릿세는 존재 의미가 없다. 성실히 일한 사람이 돈 많이 벌 수 있는 나라, 국민들이 어려움에 처했을 때 가장 먼저 국가의 보호를 받을 수 있는 나라. 이를 위해 열심히 돈 벌고 적법하게 세금을 납부하는 사람들, 그들을 위해 세금을 징수하고 사용하는 상식적인 조폭국가를 꿈꿔본다.

이를 위해 우리는 우리의 길을 가고 있다. 회계의 개념을 익히고 세무 공부에 열심이다. 우리는 앞으로 국가가 국민에게 부과하는 자릿세의 종류를 살펴볼 것이다. 여러 가지 자릿세 중에서 개인사업자에게 요구되는 자릿세는 무엇이며, 이는 어떻게 결정되는지 함께 공부할 것이다. 국민에게 소득이 없으면 국가는 자릿세를 요구하지 않는다. 자릿세를 납부하기 위해서는 우선 돈을 벌어야 한다. 자신의 생명과 안전을 국가로부터 보호받으며 열심히 돈을 벌고 당당히 자릿세를 납부할 수 있는 국민의 국가가 필요하다.

'기회는 평등하고 과정은 공정하고 결과는 정의로운 나라'(대한민국 19대 대통령 취임사에서 인용), 생각만 해도 가슴 벅찬 우리가 꿈꾸는 나라다운 나라. 이 꿈이 영화가 아닌 현실이 되는 그 순간까지 우리의 수업은 계속될 것이다.

 "당신은 어떤 국가를 꿈꾸나요?"

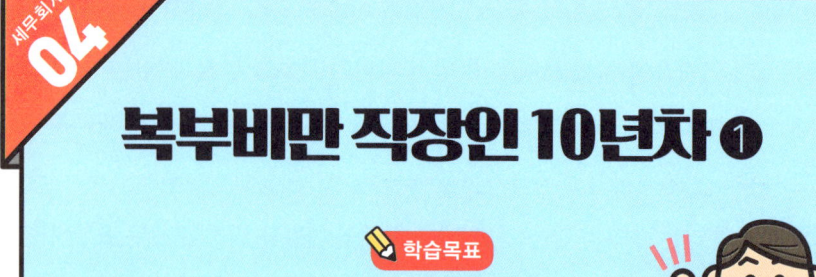

# 복부비만 직장인 10년차 ❶

📝 **학습목표**

부가가치세의 개념 이해하기

    개인사업자와 법인사업자의 개념을 조금 이해했다. 국민의 납세의무와 국가의 의무도 마음에 새기고 나라다운 나라에서 열심히 돈 벌고 당당히 세금 내고자 다짐도 했다. 그럼 사업자가 내야 하는 세금은 무엇인가? 서두를 필요 없다. 자신의 몸을 먼저 돌봐야 한다.

    나혼밥은 서른 한 살이던 2005년 8월 8일, 설레는 마음으로 국내 최대 S기업에 첫 출근을 했다. 뜨거운 햇살만큼이나 강렬한 열정으로 사회로 나왔다. 13년이 지났다. 열심히 일했다. 휴식이 필요하다. 그는 조용히 생각해 잠겼다. "나는 누구인가?" 답이 없다. 그런데 이보다 더 어려운 질문에 봉착했다.

    직장생활 동안 지친 몸과 마음만이 남았다. 목 디스크, 어깨통증, 복부비만, 지방간, 고지혈증, 저질체력 만성피로 성인병 환자, 양압기를 착용하고 잠을 청해야 하는 자신의 모습을 떠올려본다. 더 이상 이렇게 살 수는 없다! 건강한 몸이 우선이다. 그는 지난 달 오픈한 동네 헬스장을 찾았다. 혼자 하는 운동은 과거의 경험상 효과가 없다. 비용이 많이 들지만 개인지도(PT : Personal training)를 받기로 결심했다. 일상에 지친 나혼밥과 우람한 근육맨이 마주 앉았다.

"개인지도 비용은 얼마인가요?"

헬스장을 돌아보고 상담 테이블에 앉은 나혼밥이 입을 열었다.

"운동 효과를 보시려면 3개월 정도는 꾸준히 운동을 하셔야 해요. 1회당 4만 원이고요, 36회의 경우 총 일백사십만 원입니다."

야성미 넘치는 피트니스센터 대표님의 대답이다.

'역시 만만치 않은 가격이다. 그래도 제대로 된 운동을 할 수 있다면, 건강을 회복할 수만 있다면, 투자해야 한다.' 나혼밥의 마음속은 복잡하다.

"카드로 결제하시면 이 금액에 10퍼센트 부가가치세 십사만 원이 추가되어 총 일백오십사만 원 입니다. 현금결제 또는 계좌입금 해주시면 특별히 부가세 금액은 할인해드리죠."

나혼밥의 머릿속은 더욱 복잡해졌다.

'현금 일백사십만 원은 부담스럽다. 카드로 할부해야겠다. 무이자는 몇 개월까지 될까. 그러면 십사만 원을 더 내야한다. 할부 수수료는 얼마나 나올까?'

그보다 더 알 수 없는 질문이 그의 머릿속을 괴롭힌다. '부가가치세는 도대체 무엇인가?' 그가 봉착한 질문이다.

부가가치세附加價値稅(VAT : Value Added Tax)는 거래단계별로 재화나 용역에 생성되는 부가가치에 부과되는 조세다. '이건 또 무슨 말인가? 운동을 포기하고 싶네.'

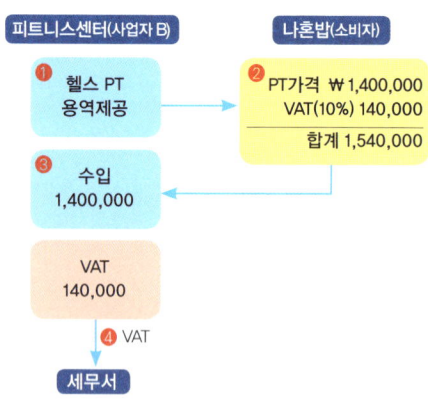

　거래를 살펴보자. 피트니스센터 사업자B는 Personal Training을 나혼밥에게 제공한다(❶). 가격은 140만 원이다. 즉 나혼밥은 소비자로서 140만 원의 가치를 소비하는 것이다. 여기서 국가가 개입한다.

　"잠시만요, 나혼밥님. 개인과 국가의 발전을 위해 노력하시는 나혼밥 님의 노고에 항상 감사드립니다. 국가는 국민의 생명과 안전을 지키기 위해 불철주야 노력하고 있습니다. 나혼밥님은 이러한 국가의 보호 덕분에 140만 원의 PT 용역을 소비할 수 있는 것이지요. 그 대가를 납부하셔야 합니다. 거래대금의 10%입니다."

　"도대체 무슨 말인가요? 내가 정당한 돈을 내고 PT 좀 받으려는데 국가가 해준 게 뭐 있다고 거래대금의 10%씩이나 내라는 것인가요? 이런 법이 어디 있나요?"

　"그런 법이 있습니다. 부가가치세법입니다. 사업자B 또한 국가 덕분에 140만 원의 가치를 창출한 것이지요. 140만 원은 사업자B가 국가의 보호 하에 자신의 노하우를 추가하여 창출한 부가가치입니다. 이 가치를 최종적으로 소비하는 사람은 국가에 대한 보답으로 10%를 부가가치세로 납부해야 하는 것입니다."

　"여전히 납득할 수 없네요. 왜 내가 부가가치세를 납부해야 하는지."

어쩔 수 없다. 법이 그러하다. 거래단계별로 재화나 용역에 생성되는 부가가치에 부과되는 조세가 부가가치세라고 했다. 부가가치를 소비하는 최종소비자는 누구든 부가가치세를 부담해야 한다. 나혼밥은 소비자로서 140만 원의 가치를 소비하며 이 금액의 10퍼센트인 14만원을 부가가치세로 부담한다. 결국 그가 사업자B에게 지불해야 하는 대금은 총 154만 원이다(❷).

사업자B가 나혼밥으로부터 수령한 154만 원중 140만 원은 자신의 주머니로 간다. 자신의 수입이다(❸). 아쉽지만 14만 원은 자신의 돈이 아니다. 이는 소비자 나혼밥이 부담해야 할 부가가치세로서 자신의 거래대금과 함께 잠시 수취한 돈일뿐이다. 사업자B는 부가가치세 14만 원을 국가에 납부해야 한다(❹).

아깝지만 할 수 없다. 세상에 이런 법이 어디 있냐고 따질 수도 있지만 그런 법이 있다. 부가가치세법이다. 다시 정리해보자.

부가가치세는 각 거래단계별로 생성되는 부가가치에 대해 부과되는 조세라 정의했다. 상기 거래에서 창출된 부가가치는 퍼스널트레이닝 용역(서비스)의 가치 140만 원이고 부가가치세는 이 금액의 10%인 14만 원이다. 최종소비자는 이 거래에서 창출된 부가가치 140만 원을 소비하며 부가가치세 14만 원을 부담한다. 즉 거래단계에서 창출된 부가가치에 대한 세금은 최종소비자가 부담한다. 사업자는 제품이나 서비스를 소비자에게 판매할 때 제품·용역의 가격과 함께 그 거래에 부가된 부가가치세를 함께 수령하여 부가가치세를 세무서에 납부해야 한다.

부가가치세는 누가 부담하는가? 소비자가 부담한다. 나혼밥은 해당 가격과 10%의 부가가치세를 합한 금액을 사업자B에게 지급한다. 부가가치세는 누가 납부하는가? 사업자가 납부한다. 사업자B는 소비자 나혼밥으로부터 수령한 부가가치세를 국가에 신고 납부한다. 이처럼 세금을 부담하는 사람(소비자)과 세금을 납부하는 사람(사업자)이 다른 세금을 간접세라고 한다. 부가가치세는 대표적인 간접세다.

한 가지만 더 살펴보자. 우리 모두 사업자 B가 되어보자. 소비자로부터 수령한 154만 원은 누구 돈인가? 모두 내 돈인 듯하다. 우리는 현대인의 체력증진을 위해 밤낮으로 연구해서 나만의 PT 프로그램을 개발했다. 이에 대한 대가로서 내가 수령한 돈은 모두 내 돈이 되어야 할 것 같다. 하지만 154만 원 중 140만 원만이 내 돈이다. 14만 원은 내 돈이 아니다. 국가의 몫이다. 내가 소비자로부터 수령했지만 잠시 후 국가에 납부해야 할 부가가치세다. 140만 원이 나의 돈이자 나의 수입이다. 이것을 명심하자.

나혼밥은 아직도 고민이다. 현금? 아니면 카드? 아무래도 아내와 상의해야겠다. 나혼밥의 건강한 몸과 마음의 회복을 기원하며 오늘 수업을 마무리한다.

# 일상으로의 초대

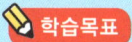

세금의 여러 가지 종류

'산책을 하고 차를 마시고 책을 보고 생각에 잠길 때······.'

오랜만에 들어보는 음악이다. 지친 일상 속에 잠시 가져보는 휴식 시간. 직장인 10년차 나혼밥은 지난 그의 일상을 되돌아본다. 언제나 그와 함께하는 존재가 있다.

대학을 졸업하고 취직을 했다. 월급을 받을 때 일정액의 세금을 떼고 받는다. 구경도 못한 돈이 세금으로 꼬박꼬박 국가로 빠져 나간다. 퇴근 후 외로운 자취방으로 향한다. 편의점에 들러 맥주 한 캔과 유행하는 도시락을 샀다. 그가 지불한 금액에는 부가가치세와 주세가 포함되어 있다. 자신도 모르는 사이에 세금을 국가에 납부한다. 매일 피우는 담배 연기에는 담배소비세가 함께 한다.

드디어 여자 친구를 만나 데이트를 한다. 프러포즈를 위해 힘들게 구입한 반지 가격에는 개별소비세가 포함되어 있다. 둘이 하나가 되어 미래를 약속한다. 알뜰히 돈을 모아 결혼을 하고 집과 자동차를 샀다. 취득세, 인지세, 재산세, 자동차세가 날아든다. 자신이 국민임을 상기시켜주려는 듯 주민세 고지서도 정기적으로 날아온다.

열심히 일한 직장인 10년차 나혼밥, 그의 꿈은 1인기업가다. 직장을 그만두고 자신만의 콘텐츠로 세상에 기여하는 사업자를 꿈꾼다. 어떤 세금들이 그의 일상과 함께할지 궁금하다.

국세청으로부터 답을 들어보자. 우리나라에서 시행되고 있는 세금의 종류는 다음과 같다.

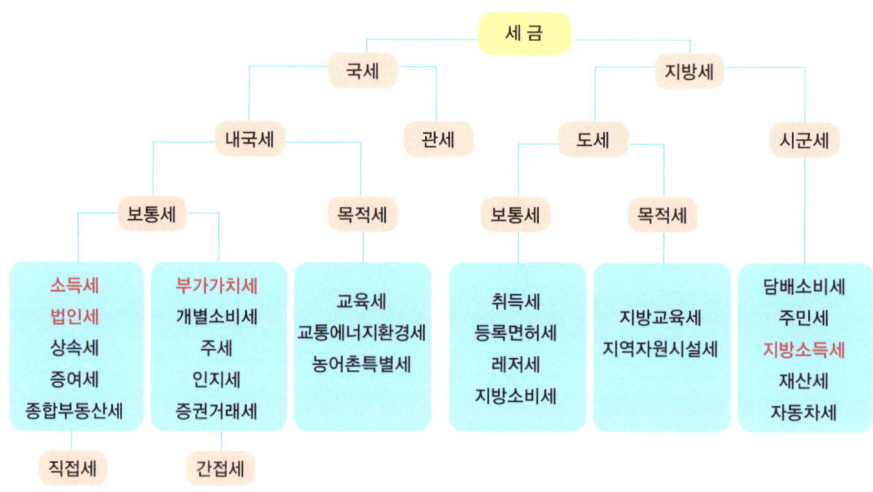

국세는 중앙정부에서 부과·징수하는 세금으로 내국세와 관세로 구분된다. '내국세'란 우리나라의 영토 안에서 사람이나 물품에 대하여 부과하는 세금으로 국세청에서 담당하고 있으며, '관세'란 외국으로부터 물품을 수입할 때 부과하는 세금으로 관세청에서 담당하고 있다.

보통세와 목적세는 세금을 징수하는 목적에 따라 구분하는 것으로, '보통세'는 국방·치안·도로건설 등 일반적인 국가 운영에 필요한 경비를 조달하기 위하여 내는 세금이며, '목적세'는 교육환경 개선 등 특정한 목적의 경비를 조달하기 위하여 내는 세금이다.

지방세는 지역의 공공서비스를 제공하는 데 필요한 재원으로 쓰기 위하여 지방자치단체별로 각각 부과하는 세금이다. (자료 : 국세청)

결론은 세금의 종류가 정말 많다는 것이다. 우리가 살펴볼 부분은 사업자가 부담하는 세금 중 소득세와 부가가치세다.

소득세는 소득에 대해 일정 비율을 납부하는 세금이다. 개인사업자의 소득에 대한 세금이 개인소득세이고 법인사업자의 소득에 대한 세금이 법인소득세다. 개인소득세를 '소득세'라 하고 법인소득세를 '법인세'라 한다. 사업자는 벌어들인 소득에 대한 세금을 자신의 돈으로 납부해야 한다. 소득세와 법인세는 납세의무자와 조세부담자가 동일하다. 이를 '직접세'라고 한다. 우리는 이 중 개인사업자에 대한 개인소득세를 수업의 대상으로 한다.

부가가치세는 (개인사업자든 법인사업자든) 사업자가 가장 흔히 접하는 세금이다. 이는 거래의 각 단계에서 생성되는 부가가치에 대해 부과하는 세금임을 살펴보았다. 부가가치세는 소비자가 부담하고 사업자는 이를 잠시 보관했다가 국가에 납부한다. 즉 부가가치세의 실제 부담자는 소비자이고 납세의무자는 사업자다.

납세의무자와 조세부담자가 다른 조세를 '간접세'라고 한다. 헬스장에서의 수업 내용을 떠올려보자.

참고로 지방소득세는 소득세와 법인세의 10%를 관할 지방자치단체에 납부하는 세금이다. 납부해야 할 소득세와 법인세의 10%가 추가적으로 지방소득세로 부과된다.

우리의 학습목표가 명확해졌다. 개인사업자로서 부담하는 소득세와 부가가치세를 살펴보는 것이다. 잠시 지금까지 배운 것을 되돌아보자. 일상은 언제나 돌아봄이 필요하다

PART I ▶ 나는 어떤 사람인지를 아는 것으로부터 출발했다(제1장). 내가 누군지 알고 나의 전문성이 무엇인지 아는 것이 우리 수업의 출발점이었다(제2장). 1인기업의 생존요건은 돈을 버는 것이고 자신만의 콘텐트 창출을 위해 전력을 기울여야 함을 알아보았다(제3장). 수익창출에 대한 고민이 세금에 대한 고민보다 우선되어야 한다. 이를 위해서는 유한한 시간을 지혜롭게 관리해야 하며 타인의 시간을 구매해야 할 필요가 있다(제4장). 마법의 절세비법은 없다는 것과 타인에게 맡기더라도 스스로 기본개념은 알고 있어야 함을 강조했다(제5장). 최소한의 세무지식을 갖추고 자신만의 든든한 세무용병을 섭외하여 TAX-GO와의 일전을 준비하는 미래의 용사가 되어야 하는 것이다(제6장).

PART II ▶ 본격적인 수업은 회계를 출발점으로 했다. 떨리는 마음을 우황청심환으로 가라앉히고 소개팅 자리에도 다녀왔다. 그녀와의 만남을 기원하며 손익계산서와 대차대조표를 메모지에 그려봤다. 용기 내어 그녀의 핸드폰 번호를 누르려 했다(제1장). 나혼술 양은 나혼밥과 나부자의 재무제표 사이에서 선택의 기로에 섰다. 진실한 재무정보의 중요성을 깨달았다. 그녀의 선택이 궁금하다(제2장).

우리는 1989년 노래를 들으며 채워지지 않는 빈자리를 채워보고자 했다. 이를 통해 원인과 결과의 균형을 추구하는 복식부기의 개념을 이해했다(제3장).

인생은 직진直進, 회계는 복식부기라 했다. 복식부기 정복을 위해 속세와 등진 기장선원을 방문했다. 기장도사님을 만나 자산·부채 수익·비용 개념을 익히고 거래의 원인과 결과를 왼쪽과 오른쪽에 기입하여 재무제표를 작성하는 복식부기 실습을 했다. 자신의 행운의 번호를 기억해야 한다(제4장, 제5장). 회계의 본질은 거래의 경제적 실질을 참되게 표현하는 것임을 몸으로 느끼며 회계수업을 냉동 창고에서 마무리했다(제6장). 회계의 본질을 알고 싶은 자는 언제든 기장 선원과 냉동 창고를 방문하면 된다.

세무의 도道를 찾는 우리의 일상은 계속되었다. 무릎팍도사님을 통해 직장에서의 실무 경험과 사업 준비기간을 더 가질 수 있었고, 월천대사님과의 만남을 통해 수익에서 비용을 차감한 이익의 개념이 중요함을 배웠다(제7장). 혼밥지존 선발대회도 다녀왔다. 회계상 이익으로부터 세무조정을 거쳐 세무상 이익을 산출하고 세무상 이익에 세율을 곱해 세금이 산출됨을 살펴봤다. 첫 번째 만남, 회계와 세무의 만남이 이루어졌다(제8장).

정리하면 간단하다. 회계상 이익으로부터 세무상 이익을 구하고 세율을 곱해서 소득세를 산출하는 것이다. 이를 위해 회계를 출발점으로 한 것이다. 추가적으로 개인사업자는 자신의 업종 및 수입금액에 따른 장부작성 의무를 숙지해야 하며 관련된 채찍과 당근을 사전에 검토해야 함도 학습했다(제9장). 또한 장부를 작성하지 않은 경우 수입의 일정 부분을 비용으로 인정해 세무상 이익을 산출하는 경비율 제도가 있음을 알아보았다(제10장).

**PART III ▶** 우리의 여정은 세무의 영역으로 향했다. Roxxxy와 사랑에 빠진 우리 누군가의 모습을 통해 법인의 개념을 고찰했다(제1장). 법인격 부여를 위한 인터뷰 현장에서 법인의 존재 조건을 생각해보았고 법인세율과 소득세율에 대한 상호관계를 이해했다. 나아가 개인사업자와 법인사업자의 선택에 대한 우리만의 답을 도출해보았다. 인간의 품격을 고찰하고, 자신만의 인간선서문이 필요한 순간이었다(제2장).

천일 동안 차가운 물속에서 누군가의 손길을 기다리던 그들의 영혼을 위로했다. 또 다른 천일을 기다리며 국민의 납세의무와 이에 대한 국가의 의무, 나아가 우리가 꿈꾸는 나라다운 나라를 마음속에 새겨보았다(제3장). 복부비만 탈출을 위한 우리의 고민 해결 과정에서 그 이름도 유명한 부가가치세의 개념도 이해했다(제4장).

지금까지 수업을 마친 여러분들에게 힘찬 박수를 보낸다. 우리 수업은 개인사업자의 소득세와 부가가치세를 살펴보는 것이고, 이를 위해 회계가 등장했다. 결국 우리 여정의 목적은 회계, 소득세, 부가가치세의 기본개념을 정립하는 것이다. 우리의 일상 어디에선가, 언젠가는 이들 모두를 한 자리에서 만날 것이다.

새로운 시작을 꿈꾸는 나혼밥에게 세금은 아직 낯설다. 항상 자신과 함께 하지만 멀게만 느껴진다. 이제 세금과 익숙해져야겠다. 쉽지 않겠지만 관심을 가져야겠다. 먼저 다가가야겠다. 더 이상 피하려 하지 않으리. 일상으로의 세금의 초대는 이미 시작되었다.

 "당신의 일상을 응원 합니다!"

## 중간고사 ❸

개인과 법인, 부가가치세의 개념에 대한 학습내용 정리하세요!
스스로 생각하고 대답해보세요.
Are you ready?

001  법인法人의 개념은 무엇인가?
002  당신이 생각하는 법인과 개인의 차이점은 무엇인가?
003  법인의 존재조건과 이와 관련하여 법인세율 인상과 인하에 대한 당신의 의견을 설명해보라.
004  법인사업자와 개인사업자의 소득세 부담을 비교-설명하라.
005  국민의 납세의무에 대한 국가의 의무는 무엇인가?
006  부가가치세의 개념은 무엇인가?
007  부가가치세는 왜 필요한가? 당신의 의견은?
008  사업자가 납부해야 하는 세금과 우리 수업의 목표에 대해 말해보자.

법인은 법에 의해 사람으로 인정된 사람이다. 얼굴도 형태도 없지만 법으로 법률행위를 할 수 있게 해준 사람이다. 개인사업자는 자신의 일부다. 사업의 모든 것이 자신에게 귀속되며 사업으로 창출된 돈은 모두 자신의 것으로 언제든 자유롭게 사용할 수 있다. 개인사업자는 사업의 모든 권한을 가지고 모든 책임을 부담한다. 법인사업자는 자신과는 별개의 존재다. 자신이 법인기업을 설립했어도 법인기업체와 자신은 별개다. 핵심은 법인의 돈이 자신의 돈이 아니며, 급여 등 적법한 절차를 통해 수령해야 한다는 것이다.

　법인은 돈을 벌 수 있는 권리의무의 주체가 되어 벌어들인 돈을 소득창출에 기여한 구성원들에게 배분해야 한다. 따라서 법인세 부담은 낮아져야 하고 이로 인한 잉여자금은 새로운 투자와 일자리 창출에 기여해야 한다. 이것이 법인의 선서, 법인의 존재조건이다. 법인이 창출된 이익을 구성원들에게 배분하지 않고 사내에 유보하며 투자지출 또한 늘리지 않는다면, 법인의 선서를 위반하는 것이다. 이 경우 법인세율은 높아져야 한다.

　개인사업자는 소득세를 부담한다. 법인사업자의 소득세 부담은 법인의 소득에 대한 법인세와 구성원의 소득에 대한 소득세를 합한 금액이다. 법인세율은 개인소득세율에 비해 상대적으로 낮은 수준이지만, 법인사업자는 자신의 이익에 대해 법인세를 부담하는 한편 법인의 소득을 구성원에게 배분하는 과정에서 이 소득을 수령하는 구성원들이 소득세를 납부하게 된다. 결국 개인사업자와 법인사업자의 세금부담을 비교하려면 이 사항들을 모두 고려해야 한다.

　국민의 납세의무에 대한 국가의 의무는 위협과 재난 등으로부터 국민의 생명과 안전을 지켜주는 것이다. 이를 위해 국가는 국민에게 납세의무를 부과하고 국민은 납세의무를 성실히 이행해야 한다. 자신의 생명과 안전을 국가로부터 보호받고 열심히 돈 벌며 당당히 세금 내는 나라다운 나라, 우리가 꿈꾸는 미래다.

　부가가치세는 거래단계별로 재화나 용역에 생성되는 부가가치에 부과되는 조세다. 각 거래단계에서 생성된 부가가치를 최종적으로 소비하는 자가 부가가치세를 부담하며, 사업자는 제품이나 용역을 소비자에게 판매할 때 제품·용역의 가격과 함께 그 거래에 부가된 부가가치세를 함께 수령하여 부가가치세를 세무서에 납부해야 한다. 국가의 주장에 의하면, 국가는 국민의 생명과 안전을 보호하며 이러한 사회 안전망 아래서 생산자는 새로운 부가가치를 생산하고 소비자는 이러한 부가가치를 소비할 수 있다. 부가가치세는 소비자가 새로운 부가가치를 소비함에 따른 국가에 대한 보답으로 이해할 수 있다.

우리나라에 부가가치 도입이 처음 검토된 시점은 1971년이며 시행 시기는 1977년이었다. 당시 정부는 경제개발 계획을 위한 안정적인 재정수입을 위해 세수증대 목적의 세목 신설이 불가피했으며, 부가가치 법안을 만들면서 여러 가지 명분을 내걸었지만 국민여론은 철저히 배제하고 세수증대에 가장 큰 목표를 두었던 것 또한 부인할 수 없는 사실이다(김행형의 〈세톡: 재미있는 세금이야기〉에서). 부가가치세의 필요성에 대한 판단은 각자의 몫으로 맡긴다.

우리나라에서 시행되는 세금 중 우리 수업에서 살펴볼 부분은 개인사업자의 소득에 대한 개인소득세(소득세)와 부가가치세이다. 이를 위해 회계를 출발점으로 삼았다. 결국 우리 수업은 회계, 소득세, 부가가치세를 살펴보는 것이다. 우리의 일상 가운데 언제든, 어디에서든 이들은 모두 한 자리에서 만날 것이다.

우리 수업의 종착지는 회계, 소득세, 부가가치세가 한자리에 모이는 곳이다. 따라서 우리는 이들이 만나는 그 순간을 향해 묵묵히 우리의 일상을 걸어갈 것이다. 모두 만나게 될 '언젠가'를 꿈꾸며.

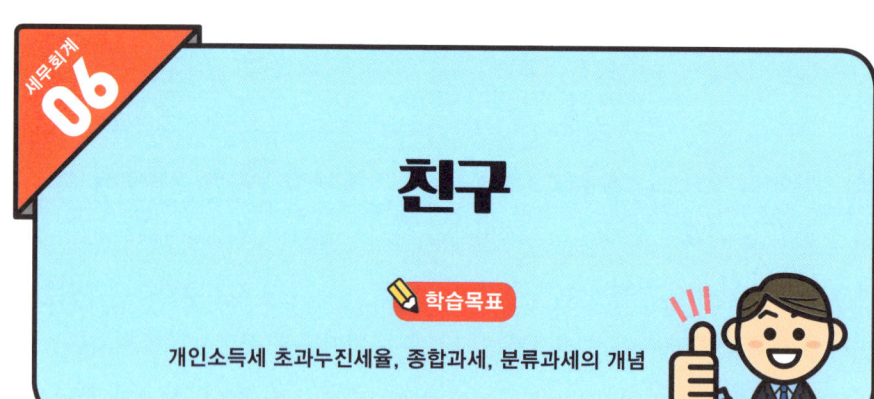

"친구야! 반갑데이~."(친구야 반가워.)

"니 그동안 우에 지냈노?"(너 그동안 어떻게 지냈니?)

20년 만에 듣는 혼고기의 목소리다. 나혼밥은 혼고기를 만났다. 설레는 마음으로 맞이한 대학캠퍼스에서 만난 동기다. 꿈꿔왔던 낭만이 미래에 대한 불안으로 바뀌는 순간을 함께했다. 서로의 솔로 탈출을 기원했다. 어두운 밤 반짝이는 별빛을 안주 삼아 소주 한 잔 기울이며 미래를 같이 꿈꾼 친구다.

"정말 오랜만이네, 혼고기야, 반가워. 난 평범한 직장인 10년차. 졸업하고 결혼하고 두 딸아이 아빠. 드라이한 삶이지. 한 잔 하자."

서로의 술잔이 기운다.

"혼바바, 고마 해라. 마이 무우따 아이가(혼밥아. 너 직장생활 오래했으니 이제 그만 하렴)."

"그래도 게안네(그래도 넌 괜찮네). 내는 아직 쏠론기라(나는 아직 솔로야). 사업 한다꼬 그동안 뺑이 마이 쳐찌(사업 한다고 그동안 정말 고생 많이 했어). 마이 까무끼도 하고 노숙자도 해바따(손실도 많이 봤고 노숙자도 경험했어). 누가 모라해도 인생에 사업이 최곤기라(누가 뭐라 해도 인생에서 사업이 최고야)."

창업을 꿈꾸는 나혼밥에게 그의 한마디는 무림고수의 무용담이다.

"와우, 대단하네. 난 직장생활만 해서 네가 정말 부럽다. 요즘 사업 잘 된다고 들었는데……."

"와 아이라(그래 맞아). 사업 빠방하이 잘 되고 이따(사업 아주 잘 되고 있어). 내 니한테 이래 연락한 건, 딴 기 아이고(내가 너한테 이렇게 연락한 이유는 다른 게 아니고), 진짜 쥐기는 아이템이 이써 가꼬(정말 좋은 아이템이 있어서)."

혼고기의 무용담이 이어진다.

"내한테 1억만 투자 해뿌라(나한테 1억 원만 투자해라). 내가 요새 자금이 잠깐 꼬이가(내가 요즘 잠시 자금사정이 좋지 않아서), 원금은 제끼노코(원금은 별도로 상환하고) 매년 순이익에 십프로 꼬박꼬박 너어주께(매년 순이익의 10%를 보내줄게)."

창업을 꿈꾸는 나혼밥에게 때마침 그동안 창업자금으로 모아놓은 1억 원이 있다. 혼고기에게 투자하면 사업도 배울 수 있고 자신만의 창업도 앞당길 수 있을 듯하다. 순이익의 10%를 준다니 나쁘지 않다. 불안하지만 더 이상 머릿속으로 생각만 할 순 없다.

"친구 아이가~(우리 친구잖아). 내 믿제(나 믿지?)?"

20년 만의 소주 맛은 변함이 없다.

1년이 지났다. 역시 혼고기는 타고난 사업가다. 자신의 걱정과는 달리 첫 해부터 순이익 1,000만 원이 발생했다. 나혼밥이 받을 돈은 얼마인가? 1백만 원이다. 2년째 순이익은 3,000만 원, 수익금은 3백만 원이다. 3년째 순이익은 5,000만 원, 수익금은 5백만 원이다. 혼고기는 믿음직한 친구답게 매년 결산 후 투자수익 산출보고서를 나혼밥에게 보고하고 약속대로 수익금을 꼬박꼬박 입금해준다.

나혼밥은 잠시 생각에 잠겼다. '나 덕분에 새로운 아이템을 시작하고 이렇게 성장하고 있는데 이익이 많이 나면 10%보다 수익금을 더 받아야 하지 않을까?' 그는 급히 혼고기를 냉동창고로 호출했다. 수익금 분배 비율을 변경해서 투자 계약서를 재작성했다.

| 순이익 | 수익금 비율 |
|---|---|
| 5,000만 원 초과금액 | 30% |
| 1,000만 원 초과~5,000만 원 | 20% |
| 최초 1,000만 원까지 | 10% |

4년차 순이익은 7,000만 원이다. 나혼밥이 수령할 수익금은 얼마일까? 자신이 받을 돈이라 생각하고 계산해 보자.

| 순이익 | 수익금 | 비고 |
|---|---|---|
| 2,000만 원 | 2,000만 원 * 30% = 600만 원 | 5,000만 원 초과하는 금액 |
| 4,000만 원 | 4,000만 원 * 20% = 800만 원 | 1,000만 초과 5,000만 원까지 금액 |
| 1,000만 원 | 1,000만 원 * 10% = 100만 원 | 최초 1,000만 원 |
| 합계 7,000만 원 | 합계 1,500만 원 | |

순이익이 높아질수록 해당 구간별로 더 높은 비율이 적용된다. 기존의 계약에 의하면 수익금은 7,000만*10%=7백만 원이다. 첫 번째 냉동창고 협상 결과 수익금은 1,500만 원으로 기존 방식에 의한 경우보다 8백만 원 증가했다.

혼고기의 사업은 순풍에 돛을 단 듯 점차 확대된다. 5년차에는 최초 아이템 A를 기본으로 새로운 아이템 A1과 B가 추가되고 이익도 더욱 증가했다. 5년차 수익금 산출 내역이다.

| 아이템 | 순이익 | 수익금 | 비고 |
|---|---|---|---|
| A | 8,000만 원 | 1,000*10% + 4,000*20% + **3,000*30%**=1,800만 원 | |
| A1 | 1,000만 원 | 1,000*10% = 100만 원 | 신규아이템 |
| B | 1,000만 원 | 1,000*10% = 100만 원 | 신규아이템 |
| 합계 | 10,000만 원 | 2,000만 원 | |

투자자 입장에서 당신이 수령할 수익금은 적당하고 합리적인가? 나혼밥은 혼고기를 다시 호출했다. 수익금을 더 받아야 할 것 같다. 두 번째 냉동창고 협상이 시작됐다.

당기 추가된 아이템 A1은 실질적으로 A와 유사품목이다. 따라서 나혼밥은 A와 A1을 하나의 품목으로 간주하기로 요구했다. 즉 A1의 순이익을 A의 순이익과 합산해서 하나의 아이템으로 보아 투자수익을 산출하자는 것이다. 나혼밥은 아이템 B도 A와 하나의 품목으로 포함하고 싶었지만 B는 A와는 성격이 다른 품목이라는 친구의 설명을 인정하고 별도로 수익금을 산출하기로 했다. 우려와 달리 협상은 잘 마무리됐다. 나혼밥의 5년차 수익금은 얼마인가?

| 아이템 | 순이익 | 수익금 | 비고 |
|---|---|---|---|
| A+A1 | 9,000만 원 | 1,000*10% + 4,000*20% + **4,000*30%**=2,100만 원 | A와 함께 계산 |
| B | 1,000만 원 | 1,000*10% = 100만 원 | 신규아이템 |
| 합계 | 10,000만 원 | 2,200만 원 | |

　A와 A1을 하나로 보아 순이익의 합계 9,000만 원을 기준으로 소득 구간별 분배비율을 적용한 결과 전체 수익금은 2,200만 원이 산출되고 기존의 2,000만 원보다 200만 원이 증가했다.

　입장 바꿔 생각해볼 때가 됐다. 나혼밥과 우리는 이제 투자자가 아닌 투자수익을 지불하는 입장이다. 우리 모두 국가와 유사한 계약을 하고 있다. 모든 개인은 태어날 때부터 자동으로 계약이 체결된다. 국가와의 강제계약, 개인에게 적용되는 소득세법이다.

| 소득금액 | 소득세율 |
|---|---|
| 5억 원 초과 | 42% |
| 3억 원 초과~5억 원 | 40% |
| 1억 5,000만 원 초과~3억 원 | 38% |
| 8,800만 원 초과~1억 5,000만 원 | 35% |
| 4,600만 원 초과~8,800만 원 | 24% |
| 1,200만 원 초과~4,600만 원 | 15% |
| 최초 1,200만 원까지 | 6% |

개인은 소득이 생기면 소득구간별로 해당 세율을 곱해서 산출된 소득세를 국가에 납부해야 한다. 국가가 국민에게 투자한 대가를 투자수익으로 지불하는 개념으로 이해하자.

혼고기가 자신의 소득에 대해 지불하는 투자수익을 소득세라고 가정하고, 수익분배비율을 소득세율이라고 생각해보자.

1차 협상결과와 같이 개인소득세율은 소득이 높아질수록 구간별로 높은 세율이 적용된다. 이를 '초과누진세율'이라 한다. 개인소득세율은 7단계 초과누진세율 구조다. 초과누진세율의 핵심은 소득이 높을수록 세금이 많아진다는 것. 초과누진세율 구조에서는 소득이 뭉쳐질수록 세금이 많아진다. 2차 협상내용을 생각해보자. A와 A1의 소득을 하나의 소득으로 보고 수익분배비율을 적용했다. 유사한 소득을 하나의 소득[1]으로 뭉쳐 세율을 적용하는 것을 종합과세라 한다. 종합

---

[1] 이를 종합소득이라 한다. 세부개념은 PART Ⅳ 제1장에서 살펴본다.

과세의 핵심은 소득을 뭉쳐 높은 세율을 적용하는 것이다. 결국 종합소득과 초과누진세율 구조 하에서 소득이 뭉칠수록 세금은 많아진다.

다행이다. B소득은 A관련소득과 합산되지 않고 별도로 수익분배비율이 적용됐다. 이처럼 특정한 소득에 대해서 타 소득과 합산하지 않고 별도로 세금을 산출하는 것을 분류과세라고 한다. B소득은 분류과세 된 것이다. 만약 B도 종합과세의 대상이라면 10%가 아닌 30%가 적용된다.

종류별 소득금액이 다음과 같다면 소득세는 얼마일까? 소득세율을 적용해서 산출해보자.

**소득종류 A : 1,000만 원, 소득종류 B : 1,000만 원, 소득종류 C : 1,000만 원**
① A, B, C 각각에 대해 세율을 적용(분류과세) 하는 경우?
② A와 B를 하나의 소득으로 묶어 종합과세 하고 C는 별도로 분류과세 하는 경우?
③ A, B, C 모두 종합과세 하는 경우?

혼고기와의 투자계약은 순조롭게 진행되고 있다. 하지만 나혼밥의 마음 한 구석은 항상 불안하다. 친구를 믿지만 혼고기가 투자수익금 산출의 기초가 되는 장부작성을 제대로 하지 않을 수 있다. 순이익 산출을 정확하게 하지 않는다면? 이익은 수익에서 비용을 차감해서 산출된다. 혼고기가 수익금을 낮추기 위해 수익을 작게 인식하거나 비용을 보다 많이 계상할 수도 있다. 지금까지와는 달리 수익금 산출 내역을 제때 보고하지 않거나 수익금을 정해진 기일에 입금해주지 않을 수도 있다. 그래도 믿어보자. 친구 아이가. 이상 기운이 감지되면 그를 만나면 된다. 냉동창고에서.

# 내 돈은 오데로?

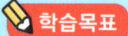

원천징수, 분리과세의 개념을 이해한다

"제발 고민 좀 하고 말씀하세요."

또 시작됐네요. B부장과 A상무의 답 없는 싸움입니다. 프로젝트 종료 시점이라 예민해진 B가 짜증스럽고 날카로운 한마디로 선공을 날리네요.

"나는 밤새면서 일하고 고민하는 사람이야!"

A는 B의 말을 강하게 부인하네요. A가 야행성 생활패턴을 가진 건 맞지만 밤새 일하지는 않아요. 그냥 밤에 무언가를 하는 거죠. 밤새 술 먹는 경우도 많고요. A는 스스로 소통을 중요시해요. 본인의 최대 장점을 경청이라 내세우죠. 그런데 A와 팀원들의 대화는 항상 한 마디로 마무리됩니다. "그게 아니라", "그건 아니고……." A 자신의 생각과 주장으로요.

솔직히 A는 별로 고민하지 않은 듯해요. 중요한 건 A가 전혀 고민하지 않았다고 B가 이미 전제해버린 것이죠. 어쩌면 A가 정말로 밤새 고민했을 수도 있지만, A의 어떤 말도 B의 귀에는 더 이상 들리지 않는 겁니다. 귀는 닫히고 목소리는 3

옥타브를 향하구요. 둘 사이에 더 이상 대화는 이뤄지지 않아요. 높은 고성과 비방만이 회의실에 울려 퍼지네요.

 대화 상대가 화를 낼 때는 지혜로운 자세가 필요해요. 부정적 감정을 담당하는 원시적 두뇌인 아믹달라(amygdala; 편도체)는 5세 유아의 정신연령이라고 합니다. 부정적 감정은 따뜻하게 바라보면 사라진다고 하니 상대를 있는 그대로 받아들이고 바라보기만 하면 되죠. 조용히 주시하는 것만으로 부정적인 감정이나 생각이 식어버린다는 것, 기억하세요(김상운의 〈왓칭〉에서).

"아~, A상무님 고민 많이 하셨군요. 그런데 제 생각은……."
"B부장, 힘든 상황에서 정말 고생 많았어요. 그럼 B부장의 대안을 기본으로 진행합시다."
 줏대 없는 아부가 아니에요. 어떤 말이든 우선 들어주면 돼요. 잠시만 유체이탈해서 상대의 마음속으로 들어가 보는 겁니다. 조용히 고개만 끄덕여도 돼요. 10초면 족하죠. 10초간의 여유와 경청이 세상을 아름답게 할 것이고요. 10초만 침묵하면 10년의 인간관계가 윤택해진다는 사실, 잊지 마세요!

 나혼밥의 생애 첫 번째 강연이 끝났다. 긴장됐지만 강연을 잘 마무리하고 기대하지 않았던 청중의 박수도 받았다. 직장인 10년차 나혼밥은 소통전문가로 자리매김 하고자 한다. 그는 「직장인10년차협회」 창립총회에서 소통에 관한 강연을 의뢰받았다. 항상 경청하는 자세로 감정 소통에 임하려 노력해 온 덕분이었다. 1시간 강의에 강연료가 100만 원! 월급 300만 원을 고려하면 짭짤한 추가 소득이다.
 강연료를 받으면 아내에게 예쁜 가방을 선물하려고 한다. 협회 관계자에게 강연료 수령에 필요한 신분증 사본과 통장 사본을 제출했다. 두근두근 며칠 후 입금 내역을 확인했다.

나혼밥이 받기로 한 강연료는 100만 원이었다. 그런데 그의 통장에 956,000원이 입금 되었다. 그는 잠시 생각에 잠겼다. '내 돈 44,000원은 오데로 갔노?'

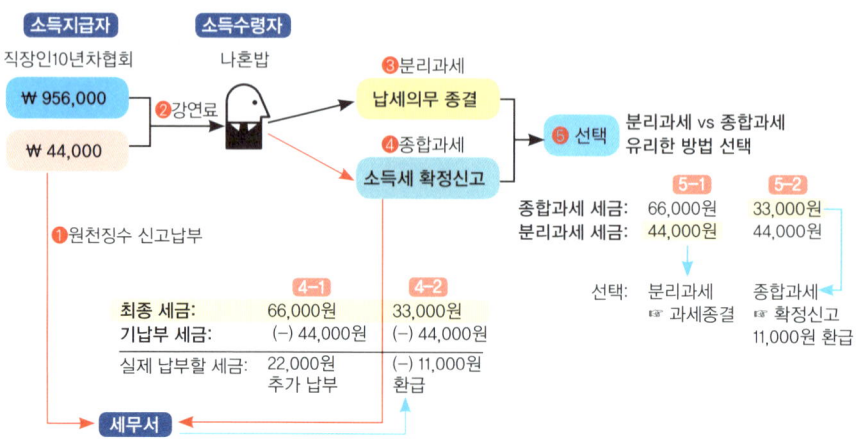

돈 44,000원은 국가가 가져갔다. 소득지급자인「직장인10년차협회」가 나혼밥에게 지급할 강연료 100만 원에서 세금 44,000원[1]을 미리 거둬서 세무서에 신고 납부하고(❶) 나머지 956,000원을 나혼밥에게 지급한 것이다(❷). 이와 같이 소득을 지급하는 자가 그 소득을 지불할 때 상대방이 내야 할 세금을 징수하여 신고·납부하는 것을 '원천징수'라고 한다. 소득을 지급하는 자를 '원천징수의무자', 수령하는 자를 '납세의무자'라고 한다. 소득지급자의 신고내용에 의하여 국가는 소득수령자의 소득이 얼마인지 미리 파악하고 또한 세금 수입을 조기에 확보할 수 있다. 납세의무자 입장에서는 일정액의 세금을 소득세 신고기한보다 미리 납부하는 것이므로 향후에 부담할 세 부담이 다소 완화되는 효과가 있다. 결과적으

---

[1] 원천징수세율은 소득의 종류에 따라 세법에 정해져 있다.

로 나혼밥은 자신의 소득 100만 원에 대하여 세금 44,000원을 미리 납부한 것이다.

나혼밥의 강연료수입 100만원 에 대한 세금 납부의무는 무엇인가? 세 가지 경우가 발생한다.

첫째, 원천징수로서 납세의무가 종료되는 경우다(❸). 자신의 소득 100만 원에 대하여 세금을 이미 납부했으므로 추후에 별도의 세금신고납부 의무가 없다. 이처럼 원천징수로 납세의무가 종료되는 경우를 '완납적 원천징수'라 표현하고 이러한 과세방법을 '분리과세'라고 한다.

둘째, 자신의 소득 100만 원에 대하여 향후 소득세 신고기한 내에 다른 종합과세 대상 소득과 합산하여 세금을 신고·납부해야 하는 경우다(❹). 이를 소득세 '확정신고'라 한다. 이처럼 원천징수로서 납세의무가 종료되지 않으며 소득세 확정신고가 필요한 경우를 '예납적 원천징수'라 한다. 이 경우 최종 납부할 세금과 원천징수로 이미 납부했던 세금을 비교하여 추가 납부하거나 환급을 받게 된다. 나혼밥의 종합소득에 대해 납부할 최종 세금이 66,000원이라고 가정할 경우 원천징수로 납부했던 44,000원을 제외한 22,000원을 추가로 납부해야 한다(❹-1). 만약 최종 결정된 세금이 33,000원이라면? 11,000원을 돌려받는다(❹-2).

셋째, 원천징수로 과세의무를 종결짓는 것과 확정신고를 선택하는 경우다(❺). 원천징수로 부담한 세금과 확정신고 시 납부할 최종 세금을 비교하여 납세자가 분리과세와 종합과세를 선택할 수 있는 것이다. 나혼밥의 종합소득에 대하여 최종 납부할 세금이 66,000원이라면 원천징수로 44,000원을 납부하고 납세의무를 종결짓는 것이 유리하다(❺-1). 이 경우 분리과세를 선택하여 별도의 확정신고를 하지 않아도 된다. 종합과세 시 최종 납부할 세금이 33,000원이라면 확정신고를 해서 이미 납부한 세금 44,000 중 11,000원을 돌려받으면 된다(❺-2).

정리해보자. 완납적 원천징수, 분리과세, 예납적 원천징수 등의 용어 자체는 중요하지 않다. 자신이 소득을 지급받을 때 지급자가 정해진 세금을 미리 떼고 정부에 납부하는 원천징수 제도가 있다. 원천징수로 자신의 세금신고납부 의무가 종료되는 경우가 있고 이를 '분리과세'라 한다. 한편, 종합소득에 대한 소득세 확정신고가 필요한 경우가 있다. 소득세 확정신고 시는 원천징수로 납부한 금액과 종합과세로 최종 납부할 세금을 비교하여 추가납부 또는 환급을 받게 된다. 납세자의 선택에 따라 분리과세와 종합과세를 선택할 수 있는 경우도 있다.

　소득 있는 곳에 세금이 있다. 내가 받는 소득에 대해 지급하는 자가 미리 세금을 계산해서 납부까지 해준다니 놀랍다. 국가의 배려에 감사하자. 국가와의 소통이 필요한 순간이다.

 "원천징수는 과연 누구를 위한 제도인가요?"

# 복부비만 직장인 10년차 ❷

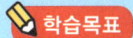
부가가치세 계산 구조를 이해한다

"3개월 할부로 해주세요."

"잘 결정하셨어요. 세상에서 가장 힘든 일 중 하나가 혼자 헬스장을 꾸준히 나오는 거죠. 전문 트레이닝을 받으시면 곧 건강회복 하시고 몸짱도 되실 거예요."

나혼밥은 비용을 카드로 납부하기로 하고 다시 헬스장을 찾았다. 거금 154만 원을 고려하면 쉽지 않은 결정이지만 건강회복을 꿈꾼다. 찌지직 찌익, 전산망을 통해 신용카드 영수증이 발행돼 피트니스센터 사업자 B와의 거래내역이 세무담당 AI인 TAX-GO에게 전송되는 순간이다.

나혼밥은 부가가치세의 개념을 이해했다. '복부지방을 줄일 수만 있다면, 근육량을 늘일 수만 있다면, 만성 어깨 통증에서 벗어날 수만 있다면, 퍼스널 트레이닝을 받고(용역을 소비하고) 나 자신 만족을 느낄 수 있다면, 부가가치세가 아깝지 않으리라.' 나혼밥은 마음속으로 굳게 다짐하며 평생 처음 접하는 스쿼트 자세에 돌입했다. 미처 몰랐다. 앉았다 일어나는 것이 이렇게 힘들 줄이야, 땀방울이 쏟아지고 다리가 후들거린다.

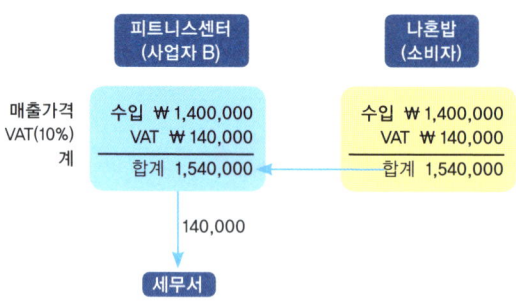

- 사업자 B는 140만 원의 가치 창출(PT 용역)
- 소비자는 140만 원의 가치를 소비하며, 부가가치세 14만원을 부담
- 사업자 B는 154만원을 수령 후 14만 원을 세무서에 납부(140만 원이 자신의 수입)

한 달 전에 무슨 일이 있었나? 사업자B는 한 달 전에 사업자 등록을 하고 헬스장 영업을 위해 헬스기구 판매업자인 사업자A로부터 100만 원짜리 헬스기구를 구입했다. 사업자B 또한 이 거래에 대한 부가가치세 10만 원을 추가로 지급했다. 즉 구입가격은 110만 원이었다. 사업자B는 소비자 입장에서 사업자A가 창출한 헬스기구의 가치 100만 원을 자신의 영업을 위해 소비하며, 그 대가로 부가가치세 10%를 부담한 것.

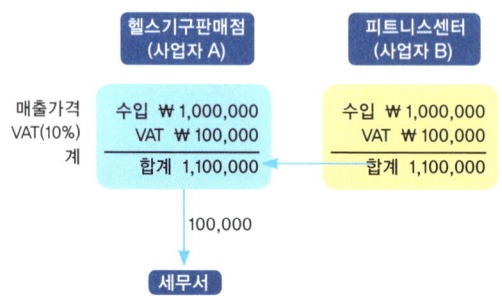

- 사업자 A는 100만 원의 가치 창출(헬스기구)
- 소비자(사업자 B)는 100만 원의 가치를 소비하며, 부가가치세 10만 원을 부담
- 사업자 A는 110만 원 수령 후 10만 원을 세무서에 납부(100만 원이 자신의 수입)

몸도 힘든데 머리까지 아파온다. 인류의 3대 운동 중 하나로 알려진 '데드 리프트'를 배우는 순간이다. 정말 죽을 것 같다. 운동을 그만두고 싶지만 힘내야 한다. 호흡을 가다듬고 바른 자세로 허리 펴고 무릎 살짝 굽힌 후 두 손이 무릎을 스치듯 상체가 아래로 향하고 다시 원위치로 돌아오면 된다. 상체와 하체, 이를 지탱하는 튼튼한 허리, 신체 모든 부위의 상호작용 융합이 필요하다. 융합의 시대, 부가가치세의 이해를 위해서도 거래의 융합이 필요하다.

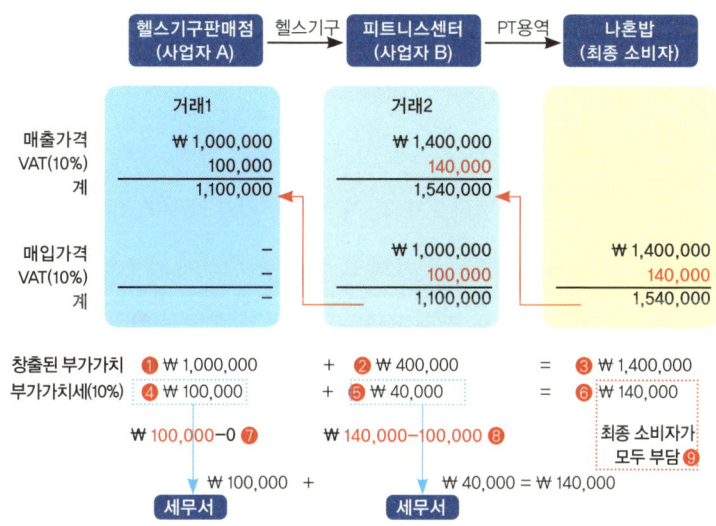

부가가치세는 거래의 각 단계별로 생성되는 부가가치에 대해 부과되는 조세라 정의했다. 우선 각 거래단계에서 창출된 부가가치가 얼마인지 살펴보자.

A가 헬스기구를 만들기 위해 구입한 거래는 없다고 가정한다. 거래1에서 창출된 부가가치는 A가 창출한 헬스기구의 가치 100만 원이다(❶). A가 100만 원 가치를 창출하여 이 가격에 판매하는 것으로 이해하면 된다. 거래2에서 창출된 부

가가치는 40만 원이다(❷). B가 헬스기구를 100만 원에 구입 후 가치 40만 원을 추가한 최종 가치 140만 원을 소비자에게 공급한다. 결국 B 자신이 창출한 부가가치는 최종 판매가격 140만 원과 헬스기구 구입가격 100만 원의 차이 40만 원이다. 그럼, 거래 전체의 부가가치는? 각 단계에서 창출된 부가가치의 합계 140만 원이다(❸). 즉 140만 원의 부가가치를 나혼밥이 최종 소비하는 것이다.

다음으로 각 단계별 부가가치세를 계산해보자. 부가가치세는 부가가치의 10%로 산출된다. 거래1의 부가가치는 100만 원의 10%인 10만 원(❹)이고 거래2의 부가가치는 40만 원의 10%인 4만 원(❺)이다. 부가가치의 전체 합계는 이들의 합 또는 전체 부가가치 140만 원의 10%인 14만 원(❻)으로 산출된다. 결국 A는 10만 원, B는 4만 원을 부가가치세로 납부한다.

아직 힘겹지만 스쿼트와 데드 리프트 자세가 조금씩 잡히고 있는 듯하다. 몸짱, 맘짱, 트레이너 덕분이다. 마지막으로 각 사업자가 납부할 부가가치세 계산 구조를 살펴보자. 거래1에서 A는 부가가치세 10만 원을 국가에 납부해야 한다. 이 돈은 B로부터 수령하는 금액으로 판매대금의 10%로 산출된다(❼). 거래2에서 B는 부가가치세 4만 원을 납부해야 한다. 이 금액은 소비자로부터 받은 부가가치세 14만 원에서 자신이 부담했던 부가가치세 10만 원을 차감한 결과와 같다(❽).

최종소비자는 두 거래에서 창출된 최종부가가치 140만 원을 소비하며 부가가치세 14만 원을 부담한다(❾). 이 돈은 이미 국가가 가져갔다. A가 10만 원을, B가 4만 원을 자신의 거래단계에서 각각 국가에 부가가치세로 납부하기 때문이다. 결국 A와 B가 납부한 부가가치세 합계 14만 원은 최종소비자가 부담한 부가가치세 14만 원과 일치한다. 이처럼 각 거래단계에서 창출된 모든 부가가치에 대한 세금은 결국 최종소비자가 부담하는 것이다.

결론적으로 부가가치세는 사업자가 공급자 입장에서 매출 시 소비자로부터 받은 부가가치세에서 자신이 소비자 입장에서 비용 지불 시 지급한 부가가치세를 차감한 금액으로 계산된다. B가 납부할 부가가치세를 다시 살펴보자. B가 납부할 부가가치세는 자신이 판매자 입장에서 수령한 14만 원에서 소비자 입장에서 부담한 10만 원을 차감한 금액인 4만 원으로 결정되었다. 14만 원을 "매출세액"이라 하고 10만 원을 "매입세액"이라 한다. 매출세액은 공급가액 140만 원에서 10%를 곱한 금액으로 산출되고, 매입세액은 매입가액 100만 원에 10%를 곱한 금액으로 산출된다. 현행 부가가치세 산출 구조는 다음과 같다.

$$\text{부가가치세} = \text{매출세액} - \text{매입세액}$$
$$= (\text{매출액} \times 10\%) - (\text{매입액} \times 10\%)$$

이와 같이 부가가치세는 자신의 거래단계에서 발생한 매출세액에서 이전 거래단계에서 발생한 매입세액을 차감하는 방식으로 계산한다. 이를 "전단계세액공제법"이라 하고 비용 지불 시 자신이 지급했던 부가가치세를 차감하는 것을 "매입세액공제"라 한다.

부가가치세가 결국 매출액과 매입액에 의해 결정된다는 것을 알았다. 매출액과 매입액, 우리 수업의 출발점 회계에서 많이 들어본 듯하다.

"수고 많으셨어요. 오늘은 근육이 뻐근하고 많이 힘드실 거예요. 앞으로 수업이 많이 남았어요. 반복 운동을 통해 차근히 배우며 점점 익숙해질 테니 너무 염려 마세요."

힘겨운 PT가 종료되었다. 휴식이 필요하다.

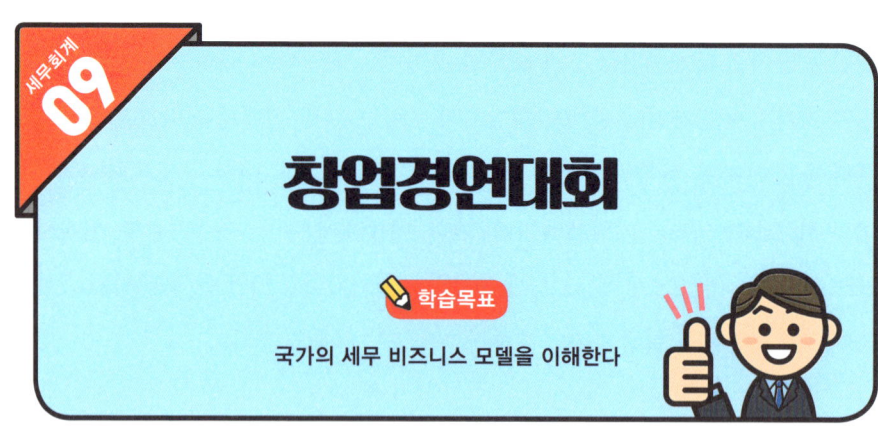

창업열풍이다. 창업에 관심 있는 나혼밥은 창업경연대회를 참관했다. 국가조세수입 극대화를 위한 세무 비즈니스모델 발표회다. 참가자는 한 팀이다. 심사위원의 질의응답 시간이 없는 점이 특이하다. 참가자의 프레젠테이션이 시작되는 순간.

"안녕하세요. 국가조세수입 극대화 비즈니스모델을 발표하게 된 나라임입니다."

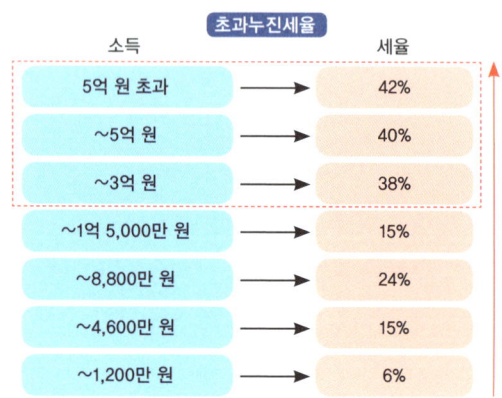

나라임 국가는 모든 국민의 소득에 대해 일정률의 세금을 징수해야 합니다. 국가의 보호 아래 국민들은 생명과 안전을 보장받고 열심히 일해서 돈을 벌 수 있기 때문입니다. 소득격차 완화를 위해 돈을 많이 버는 사람들은 세금도 많이 내야 합니다. 이를 위해 우선 초과누진세율 적용이 필요합니다. 소득을 구간별로 나누어 높은 소득구간에는 높은 세율을 적용하는 것입니다. 현행 초과누진세율 구조에서 최고소득 세율구간을 지속적으로 추가해야합니다.[1]

심사위원 초과누진세율이 본질적으로 소득격차 완화를 위한 것인가요? 또한 초과누진세율 적용과 개인소득세 세율구간 추가에 대한 반대의견은 없습니다. 그렇다면 법으로 인격을 부여한 법인에 대한 법인소득세율도 함께 인상되는 것인가요? 대기업과 재벌들의 소득 수준에 해당되는 법인세 최고세율 구간도 신설되는 것인지 궁금하네요.

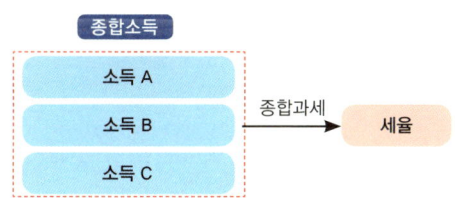

나라임 초과누진세율 아래에선 소득이 높을수록 높은 세율이 적용되어 세금이 많이 산출됩니다. 소득을 뭉쳐야 합니다. 국민이 벌어들이는 여러 종류의 소득 중 유사한 것들을 하나의 소득으로 합산해 초과누진세율을 적용하면 됩니다. 국가 입장에서는 종합선물세트인 것이죠. 종합소득, 종합과세 멋진 표현입니다. 어려운 시기일수록 우리는 뭉쳐야 합니다.

---

1) 2018년부터 개인소득 3억 원 초과에 대해 40%, 5억 원 초과에 대한 42% 세율구간이 추가되었다.

**심사위원** 국가 입장에서 종합선물세트가 국민 입장에서는 종합세금세트가 될 것 같네요. 나라임씨도 소득을 조금이라도 더 뭉쳐 높은 세율을 적용하는 구조에 동의하시나요?

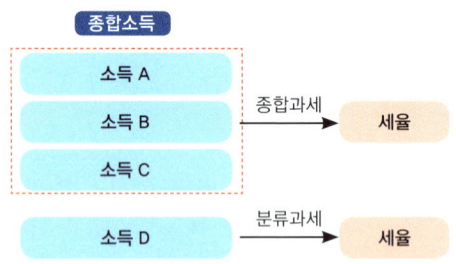

**나라임** 저 이대 나온 여자예요. 모든 소득을 뭉치면 광화문 광장이 혼란스러워질 테니 일부 소득에 대해서는 별도로 세금을 계산하면 됩니다. 소득종류를 잘 분류하고 뭉칠 것만 뭉치자는 취지에서 "분류과세"라고 표현하겠습니다

**나라임** 국가는 국민을 배려해야 합니다. 국민 대부분은 세무지식이 부족하죠. 세금 계산과 신고는 어려운 일입니다. 이럴 때 일수록 국가가 국민을 도와야 합니다. 소득을 지급하는 자가 지급하는 금액에서 세금을 떼서 국가에 신고·납부하도록 하는 방법입니다. 국가는 누가 누구에게 얼마를 지급했는지 파악할 수 있고, 세금도 미리 징수하니 일거양득이네요. 또한 소득수령자가 세금을 납부하지 않을 가능성을 원천적으로 봉쇄하는 것이죠. 이 제도는 유명한 작명가 '나이름' 선생님에게 의뢰해 '원천징수'라 이름 지었습니다.

**심사위원** 발표자는 심사위원의 질의를 원천적으로 잘 차단하시네요.
**나라임** 국가의 배려는 계속되어야 합니다. 소득 종류 및 소득 수준을 고려해서 원천징수로서 납세의무를 종결시켜주는 것이죠. 원천징수까지 냈했는데 세금신

고를 또 해야 한다면 국민은 당혹스러워 할 것 같아요. '내가 이러려고 돈 벌었나' 라는 생각이 들 수 있죠. 사실 국가의 조세수입에 미치는 영향이 크지 않으므로 국가는 이런 경우를 잘 분리해서 파악해야 합니다. 국민은 원천징수로 세금을 완납하게 되므로 '완납적 원천징수' 또는 '분리과세'라 합니다.

**심사위원** 원천징수가 정말 국민에 대한 배려인가요?"
**나라임** 종합소득으로 뭉칠 수 있는 다른 소득 종류가 있거나 원천징수 당한 소득이 높다면 뭉쳐야 합니다. 원천징수당한 소득과 다른 소득을 모두 뭉쳐 1년 동안의 정확한 세금을 확정하고 소득세 신고납부를 해야 합니다. 원천징수당한 세금만큼은 제외하고 납부하도록 하면 됩니다. 핵심은 뭉치는 것입니다. 원천징수로 세금이 확정되는 것이 아니고, 뭉친 소득에 대한 정확한 세금을 확정하고 신고하는 것입니다. "종합소득세 확정신고"입니다. 원천징수는 몸 풀기 수준으로 예비적으로 세금을 미리 납부한 효과가 있네요. "예납적 원천징수" 표현이 괜찮은가요?"

**심사위원** 어차피 소득세 확정신고를 해야 한다면 원천징수는 필요 없는 것 아닌가요?"
**나라임** 자신의 세금 정도는 눈감고도 계산하는 세무의 달인들도 많죠. 국가는 이 분들에게 예우를 갖춰야 합니다. 원천징수로 종결 짓는 경우와 소득세 확정신고 중 선택권을 그분들에게 부여하면 됩니다. 국가의 조세수입에 미치는 영향은 그다지 크지 않을 것이고 그 분들의 세무능력을 발산할 무한한 기회를 제공해주는 것이죠. '선택적 분리과세', 이건 그분들의 표현입니다.

**심사위원** 큰 실익 없이 오히려 세금 계산만 더 복잡해지지 않나요? 그냥 요건을 정해 쿨하게 세금 좀 깎아드리면 안되나요? 선택적 분리과세라, 누가 지은 표현인가요? 그리고 법인세에 대한 내용은 왜 하나도 없나요?

**사회자** 잠시 휴식시간입니다.

**나라임** 지금까지 소득에 부과하는 소득세를 살펴보았습니다. 국가의 세무 비즈니스모델은 여기서 멈출 수 없습니다. 국민의 소비에 대해서도 세금을 부과해야 합니다.

**심사위원** 이건 또 무슨 말인가요?
**나라임** 이미 말씀드린 바와 같이 국민들은 국가의 보호아래 소득을 창출합니다. 그리고 이 소득으로 소비를 하게 되죠. 재화·용역의 가치를 소비하며 삶의 만족을 느끼는 것입니다. 국민의 소비활동 또한 국가 덕분이니 소득에 세금을 부과한 것처럼 소비에도 세금을 부과하는 것은 당연한 우주의 이치입니다. 국민은 각 거래단계에서 증가된 가치를 소비하고 이에 대한 세금을 납부하는 '부가가치세'입니다. 세율은 단순하게 하는 것이 좋을 듯해요. '텐 프로', 어떤가요?

**심사위원** ……
**나라임** 방법은 간단해요. 소비자 구입 가격의 10%를 부가가치세로 징수하면 됩니다. 역시 국가의 배려가 필요하죠. 국민이 직접 세금을 납부하는 수고를 덜어주기 위해 물품을 판매하는 사업자에게 판매가 이외 10%를 추가로 징수해서 국가에 납부하게 하면 됩니다. 만약 그 사업자가 다른 사업자에게 지불했던 부가가치세가 있는 경우 동 금액은 차감하고 납부하는 것이죠. 이 과정에서 결국 모든 부가가치세는 최종소비가 부담하게 되는 구조입니다.

심사위원 발표자는 부가가치세의 개념과 구조에 대해 이해하고 계신가요? 발표자료만 읽지 마시고 자신의 의견도 함께 말씀해 주세요.

나라임 이상으로 발표를 마치겠습니다. 감사합니다.

창업경연대회는 끝났다.

"당신의 관전평은?"

개인과 법인, 부가가치세의 개념을 정리하세요!
스스로 생각하고 대답해보세요.
Are you ready?

**001** 소득세 초과누진세율과 종합과세의 개념을 설명해보자.

**002** 분류과세의 개념을 설명해보자.

**003** 개인의 종류별 소득 금액이 다음과 같다면 개인소득세는 얼마인가요?

- 소득종류 A : 1,000만 원, 소득종류 B : 1,000만 원, 소득종류 C : 1,000만 원
- A, B, C 각각에 대해 세율을 적용(분류과세)하는 경우
- A와 B를 하나의 소득으로 묶어 종합과세하고 C는 별도로 분류과세하는 경우
- A, B, C 모두 종합과세하는 경우

| 소득금액 | 소득세율 |
| --- | --- |
| 5억 원 초과 | 42% |
| 3억 원 초과~5억 원 | 40% |
| 1억 5,000만 원 초과~3억 원 | 38% |
| 8,800만 원 초과~1억 5,000만 원 | 35% |
| 4,600만 원 초과~8,800만 원 | 24% |
| 1,200만 원 초과~4,600만 원 | 15% |
| 최초 1,200만 원까지 | 6% |

**004** 원천징수(완납적/예납적 원천징수), 분리과세, 소득세 확정신고 등을 설명해보자.

**005** 다음의 경우 사업자A가 납부할 세금은 얼마인가?

- 1년 간 강연료수입 1,000만 원, 원천징수 660,000원, 실 수령액 9,340,000원
- 상황1) 분리과세 적용
- 상황2) 종합과세 확정신고 적용 (최종 세금 770,000원 및 550,000원인 경우 가정)
- 상황3) 분리과세와 종합과세 선택 가능한 경우

**006** 부가가치세의 개념과 계산 구조를 설명해보자.

**007** 다음의 경우 사업자 X, A, B가 납부할 부가가치세를 계산하라.

- 사업자 X : 사업자 A에게 원재료 77만 원에 판매(VAT 7만 원)
- 사업자 A : 사업자 X로부터 원재료 77만 원(VAT 7만 원)에 매입 후 사업자 B에게 헬스기구 110만 원에 판매(VAT 10만 원)
- 사업자 B : 사업자 A로부터 헬스기구 110만 원(VAT 10만 원)에 매입 후 최종 소비자에게 퍼스널트레이닝 154만 원(VAT 14만 원)에 공급

**008** 우리 수업의 다음 내용은 무엇일까?

### 모범답안

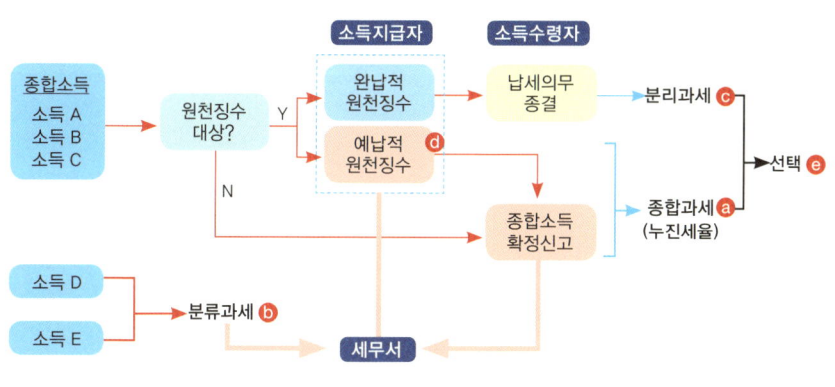

소득에 부과되는 세금이 소득세다. 개인의 소득이 높아질수록 구간마다 높은 세율이 적용되는 것을 '초과누진세율'이라 한다. 개인의 소득 종류 중 유사한 소득을 하나의 소득으로 합산하여 세율을 적용하는 것을 종합과세라 한다(ⓐ). 초과누진세율 구조 하에서는 소득을 합산하여 세율을 적용할수록 세금이 증가한다. 종합과세와는 달리 다른 소득과 합산하지 않고 별도로 세금을 산출하는 것을 분류과세라고 한다(ⓑ).

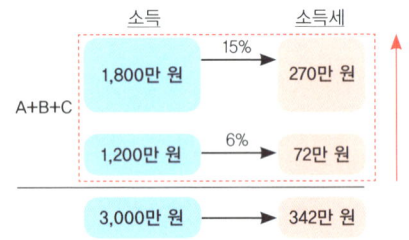

소득 A, B, C를 모두 분류과세 할 경우 각각의 소득구간에 대한 세율 6%가 적용된다. A와 B를 종합과세 할 경우 A와 B 합계 2,000만 원에 대해 최초 1,200만 원까지는 6%가, 초과금액 800만 원에 대해서는 15% 세율이 적용된다. A, B, C

모두 종합과세 할 경우 세 소득의 합계 3,000만 원에 대해 최초 1,200만 원까지는 6%가, 초과금액 1,800만 원에 대해서는 15% 세율이 적용된다. 이처럼 초과누진세율 구조 하에서 소득이 뭉치면 세금이 늘어난다.

 소득을 지급하는 자가 그 소득을 지불할 때 상대방이 내야 할 세금을 국가를 대신하여 징수하여 신고·납부하는 것이 '원천징수' 제도다. 원천징수로서 납세의무가 종료되는 경우를 '완납적 원천징수'라 하고 이러한 과세방법을 "분리과세"라고 한다(ⓒ).

 원천징수로 세금이 확정되지 않고 최종 소득세 신고(확정신고)를 해야 하는 경우가 있다. 이처럼 원천징수로 납세의무가 종료되지 않고 소득세 확정신고가 필요한 경우를 '예납적 원천징수'라 한다(ⓓ). 소득세 확정신고 시에는 다른 종합과세 대상 소득을 합산하여 세금을 산출하고 원천징수로 납부했던 세금은 차감한다. 한편 납세의무자가 분리과세 및 확정신고를 통한 종합과세를 선택할 수 있는 소득도 더러 있다(ⓔ).

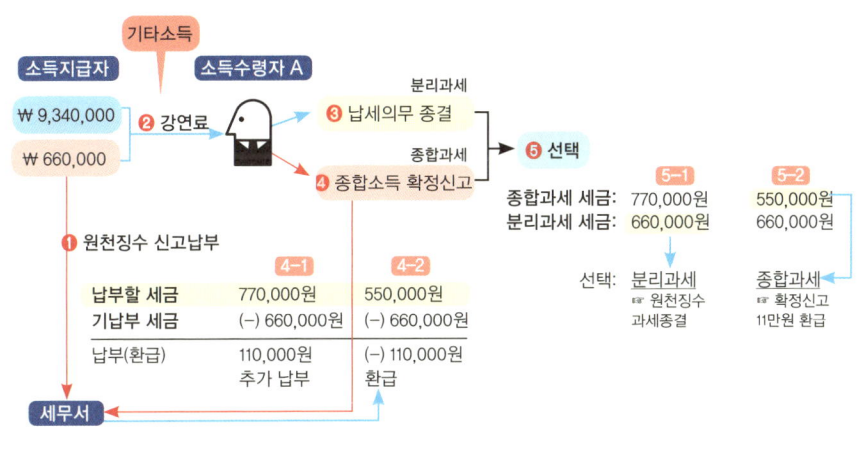

A는 수입 1,000만 원이 발생했고 원천징수 금액은 660,000원(❶)으로 실수령액은 9,340,000원(❷)이다. 완납적 원천징수로 분리과세 하는 경우 원천징수로 660,000원을 부담함으로서 납세의무가 종료된다(❸). 예납적 원천징수로서 소득세 확정신고를 적용할 경우(❹), 최종 세금이 770,000원이라면 원천징수로 이미 납부한 660,000원을 제외한 110,000을 추가로 납부해야 하고(4-1), 최종 세금이 550,000원이라면 이미 660,000원을 납부 했으므로 110,000원을 돌려받는다(4-2).

A가 분리과세와 종합과세를 선택할 수 있는 경우(❺), 최종 세금이 770,000원이라면 분리과세 세금부담 660,000원이 더 유리하므로 분리과세를 적용하고(5-1), 최종세금이 550,000이면 종합과세를 적용하여 확정신고를 통해 110,000원을 돌려받는다(5-2).

소비에 대해 부과되는 세금이 부가가치세다. 소비자는 가치를 소비하며 구입가격의 10%를 추가적으로 공급자에게 지불해야 한다. 공급자는 소비자로부터 판매대금과 함께 부가가치세를 징수하여 국가에 납부한다. 현행 부가가치세는 매출세액에서 매입세액을 차감하여 계산한다. 매출세액은 매출액의 10%, 매입세액은 매입액의 10%다.

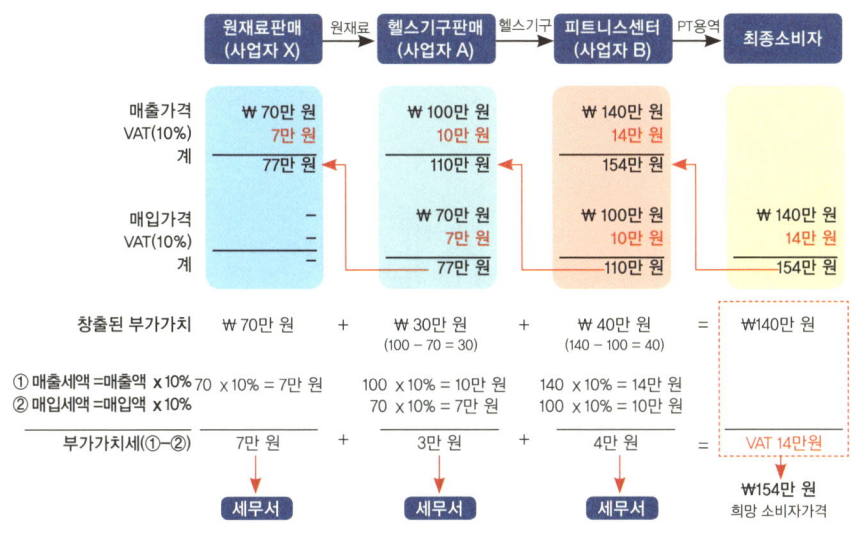

결국 사업자 X, A, B가 납부할 부가가치세는 각각 7만 원, 3만 원, 4만 원이다. 이처럼 각 사업자는 거래단계에서 부가가치세 매출세액을 징수하고 자신이 지불했던 부가가치세 매입세액이 있는 경우 이를 차감하여 계산된 부가가치세를 국가에 납부한다. 이 과정에서 각 사업자가 납부한 부가가치세의 합계 14만 원은 최종소비자가 부담하게 되는 것이다.

세무의 기본개념을 익혔다. 모두들 바쁘게 살고 있다. 다음 수업에 대한 생각 등은 잠시 멈추고 오래전 친구들을 만나러 대학동창회에 참석하자. 소득세 영역으로 들어간다.

## 알아두면 돈 되는 1인기업 세무과외

### 📝 학습목표

- 종합소득의 종류를 이해한다.
- 종합소득의 과세 방법을 이해한다.
- 기타소득과 사업소득의 과세 방법 차이를 이해한다.
- 종합소득세 산출 구조를 이해하고 절세 방안을 고찰한다.
- 개인사업자 가사경비의 개념을 이해한다.
- 종합소득세 산출 사례를 학습한다.

# PART IV

## 소득세

# 40년 만의 동창회

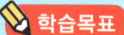 학습목표

개인소득의 종류, 종합과세 대상 소득을 이해한다

    2034년 12월이다. '응답하라 1994' 대학 동기회가 열린다. 94학번 동기들이 모였다. 설레는 스무 살에 처음 만난 친구들, 이제는 모두 60세를 맞이한 제2의 청춘들이 되었다.

    세상이 많이 변했다. 우주호텔이 지어졌다. 지구의 전망을 감상하며 일류 요리를 음미한다. 초등학교 시절 TV 속의 「은하철도 999」에서 보았던 우주 정거장이 건설되고 사람들은 우주여행을 즐긴다. 잃어버린 기억을 복구하고, 사람의 마음을 읽어 컴퓨터에 업로드 한다. 인공지능 탑재 로봇은 인간의 소중한 동반자다. 전 세계인들과 모든 사물이 연결되는 초연결사회가 도래했다(박영숙·숀 함슨의 〈미래는 어떻게 변화하는가〉에서).

    소주는 변하지 않았다. 서로의 잔을 채운다. 성우를 연상시키는 영원한 동창회장 H의 중저음 목소리도 변함없다. 건배사가 울려 퍼진다. 선창 "이배사근연기!"에 후창은 "퇴양!"이다. 반가움에 잔 기울이며 서로의 안부를 묻는다. 무슨 일을 하는지, 돈은 얼마나 벌었는지, 제2의 청춘을 맞아 수입원은 무엇인지 궁금하다.

- 나**이**자 지금까지 모은 돈을 모두 은행에 넣었어. 앞으로 이자만 받아도 문제없지.
- 나**배**당 평생 주식만 했어. 손실도 많이 봤지만 투자한 회사에서 받는 배당이 내 수입이구만.
- 나**사**업 졸업 후 지금까지 사업을 했지. 지금도 개인사업을 하고 있다네. 난 영원한 사업가.
- 나**근**로 난 월급쟁이, 매달 꼬박꼬박 월급이 나오지. 이제 얼마 남지 않은 듯하구만······.
- 나**연**금 직장생활과 사업도 했고 최근 은퇴했다네. 앞으로 매달 연금이 나오지.
- 나**기**타 내가 바로 지난달 TV에 나온 로또 1등 당첨자라네. 당첨금으로 남은 인생 살아야지.
- 나**퇴**직 난 지난달 정년퇴직 했고 30년 일한 대가로 퇴직금을 받았지. 전 재산이구만.
- 나**양**도 난 부동산에 올인 했어. 보유 중인 부동산을 팔면 차익이 쏠쏠하다네.

빈 술병이 하나둘 늘어가며 자리가 무르익는다. 미추(미팅추진)위원장 L은 아직 솔로다. 여자 동기 H의 대모大母다운 포스는 여전하다. Y는 머리가 다 벗겨졌다. 왕자병 L은 여전히 베이비 같다. '후까시맨' K의 오버액션은 할리우드 배우로 손색이 없다. 졸업 후 30년간 잠적했던 X가 참석했다. 이루지 못한 CC(캠퍼스 커플)의 꿈을 간직한 황혼남녀도 있다. 지난 40년의 세월 속 이야기와 함께 밤은 깊어간다.

친구들의 가장 큰 관심사는 돈 걱정 없이 인생 2막을 멋지게 살아가는 것이다. 개인이 얻을 수 있는 소득은 무엇이 있을까? 세법에서 정한 개인소득의 종류는 건배사와 같이 "이배사근연기, 퇴양"이다. 은행에서 받는 이자, 주식을 투자한 회사에서 받는 배당, 사업자의 사업소득, 근로자가 받는 근로소득, 국민연금 등의 연금소득, 복권당첨 등 기타소득이 있다. 그리고 회사에서 퇴사 시점에 받는 퇴직소득과 부동산 등을 팔 때 발생하는 양도소득이 있다. 세법에서는 개인의 소득 종류를 이와 같이 규정하고 있다. 이 소득에 대해 세율을 적용하여 소득세를 산출하는 것이다.

이 소득 중 뭉칠 것은 뭉쳐야 한다. 왜 뭉쳐야 하는지는 이미 살펴보았다. 소득을 하나로 뭉칠수록 소득금액은 높아지고 초과누진세율 하에서 적용되는 세율이 높아져 결국 세금이 많아지기 때문이다. 어디까지 뭉칠 것인가? 우리에겐 냉동 창고 협상권이 현실적으로 없다.

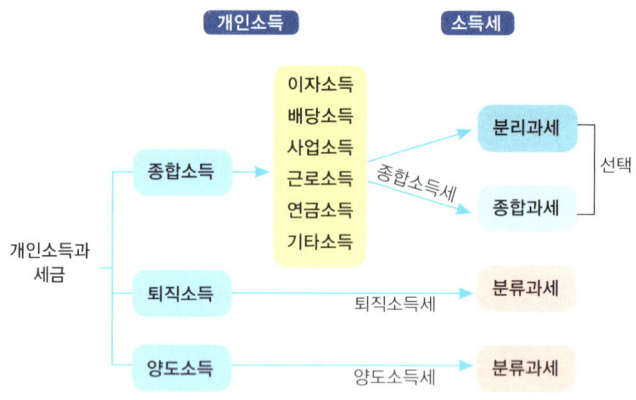

이자소득, 배당소득, 사업소득, 근로소득, 연금소득, 기타소득을 하나로 뭉친다. 이를 "종합소득"이라 한다. 종합소득은 초과누진세율이 적용되어 소득세가 산출된다. 이를 "종합과세"라 한다. 퇴직소득과 양도소득은 서로 합산하지 않고 별도로 과세하며 "분류과세"라 표현한다. 퇴직소득과 양도소득은 비교적 장기간에 걸쳐 형성되는 것으로 종합소득과는 성격을 달리하는 것으로 보아 분류과세가 적용된다. 종합소득으로 뭉쳐질 소득 중에서도 일부소득에 대해서는 원천징수로 납세의무가 종료되는 경우가 있다. 이를 "분리과세"라 한다. 또한 일부 소득은 납세의무자가 분리과세와 종합과세를 선택할 수 있는 경우도 있다.

원칙적으로 소득세는 법으로 열거된 상기 소득에 대해서만 세금이 부과된다. 이를 "소득원천설"이라 한다. 법인의 선서 No.1을 기억하는가? 법인은 자신이 벌어들이는 "모든 소득"에 대해 법인세를 납부한다. 소득의 종류를 가리지 않고 이익이 생기면 세금이 부과된다. 이를 "순자산증가설"이라 한다.

우리가 살펴볼 부분은 종합소득이다. 종합소득 중 분리과세 대상에는 어떤 것들이 있는지, 종합과세 되는 경우 소득세는 어떻게 산출되는지, 분리과세와 종합과세를 선택할 수 있는 것은 어떤 경우인지 살펴보기로 한다.

테이블 한쪽 구석에 자리 잡은 나혼밥은 침묵한다. 조용히 술잔만 기울인다. 용기 내어 동창회에 참석했지만 오래전 그날처럼 침묵의 아이콘이다. 그는 대학 졸업 후 취직하고 결혼도 하고 열심히 일했다. 분신 같은 두 딸을 키웠다. 자녀를 결혼시키고 그들의 집 장만도 도왔다. 영혼을 바쳐 일했던 직장을 3년 전 그만 두고 지금은 쉬고 있다. 퇴직금도 자식에게 모두 쏟아 부었다. 모아놓은 재산도 없다. 일정한 수입도 없다. 친구들 대화에 낄 수가 없다. 종합소득, 퇴직소득, 양도소득……. 집 한 칸 제외하곤 아무것도 없다. 피곤한 몸과 허전한 마음뿐이다. 새로운 경제활동을 궁리하는 중이지만 생각만 늘어간다. 조금 더 일찍 인생 후반전 설계를 하지 못한 점이 못내 아쉽다.

동창회가 끝났다. 집으로 돌아오는 나혼밥의 발걸음이 무겁다. 지금부터라도 Second Life를 준비하리라 다짐한다. 나혼밥의 멋진 인생 2막 설계를 기원한다.

 *"What will you be doing in 2034?"*

# 딱새의 꿈

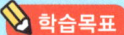 학습목표

종합소득 중 이자, 배당, 근로, 연금소득에 대한 과세

### Episode 1. 기적

나혼밥은 대학교 CC(Campus Couple)였던 나혼술과 결혼 후 행복한 가정을 이뤘다. 새로운 울타리 속에서 하나가 되어갔다. 소중한 손님들을 울타리의 구성원으로 맞이했다. '아빠'라는 직위가 생겼다. 기적의 시작이다.

20평 전세에서 신혼을 시작했다. 회사에서는 죽도록 일했다. 집에서는 멋진 아빠가 되고자 노력했다. 5년이 지났다. 비록 건축된 지 20년 된 건물이지만 자그마한 그들의 보금자리를 마련했으니, 또 하나의 기적이다. 직장과 가정의 힘든 두 역할을 행복하게 수행하며 소박하게 가정을 돌봐준 그녀가 자랑스럽다. 나혼술이 그동안 알뜰살뜰 적립해두었던 예금과 적금 통장들이 세상의 빛을 보는 순간이다.

정기적금 원금 36,000,000원과 이자 1,365,000원 만기 금액 합계 37,365,000원이다. 이자 1,365,000원에 대한 세금 210,210원을 제외하고 실 수령금액은

37,154,790원이다. 피 같은 그들의 돈 210,210원은 어디로 갔나?

210,210원은 국가[1]가 가져갔다. 나혼술의 이자소득 1,365,000원에 대하여 210,210원의 세금이 원천징수된 것이다. 이 경우 이자소득에 대한 소득세 납부 의무는 분리과세로 종결될 수도 있고 종합과세 될 수도 있다. 종합과세 되는 경우에는 다른 소득과 뭉쳐 소득세 신고기한 내에 소득세 확정신고를 해야 함을 의미한다.

이자소득과 배당소득을 "금융소득"이라 한다. 배당소득은 소유한 주식에 대하여 이익을 배분받는 것이다. 결국 이자소득과 배당소득을 합한 금융소득이 2천만 원 이하면 분리과세로 종결되고 2천만 원 초과면 종합과세 된다. 이를 "금융소득 종합과세"라 한다.

그들은 또 다른 기적을 꿈꾼다. 늙어서도 건강하게 많은 시간을 함께 하는 것이다. 그들은 기적을 안다. 기적은 일상적인 것을 감사할 때 일어난다. 기적은 물 위를 걷는 게 아니라 땅 위를 걷는 것이다.

### Episode 2. 딱새의 꿈

보금자리를 마련하기 위해 나혼밥은 열심히 일했다. 까다로운 상사를 잘 모시고 업무에 최선을 다했다. 답 없는 프로젝트에 투입되어 뜬 눈으로 밤을 지새웠다.
고객의 요구를 충족시키느라 과도한 스트레스와 신경쇠약으로 몸에 곰팡이가 피는 희귀한 질환을 겪기도 했다. 꿈 속에서 답을 얻는 경험을 했다. 이 모든 것의 대가가 매월 한 번 그를 찾아온다.

---

[1] 소득세는 국가에게, 지방소득세는 지방자치단체에게 납부되었다. 편의상 국가로 표현한다.

나혼밥은 월급 3,000,000원 중 소득세와 지방소득세 합계 110,000원을 공제하고 2,890,000원을 수령했다. 그의 돈 110,000원은 어디로 갔나?

110,000원도 국가가 가져갔다. 나혼밥의 근로소득 3백만 원에 대하여 110,000원의 세금이 원천징수된 것이다. 회사가 근로자에게 월급을 지급할 때 근로소득에 대한 세금을 원천징수 한다. 또한 2월분 월급을 지급할 때 근로자의 전년도 근로소득에 대한 정확한 세금을 산출하고 그동안 원천징수 했던 금액과 비교하여 정산하는 절차를 취한다. 정확한 세금이 지난 1년간의 원천징수금액보다 크다면 근로자는 차액을 추가로 납부하고 반대의 경우 돌려받는다. 이를 "연말정산"이라 한다.

근로소득은 종합과세대상이다. 근로자는 매월 원천징수 및 다음해 2월 연말정산을 통해 근로소득에 대한 납세의무를 수행한다. 근로소득만 있는 근로자의 경우에는 연말정산을 통해 실질적으로 납세의무가 종료되므로 확정신고는 하지 않아도 된다.

근로자의 경우 자신의 월급에서 구경도 못한 세금이 흔적 없이 국가로 빠져나간다. 근로소득에 대한 회사의 원천징수로 인해 국가는 근로자의 소득을 파악할 수 있고 세금 또한 매월 어김없이 수령한다. 직장인의 주머니를 이른 바 "유리지갑"이라 표현하는 이유는 이 때문이다. 나혼밥의 꿈은 유리지갑을 탈피하는 것이다. 월급을 받는 사람이 아닌 주는 사람이 되고자 한다.

### **Episode 3. 지우개**

나혼밥은 오늘 그를 만났다. 폭염이 내리쬐는 무더운 날이다. 대형 덤프트럭이 오가는 신축공사 현장 입구를 그가 지키고 있다. 뜨거운 태양열로 땀범벅이 되고 붉게 상기된 얼굴의 그는 교통지휘봉을 들고 힘차게 호루라기를 분다. 그는 신도시 건설 현장을 지키는 경비원이다.

나혼밥은 그에 대해 조금은 알고 있다. 어린 시절 아버지를 여의고 7남매 둘째로 가난한 집안에서 사랑받지 못하고 자랐다. 태권도를 익혀 사범도 했고, 자신보다 월등히 큰 덩치들도 주먹 한방으로 돌려세웠다. 총알이 빗발치는 베트남 전쟁에 자원 참전했고 불같은 성질과 두려울 것 없는 젊은 패기로 세상과 맞장 뜨고자 했던 야수다. 한 여인을 만나고 가정을 꾸리고 3형제를 가족으로 맞이했다. 세상 풍파를 겪으며 평생을 그의 모든 것인 가정을 위해 헌신했다. 멈춤과 휴식이 없는 노동의 연속이었다. 강철 같던 그의 몸도 서서히 두부처럼 물러졌다.

평생 쉬는 법을 배우지 못한 그에게 달콤한 휴식 같은 건 사치였다. 경비원 업무는 그가 할 수 있는 마지막 노동이다. 24시간 근무 24시간 휴식이다. 누울 공간조차 마련되지 않았고 최저임금이 간신히 보장되는 근무여건이다. 이 일마저도 그만둬야 하는 순간이다. 그에게 남은 소득은 매달 수령하는 국민연금이 전부. 연금저축 등 개인적으로 불입해둔 노후자금은 없다.

그에 대한 국가의 배려는 계속된다. 국민연금에 대해서도 매월 원천징수가 이루어지고, 1월 국민연금을 지급하는 경우 연말정산이 이루어진다. 국민연금소득 또한 종합과세 대상이고 다른 소득이 없는 경우 원천징수 및 연말정산으로 납세의무가 종결된다. 참고로 개인연금저축 등 사적연금이 있다면, 그 금액이 연 1,200만 원 이하인 경우 분리과세와 종합과세를 선택할 수 있고, 연 1,200만 원을 초과하는 경우 종합과세 대상이다.

종합소득 중에서 이자소득, 배당소득, 근로소득과 연금소득에 대한 과세 방법을 정리해보자.

| 구분 | | 과세방법 | 비 고 |
|---|---|---|---|
| 이자소득, 배당소득 | | 분리과세 | 연간 금융소득 합계 2,000만 원 이하인 경우 |
| | | 종합과세 | 연간 금융소득 합계 2,000만 원 초과인 경우 |
| 근로소득 | | 종합과세 | 매월 원천징수 및 다음해 2월 연말정산<br>다른 소득 없는 경우 종합소득 확정신고 생략가능 |
| 연금소득 | 국민연금 등 공적연금[2] | 종합과세 | 매월 원천징수 및 다음해 1월 연말정산<br>다른 소득 없는 경우 종합소득 확정신고 생략가능 |
| | 연금저축 등 사적연금 | 선택 | 연간 1,200만 원 이하인 경우<br>분리과세와 종합과세를 선택가능 |
| | | 종합과세 | 연간 1,200만 원 초과인 경우 |

자신의 소중한 울타리를 행복하게 지키고, 월급을 받는 사람이 아닌 주는 사람이 되는 것, 조금 더 자주 소중한 지우개를 찾아볼 수 있는 마음의 여유를 가지는 것, 딱새의 꿈이다.

 "딱새의 꿈과 새로운 기적을 응원합니다!"

### '유리지갑' 털어 세수호황…지난해 근로소득세 첫 30조 돌파
### [2017 국세통계]소득세 70조 2년째 부가세 제치고 1위

지난해 사상 최대의 세수호황은 이른바 '유리지갑'으로 불리는 월급쟁이 주머니에서 거둬들인 근로소득세의 증가 덕분인 것으로 나타났다. 직장인들이 납부하는 근로소득세는 역대 처음으로 30조 원을 돌파해 세수조달에 일조했다.

2일 국세청의 '국세통계 조기공개' 자료에 따르면 2016년 소득세수는 70조1194억 원으로 전년도 62조4398억 원보다 7조6796억 원(12.3%) 증가했다.

전체 소득세수는 지난해 국세청이 거둬들인 총 국세수입 233조 3291억 원의 30%를 차지했다. 이로써 소득세는 같은 기간 부가가치세(61조8282억 원), 법인세(52조1154억 원)를 제치고 세수실적 1위를 기록했다. 과거 세수실적 1위는 줄곧 부가세가 지켜왔지만 2015년부터 2년째 소득세가 부가세보다 많은 역전 현상이 발생했다.

이는 소득세의 절반 가까이를 차지하는 근로소득세의 증가에 힘입은 것으로 분석됐다. 지난해 근로소득세는 31조9740억 원으로 전년(28조1095억 원) 대비 13.7% 증가해 전체 소득세 증가율을 웃돌았다.

근로소득세는 2012년 20조원 규모였으나 4년 만에 30조 원을 돌파했다. 근로소득세가 30조 원을 넘어선 것은 이번이 처음이다.

규모면에서는 근로소득세가 가장 많았으며 이어 종합소득세(14조9898억 원), 양도소득세(13조6833억 원), 사업소득세(2조3941억 원), 이자소득세(2조748억 원) 순을 기록했다.

소득세 중 가장 높은 증가율을 기록한 세목은 연금소득세(608억 원)로 전년대비 64.9%(239억 원)나 증가했다. 이어 퇴직소득세(1조5855억 원)와 양도세도 각각 전년대비 44.6%, 15.4% 증가해 근로소득세보다 높은 증가율을 나타냈다.

(뉴스1 2017-07-02)

# 입영열차 안에서

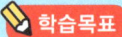 학습목표

기타소득 과세 방법을 이해한다

    나혼밥의 여덟 살 첫째 딸은 모처럼 엄마아빠를 독차지하고 잠자리에 누웠다. 평소에 밤 11시가 넘도록 놀이에 열정을 불태우는 여섯 살 어리광 동생이 오늘은 먼저 꿈나라로 여행 간 덕분이다. 좌(左)엄마 우(右)아빠, 세상 부러울 것이 없다. 좌우로 뒹굴뒹굴 농담과 함께 나름 진지한 대화도 이어진다.

    초등학교에서는 지윤이, 예담이와 가장 친하다고 한다. 같은 이름을 가진 남학생이 짝꿍이 되었고, 옆 분단 현성이가 가장 장난꾸러기란다. 딸아이를 별명으로 부르며 "망고야 잘 자!"라고 하면, 딸아이는 웃긴 표정을 지으며 아빠에게 "아저씨"라고 응수한다.

    "아빠 회사 그만둬도 될까?"

    나혼밥은 모녀에게 가볍고도 무거운 물음을 던졌다.

    "뭐가 하고 싶은데요?"

    아내 나혼술의 대답이다.

"아직 정하진 못했지만……. 작가 하면 어떨까?"

신인가수 선발 프로그램의 최종전을 연상시킨다. 모녀 심사위원은 진지한 상의를 한다.

"아빠, 작가 시켜줄까."

"글쎄……."

오디션 참가자는 긴장된다. 숨죽이고 심사평을 기다린다.

"일단 한 권 써보세요."

시니컬한 나혼술의 최종 심사평.

"아빠는 그림은 못 그리지만 글은 잘 쓸 것 같아."

어린 심사위원의 한 마디는 힘이 된다. 마음이 뭉클해진다.

뜨거운 햇살만큼이나 강렬한 열정으로 회사 생활을 시작하며 임원 자리와 억대연봉을 꿈꿨다. 10년이 지났다. 어느 하나도 이루지 못했다. 그래도 좋다. 우선 자신을 돌아보아야겠다. 휴식이 필요하다. 책 속에서 돈이 나오지 않더라도 독서 삼여讀書三餘를 즐기고 싶다. 지친 몸과 마음을 추스르고 허락된다면 내 영혼을 담은 명품을 만들어가는 작가의 길을 걷고 싶다. 언젠가 멋진 내면과 함께 세상으로 나아갈 수 있으리라.

3년간의 수행이 필요하다. 최근 나혼밥은 회사를 그만두고 조용한 산에서 3년간 도道를 닦고 싶다며 아내를 세뇌시켜왔다. 대성공이다. 이제 그녀는 '좋은 산을 알아봐주겠다'며 먼저 적극적이다. 드디어 산으로 향하는 입영열차표를 얻었다.

작가는 얼마를 벌 수 있을까? 작가가 받는 인세수입은 개인의 소득 중 어디에 속하며 어떻게 과세될까?

출판계약 조건에 따라 다르지만 책의 정가는 10,000원, 인세는 정가의 10%로 판매부수에 따라 지급된다고 가정하자. 책 한 권이 판매되면 작가의 인세는

10,000원의 10%인 1,000원이다. 천 권이 팔리면 인세는 백만 원이고 만 권이 팔리면 천만 원이다. 초판이 2~3천부 인쇄되고 이들이 다 팔린다고 가정할 경우 작가의 인쇄는 2~3백만 원 수준이다. 현실은 초판이 다 팔리지 않는 책이 대부분이고 1년에 만 부 넘게 팔리는 책은 손에 꼽힌다고 한다.

개인소득의 종류를 떠올려보자. '이배사근연기, 퇴양'이었다. 이자·배당·사업·근로·연금·퇴직소득 및 양도소득 이외의 소득을 기타소득[1]이라 한다. 기타소득은 대부분 일시 우발적으로 발생하는 소득이다. 대표적인 것이 일시적인 인세印稅 및 강연료 수입이다.

나혼밥이 입산수행 과정에서 자신의 깨달음에 기초한 책을 출간했다고 가정하자. 정가는 10,000원, 인세는 정가의 10%, 독자들의 호응으로 10,000부가 팔렸다. 그가 받을 인세 수입과 납부해야 하는 세금 및 납부 방식을 살펴보자.

인세는 판매부수×정가×10%인 10,000부×10,000원×10%=1,000만 원으로 계산된다. 인세 수입이 기타소득으로 분류될 경우, 출판사는 나혼밥에게 인세를 지급하는 시점에 원천징수를 이행한다. 이 경우 원천징수 세율은 지급 금액의 6.6%로 660,000원(10,000,000원×6.6%)이 원천징수 되어 실 수령액은 9,340,000원이 된다.

이익은 수익에서 비용을 차감해서 산출됨을 배웠다. 나혼밥의 수익은 인세 1,000만 원이다(①). 비용은 얼마인가? 인세 등의 기타소득에 대해 세법은 근거자료가 없어도 70%(2019년부터 60%)를 비용으로 인정해준다. 따라서 비용은 인세의 70%인 700만 원이고(②) 이익은 수익에서 비용을 차감한 300만 원이다(③). 기타소득에 대한 원천징수 세율은 기타소득의 22%[2]다. 원천징수금액은 300만 원의 22%인 660,000원이 된다(④). 이 금액은 결국 총수입 1,000만 원의 6.6% 해당액

---

[1] 기타소득의 범위는 세법에 열거되어 있다.

[2] 소득세 20%, 이에 대한 지방소득세 2%의 합계로 22%를 적용한다.

으로 편의상 인세 총액의 6.6%로 표현할 수 있다.

| 구 분 | 금 액 | 비 고 |
|---|---|---|
| ❶ 수익(총수입금액) | 10,000,000 | |
| ❷ 비용 | 7,000,000 | 세법에서 최소 70% 인정 |
| ❸ 이익(=소득금액) : ①-② | 3,000,000 | |
| ❹ 원천징수세금 : ③×22% | 660,000 | 이익의 22% (수입금액의 6.6%) |
| ❺ 실 수령액 : ①-④ | 9,340,000 | |

    인세, 강연료 등의 기타소득이 3백만 원 이하인 경우 납세자는 분리과세와 종합과세를 선택할 수 있고, 3백만 원 초과인 경우 종합과세를 해야 한다. 소득금액은 비용 차감 후 이익을 의미한다. 즉 소득금액 3백만 원은 비용차감 전 총수익 1,000만 원에 해당한다.

| 수익(총수입금액) | (−) 비용(필요경비) | = 소득금액 |
|---|---|---|
| 1,000만 원 | (−) 1,000만 원 × 70% = 7백만 원 | = 3백만 원 |

    결국 1년간 인세와 강연료 등 기타소득 합계가 1,000만 원 이하이면 분리과세와 종합과세 중 선택이 가능하고, 1,000만 원 초과인 경우 종합과세를 적용해야 한다.

| 구분 | 과세방법 | 비 고 |
|---|---|---|
| 기타소득<br>(인세, 강연료 등) | 분리과세 선택가능 | 기타소득 300만 원(총수입 1,000만 원) 이하인 경우 |
| | 종합과세 | 기타소득 300만 원(총수입 1,000만 원) 초과인 경우 |

    나혼밥의 인세수입에 대한 과세 방법을 살펴보자.

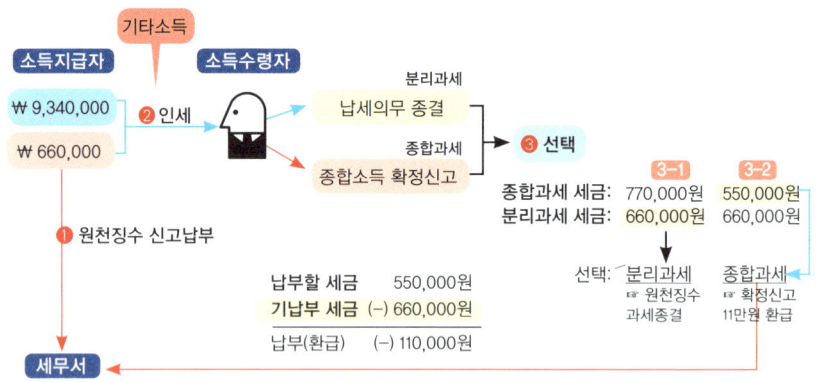

　나혼밥은 기타소득으로 분류되는 인세 수입 1,000만 원이 발생했고, 660,000원(❶)이 원천징수 되어 실 수령액은 9,340,000원(❷)이다. 인세수입이 1,000만 원 이하이므로 분리과세와 종합과세 중 선택 가능하다. 세금부담 최소화 관점에서 선택해보자. 만약 종합소득세 최종금액이 770,000원이라면 분리과세 세금부담 660,000원이 더 적으므로 분리과세를 적용하여 납세의무를 종결하고(3-1), 최종 세금이 550,000이라면 종합과세를 적용하여 종합소득세 확정신고를 통해 110,000원을 돌려받을 수 있다(3-2).

　만약 그의 인세 수입이 1,000만 원을 초과한다면 반드시 종합과세 확정신고를 해야 하며 최종 세금과 원천징수로 이미 납부한 660,000원을 비교하여 추가납부 또는 환급을 받으면 된다.


"근데 아빠, 집에는 가끔 올 거야?"

　호기심 어린 딸아이의 질문에 마음이 울먹인다. 산으로 향하는 부모의 대화를 아이도 마음속에 간직하고 있었나보다. 책방에 쌓여가는 책과 함께 아빠의 이상한 기운을 감지했나보다.

깨달음의 산으로 향하는 입영열차가 출발하는 순간, 안내방송이 흘러나온다.

"깨달음이라는 것은 멀리 있는 것이 아닙니다. 마음이 일어나는 곳마다 거기에 있어요. 깨달음은 우리의 일상적인 삶 속에 있습니다. 옛 선사들이 꼭 어디 산속에 가서 수행하다가 깨친 것만은 아니에요. 항상 자기 마음의 모순을 직시할 때 깨달음의 길이 열립니다. 그러니 밖을 보지 말고 안을 봐야 합니다." (법륜스님의 〈지금 여기 깨어 있기〉에서)

 "당신의 입산入山을 축하하며 무사 제대를 기원합니다!"

〈참고자료〉

기타소득에 해당하는 원고료, 인세, 일시적 강연료, 자문료 등에 대해서는 실제 발생한 비용과 무관하게 세법에서 총수입의 일정비율을 필요경비로 인정해 준다. 기타소득에 대한 필요경비율은 아래와 같이 80%에서 단계적으로 70% 및 60%로 하향 조정된다.

기타소득에 속하는 인세 총수입이 10,000,000원 이라고 가정할 경우 필요경비율에 따른 원천징수금액은 다음과 같다. 기타소득에 대한 원천징수세율은 총수입에서 필요경비를 차감한 소득의 22%이며, 편의상 필요경비율 80%, 70%, 60% 수준에 따른 총수입 대비 원천징수 비율은 각각 4.4%, 6.6%, 8.8%로 표현할 수 있다.

| 구 분 | 2018년 3월까지 | 2018년 4월~12월까지 | 2019년 이후 |
|---|---|---|---|
| ❶ 수익(총수입금액) | 10,000,000 | 10,000,000 | 10,000,000 |
| 필요경비율 | 80% | 70% | 60% |
| ❷ 비용(필요경비) : ❶x필요경비율 | 8,000,000 | 7,000,000 | 6,000,000 |
| ❸ 이익(=소득금액) : ❶-❷ | 2,000,000 | 3,000,000 | 4,000,000 |
| ❹ 원천징수금액 : ❸x22%<br>(총수입금액 대비 원천징수율) | 440,000<br>(4.4%) | 660,000<br>(6.6%) | 880,000<br>(8.8%) |
| ❺ 실 수령액 : ❶-❹ | 9,560,000 | 9,340,000 | 9,120,000 |

한편, 인세 및 강연료 등의 기타소득이 3백만 원 이하인 경우 납세자가 분리과세와 종합과세 중 선택할 수 있다. 소득은 비용차감 후 금액을 의미한다고 했다. 기타소득 필요경비율에 따라 분리과세와 종합과세 중 선택이 가능한 기타소득 총수입은 다음과 같다.

| 구 분 | 2018년 3월까지 | 2018년 4월~12월까지 | 2019년 이후 |
|---|---|---|---|
| ❶ 수익(총수입금액) | 15,000,000 | 10,000,000 | 7,500,000 |
| 필요경비율 | 80% | 70% | 60% |
| ❷ 비용(필요경비) : ❶x필요경비율 | 12,000,000 | 7,000,000 | 4,500,000 |
| ❸ 이익(=소득금액) : ❶-❷ | 3,000,000 | 3,000,000 | 3,000,000 |

즉 2018년 4월부터 2018년 12월까지는 인세 및 강연료 등 기타소득 총수입 합계액이 1,000만 원 이하인 경우, 2019년 이후부터는 750만 원 이하인 경우 납세자가 동 소득에 대해 분리과세와 종합과세 중에서 선택할 수 있다.

# 웅맥 페스티벌

 학습목표

사업소득 원천징수 및 과세 방법을 이해한다

"2020년 12월, 또 한 권의 멋진 책이 세상에 나왔습니다. 1인기업 세무동반자로 꾸준한 집필활동을 하고 있는 혼밥혼술 회계법인 나혼밥 대표의 〈아무나 작가가 될 수 없다〉입니다. 어느덧 10번째의 훌륭한 책을 출간한 나혼밥 작가님께 축하의 말씀을 드립니다. 뜨거운 열기의 현장으로 인도합니다."

새해를 맞이하는 12월 31일, 작가의 모교 동문회관에서 출판기념회가 열린다. 출간에 즈음하여 지인들이 모였다. 지구촌작가협회 작가들, 1인기업 비즈니스 동반자들, 독서와 글쓰기를 실천하는 인생 동반자들 천여 명이 신년을 맞이한다. 2018년부터 함께하는 인맥들의 모임, 「웅맥 페스티벌」이다. 사랑, 행복, 나눔을 실천하는 아름다운 영혼의 모임이다.

"약 5~6년 전, 책 쓰기가 유행이었습니다. 특히 미래가 불안한 직장인들이 대상이었죠. '책 쓰기는 새로운 인생을 준비하는 최고의 수단', '눈부신 미래를 위한 혁명' 등의 문구로 그들을 유혹했습니다. 특히 누구나 몇 주에서 몇 개월 정도면 작가가 될 수 있다고 광고하며 수강료가 1~2천만 원에 이르는 책 쓰기 시장이 형성되기도 했지요.

　무형의 가치 또한 높이 평가되어야 합니다. 2015년 4월인가요, '혜민 스님과의 저녁식사 경매권'이 천만 원에 낙찰된 기억이 있어요. 주인공이셨던 모 건설회사 회장님은 보이지 않는 가치를 중요시한 분인 듯해요. 책 쓰기 수강을 통해 작가가 되고 새로운 인생의 기회를 맞는다면 책 쓰기 강좌의 가치 또한 소중합니다.

　문제는 이른 바 책 쓰기 코치들의 일부가 과장광고를 했다는 점입니다. 인생의 돌파구를 찾고자 하는 사람들의 불안한 심리를 이용했죠. 자기 수업을 들으면 몇 주, 몇 달 만에 한권의 책이 뚝딱 나온다는 것처럼 말이죠. 어떤 코치는 허위 과장광고와 수준 이하의 수업으로 수강생으로부터 고소를 당하기도 했어요. 제각기 자신이 최고라며 외쳐대고 서로를 비방하는 진흙탕 싸움이 벌어지기도 했었죠. 물론 누구나 책을 쓸 수 있습니다. 하지만 제가 감히 말씀드리고 싶은 바는 작가는 아무나 될 수 없다는 것입니다. 작가가 되기 위해서는 일정 기간 이상의 준비과정이 필요합니다.

　첫째, 자신을 찾아야 합니다. 자발적 고독을 즐기며 자신과 대화해야 합니다. 저 또한 세상으로 나오기까지 오랜 시간이 필요했습니다. 초조하지만 참고 견디고 내 인생 최고의 멘토는 나 자신임을 명심해야 합니다. 둘째, 책을 읽어야 합니다. 읽기만 하는 것이 아닌, 한 장으로 요약하고 자신만의 한 문장으로 마음 속 깊이 음미해야 합니다. 이를 위해 올바른 독서법부터 배워야 합니다. 셋째, 올바른 글쓰기 연습을 해야 합니다. 책은 누구나 쓸 수 있지만 자신의 영혼이 반영된 '명품 책'을 써야 합니다. 책은 한번 출간되면 평생 자신을 따라 다니게 되죠. '작가는 아무나 될 수 없다'는 말은 어느 정도의 숙성 시간이 필요하다는 것입니다. 최소한의 세 가지가 준비되지 않았다면 몇 주, 몇 달 만에 작가가 될 수 있다는 주장은 틀렸습니다."

책 쓰기에 대한 나혼밥 작가의 회상과 소감으로 축제는 시작되었다.

Dreams come true! 더 이상 예전의 그가 아니다. 깨달음의 도를 향하는 입영열차에 올라 두려움, 외로움, 불안과 3년간 사투를 벌여야 했던 자신의 모습이 떠오른다. 이제 그는 국가대표 작가다. 그의 인세는 일시 우발적으로 발생하는 기타소득이 아닌 사업소득으로 분류된다. 동일 종류의 소득에 대해서도 계속 반복적 발생하는 경우 사업소득으로 분류될 수 있음에 유의해야 한다. 인세가 사업소득으로 분류될 경우 세금신고 절차를 살펴보자.

인세 및 강연료가 사업소득으로 분류될 경우 총 금액의 3.3%가 원천징수 된다. 이는 예납적 원천징수로서 수령자는 금액에 상관없이 종합소득세 확정신고를 해야 한다. 나혼밥의 새로운 책에 대한 인세 수입과 세금 납부방식을 살펴보자. 다른 조건은 수행 시절 출간했던 책의 내용과 동일함을 가정한다. 정가 10,000원, 인세는 정가의 10%, 10,000부가 팔렸다.

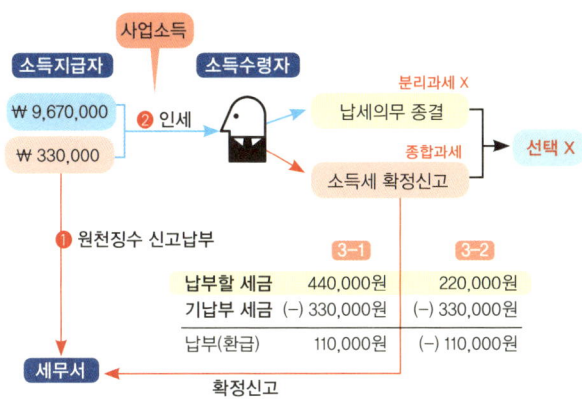

인세는 판매부수×정가×10%인 10,000부×10,000원×10%=1,000만 원이다. 원천징수 금액은 330,000원(10,000,000원×3.3%)이고(❶), 실 수령액은 9,670,000원(❷)이다. 인세 수입이 사업소득으로 분류될 경우 금액에 상관없이 종합과세 대상이다. 선택의 여지는 없다. 이는 예납적 원천징수로서 나혼밥은 소득세 확정신고를 해야 한다(❸). 만약 최종 납부할 세금이 440,000원이라면, 원천징수로 이미 납부한 330,000원을 공제한 110,000원을 추가 납부해야 하고(❸-1), 최종 세금이 220,000원이라면 이미 330,000원을 납부했으므로 110,000원을 돌려받게 된다(❸-2).

| 구분 | 과세방법 | 비고 |
| --- | --- | --- |
| 사업소득 | 종합과세 | 사업소득은 원칙적으로 종합과세, 원천징수 된 사업소득의 경우 확정신고 시 이미 납부한 세금으로 차감 |

인세와 강연료 등이 기타소득으로 분류되는 경우, 총 수입금액(인세와 강연료 등 합계)이 1,000만 원[1] 이하면 분리과세와 종합과세 중 선택이 가능하고, 그 이상이라면 종합과세 대상이다. 이 소득이 사업소득으로 분류되는 경우엔, 금액에 상관없이 종합과세 대상으로 확정신고를 해야 한다. 차이는 무엇인가?

인세와 강연료가 기타소득으로 분류될 경우 증빙이 없어도 70%[2]가 비용으로 인정된다. 즉 인세 등 총금액의 30%만이 과세 대상이라는 의미다. 또한 금액에 따라 분리과세와 종합과세를 선택할 수 있고 종합과세 되는 경우에도 70%[2]의 비용을 제외한 금액만이 타소득과 합산된다. 반면 이 소득이 사업소득으로 분류된다면, 증빙으로 입증 가능한 경우에만 비용으로 인정되고 종합과세 대상으로 다른 소득과 합산되므로 상대적으로 세 부담이 증가할 수 있다.

1) 2019년부터 750만 원이 적용된다.
2) 2019년부터 60%가 적용된다.

그렇다면 인세와 강연료 등의 수입을 모두 기타소득으로 반영하여 신고를 하면 되지 않을까? 세상은 그리 호락호락하지 않다. 아래 기사를 읽고 무슨 의미인지 설명해보자. 설명이 가능하다면 오늘 수업은 마무리 되었다.

### 윤상직 "박상기 후보자, 세금 탈루 의혹"… 박 후보자 "착오"

박상기 법무부 장관 후보자가 종합소득세를 뒤늦게 신고해 세금 탈루 의혹이 불거졌다. 박 후보자는 "뒤늦게 착오를 바로잡은 것"이라고 해명했다.

국회 법제사법위원회 소속 윤상직 의원은 11일 "박 후보자가 2013년치 종합소득세 신고를 미루다 어제(10일) 뒤늦게 신고했다"며 세금 탈루 의혹을 제기했다. 윤 의원은 "2016년치 종합소득세도 신고를 했음에도 국회 인사청문요청안에는 빠져 있었다"며 "의도적으로 세금탈루 등을 숨기려고 했던 것 아니냐"고 주장했다.

윤 의원에 따르면, 박 후보자는 2013년과 2016년을 제외하곤 매년 1억 원이 넘는 종합소득세를 신고했다. ▲2012년 1억732만 원 ▲2014년 1억2,163만 원 ▲2015년 1억2,457만 원 등이다.

윤 의원은 "교수 신분이기 때문에 외부 강의나 출판 등 기타 소득이 상당수 있었을 것"이라며 "종합소득세 신고 내역, 경정(세금을 잘못 냈을 때 받은 환급) 내역, 각종 소득 지급금액과 지급처 등 자료를 요구했으나 묵묵부답이었다"고 지적했다.

이에 박 후보자는 이날 입장문을 내어 "인사청문회를 준비하면서 출판사에서 해당 연도 인세를 사업소득으로 분류해 종합소득세 신고 대상임을 확인했다"며 "이에 따라 2012년도 종합소득자세 64만 원, 2013년도 81만 원을 전액 납부한 것"이라고 설명했다.

이어 "인세, 강연료 등은 통상 기타소득으로 분류되고, 기타소득은 연간 합계 1,500만 원 이하일 경우 종합소득세 신고 대상이 아니다"라며 "인세 수입이 기타소득에 해당되는 것으로 알았고, 연간 합계액 1,500만 원에 미달해 종합소득세 신고를 하지 않았다"고 덧붙였다. 또한 "향후에는 필수적인 세무지식 이해와 올바른 납세의무 이행을 위해 1인기업 세무과외 수업을 충실히 받도록 하겠다."라고 밝혔다.  (한국일보, 2017.17.11 기사인용 및 일부수정)

 "당신을 웅맥 페스티벌에 초대합니다!"

소득세 개념에 대한 학습내용을 정리하세요!
스스로 생각하고 대답해보세요.
Are you ready?

**001** 개인의 소득에는 어떤 종류가 있는가?

**002** 개인의 소득 중 종합소득으로 묶어서 종합과세 되는 소득과 분류과세 되는 소득은 무엇인가? 모든 소득을 종합과세 하지 않고 분류과세 하는 이유는 무엇인가?

**003** 만약 경제신문에 "퇴직소득과 양도소득을 종합소득으로 과세 전환"이라는 기사가 나온다면 이는 무슨 의미인가? 당신은 동의하는가?

**004** 이자소득, 배당소득, 근로소득과 연금소득의 소득세 과세 방법을 설명해보라.

**005** 기타소득과 사업소득의 차이점과 과세 방법을 설명해보라.

**006** 로또 1등 20억 원에 당첨될 경우 납부할 세금과 수령 금액은 얼마인가?

### 모범답안

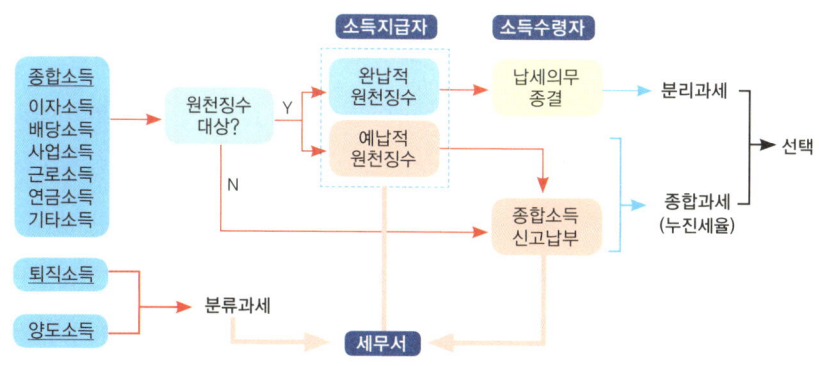

　이자소득·배당소득·사업소득·근로소득·연금소득·기타소득을 종합소득이라 하고 하나의 소득으로 합산되어 종합과세 된다. 분류과세 대상에는 퇴직소득과 양도소득이 있다. 분류과세는 종합소득에 비해 상대적으로 비교적 장기간에 걸쳐 형성되는 소득에 대해 별도로 과세하는 것이다. 정부의 세무 비즈니스 모델은 변경될 수 있다. 퇴직소득과 양도소득을 종합과세 하겠다는 의미는 하나의 종합소득으로 뭉쳐서 더 높은 세율을 적용하겠다는 의미다. 이에 반대하는 많은 이들이 광화문 광장으로 모일 수 있다.

　이자소득과 배당소득을 금융소득이라 하고 금융소득이 2천만 원 이하면 분리과세되고 2천만 원 초과면 종합과세 된다. 근로소득은 종합과세 대상이다. 근로소득만 있는 근로자는 매월 원천징수 및 다음해 2월 연말정산을 통해 납세의무가 종료된다. 만약 근로소득 이외의 종합과세 대상 소득이 있다면 확정신고를 추가로 해야 한다. 국민연금 등 공적연금에 대해서 매월 원천징수가 이루어지고 다음해 1월 연말정산이 이루어진다. 국민연금소득 또한 종합과세 대상이고 다른 소득이 없는 경우 원천징수 및 연말정산으로 납세의무가 종결된다. 연금저축 등 사적연금 소득에 대해서는 금액에 따라 분리과세와 종합과세 여부가 결정된다.

 기타소득은 우발적으로 발생하는 일시 소득이고 사업소득은 계속 반복적으로 발생하는 소득이다. 인세 등 수입이 기타소득으로 구분될 경우 수입 합계 1,000만 원[1] 이하인 경우 분리과세와 종합과세를 중 선택할 수 있고, 1,000만 원[1]을 초과할 경우 종합과세 된다. 인세 등 수입이 기타소득으로 분류될 경우 70%[2]의 비용이 인정된다. 반면 이 수입이 사업소득으로 분류된다면 금액과 무관하게 종합과세 대상이며, 입증 가능한 경비만 비용으로 인정된다.

 만약 세 부담을 줄이기 위해 계속 반복적 성격의 사업소득을 기타소득으로 구분해 신고·납부할 경우, 향후에 세금을 사업소득으로 재계산하여 가산세와 함께 추가 납부해야 할 경우가 발생한다. 국가는 당신의 모든 걸 파악하고 있다. 언제 누구로부터 얼마를 받았는지, 그것이 일시 우발적인 것인지, 계속 반복적인 것인지, 자신에게 먼저 물어보아야 한다.

 인생 한방 로또에 당첨된다면, 대박의 잭팟을 터뜨린다면? 복권 당첨금과 슬롯머신 등에서 받는 당첨금품은 기타소득으로 구분되고 분리과세로 세금 부담이 종결된다. 로또 당첨금 20억 원에 당첨될 경우 수령액은 약 13억7천3백만 원이다. 세금으로 6억2천7백만 원이 원천징수 된다. 이 금액은 어떻게 산출되었을까? 답은 각자 찾아보도록 하고, 혹시라도 1등 당첨금을 수령한다면 이 책 한권 정도

---

1) 2019년부터 750만 원이 적용된다.
2) 2019년부터 60%가 적용된다.

는 추가로 구입해서 지인에게 선물하도록 하자!

우리는 개인소득의 종류와 과세방법을 살펴보았다. "이배사근연기" 이제 우리에게 상식이다. 종합과세, 분류과세, 분리과세의 개념도 이해했다. 이 중에서 하나로 뭉쳐지는 종합소득에 대한 전체적인 세금 산출 구조를 살펴보자. 우리의 목적지는 회계와 소득세, 부가가치세가 만나는 그 곳이다. 여행은 계속된다.

**참고자료: 종합소득 과세방법 요약**

| 구분 | | 과세방법 | 비 고 |
|---|---|---|---|
| 이자소득, 배당소득 | | 분리과세 | 연간 금융소득 합계 2,000만 원 이하인 경우 |
| | | 종합과세 | 연간 금융소득 합계 2,000만 원 초과인 경우 |
| 사업소득 | | 종합과세 | 사업소득은 원칙적으로 종합과세, 원천징수 된 사업소득의 경우 확정신고 시 기 납부세액으로 차감 |
| 근로소득 | | 종합과세 | 매월 원천징수 및 다음해 2월 연말정산<br>다른 소득 없는 경우 종합소득 확정신고 생략가능 |
| 연금소득 | 국민연금 등 공적연금 | 종합과세 | 매월 원천징수 및 다음해 1월 연말정산<br>다른 소득 없는 경우 종합소득 확정신고 생략가능 |
| | 연금저축 등 사적연금 | 선택 | 연간 1,200만 원 이하인 경우<br>분리과세와 종합과세를 선택가능 |
| | | 종합과세 | 연간 1,200만 원 초과인 경우 |
| 기타소득 | | 분리과세 선택가능 | 기타소득금액 300만 원(총 수령액 1,000만 원)[1] 이하인 경우 |
| | | 종합과세 | 기타소득금액 300만 원(총 수령액 1,000만 원)[1] 초과인 경우 |

---

[1] 2019년부터 750만 원이 적용된다.

인세 · 강연료 고소득자…국세청, 세금 더 물린다
기타소득 대신 사업소득 적용, 인세 수입 年 4800만원일 경우 세금 107만원 더 내야

직장 생활을 하면서 틈틈이 책을 쓰고 강연 활동을 해온 김정현 씨는 지난달 세무서에서 인세와 강연료 수입을 기타소득이 아닌 사업소득으로 다시 신고하라는 안내문을 받았다. 급히 세무사 사무실을 찾았더니 예상치 못한 결과가 나왔다. 기타소득으로 신고하는 것과 비교해 세금이 107만 원이나 더 늘어난다는 것. 김씨는 기타소득 신고시 돌려받았던 세금 86만 원을 다시 납부하고 21만 원도 추가로 내게 생겼다며 울상을 지었다.

25일 국세청에 따르면 서울지방국세청과 중부지방국세청은 최근 인세 강의료 자문료 고문료 등 세법상 기타소득으로 분류되는 소득을 매년 반복적으로 올리는 사람들을 대상으로 소득신고 항목을 사업소득으로 신고해야 한다는 안내문을 보냈다. 세무당국이 기타소득을 사업소득 신고로 변경해줄 것을 개별적으로 안내한 것은 이번이 처음이다.

서울청과 중부청은 각 지역 세무서를 통해 200여 명에게 안내문을 발송했다. 이들 대부분이 사업소득으로 정정 신고를 마쳤거나 준비 중인 것으로 알려졌다.

국세청은 이 같은 정정신고 대상이 상당수에 달한다고 보고 내년부터 신고 기준 변경 지침을 전국 단위로 시행한다는 방침이다.

현행 소득세법 21조는 원고료 인세 강연료 심사료 자문료 등을 기타소득으로 규정하고 있다. 하지만 이런 소득이라고 하더라도 지속적 · 반복적으로 발생할 경우 사업소득이 된다는 게 국세청의 해석이다. 소득세법 19조 20항은 '영리를 목적으로 자기 계산과 책임 하에 계속적 · 반복적으로 행하는 활동을 통해 얻는 소득'에 대해 사업소득이라고 규정하고 있다.

사업소득으로 신고하면 기타소득으로 신고할 때에 비해 세금이 크게 늘어난다. 앞서 김씨의 경우 2011년 인세 수입이 4800만 원에 달하지만 기타소득으로 종합소득세 신고를 하면 세금을 환급받을 수 있다. 기타소득은 전년도 소득에 관계없이 수입 금액의 80%를 필요경비로 인정, 20%만 과세 소득으로 삼기 때문이다.

(한국경제, 2012.12.25. 기사인용, http://news.hankyung.com/article/2012122541461?nv=o)

송골매의 '모여라'라는 노래처럼 우리도 "이배사근연기"가 "종합소득"으로 뭉쳤다. 분류과세와 분리과세 대상을 제외한 종합과세 대상 이자·배당·사업·근로·연금·기타소득이다. 뭉치기까지 오랜 시간이 걸렸다. 다 모였으면 잠시 뒤를 돌아봐야 한다.

먼저 월천대사님과의 만남을 기억해보자. 수익에서 비용을 차감한 것이 "이익"이다. 혼밥지존 선발대회를 떠올려보자. 소득세법에서는 수익을 "총 수입금액"으로 비용을 "필요경비"라 표현한다.[1] 또한 이익을 "소득금액"이라 한다. 즉, 소득세법에서는 총 수입금액에서 필요경비를 차감한 금액이 소득금액이다. 이제 다 모였으니 종합소득 금액을 구할 수 있다.

---

[1] 법인세법에서는 수익을 "익금"으로 비용을 "손금"이라 표현한다.

총 수입금액을 근로소득의 경우 총 급여액, 연금소득의 경우 총 연금액이라 표현한다. 이자소득과 배당소득의 경우 연간 합계 2천만 원을 초과할 경우 종합과세 대상이다. 사업소득은 1년간 사업상 계속 반복적으로 벌어들인 수입이고, 근로소득과 연금소득은 1년간 수령한 급여액과 연금액이다. 기타소득은 일시 우발적인 소득으로서 연간합계 1,000만 원 초과할 경우와 1,000만 원 이하[2]로서 종합과세를 선택한 경우가 종합과세 대상이다.

필요경비 부분을 살펴보자. 소득세법은 이자소득과 배당소득을 불로소득으로 간주한다. 금융소득에 대한 필요경비를 인정하지 않는다는 의미다. 사업소득에서는 장부상 비용으로 반영하고 입증 가능한 실제 비용이 세법상 필요경비로 인정된다. 근로소득과 연금소득은 실제 발생 비용 파악이 어려우므로 일정율의 필요경비를 인정한다. 이를 근로소득공제 및 연금소득공제라 한다. 인세 등 기타소득은 증빙이 없더라도 70%[3]의 필요경비를 인정해 준다.

이제 세율을 곱할 때다. 종합소득 금액에 소득세율을 곱하면 종합소득세가 나온다. 세율을 곱하기 전 고려사항이 있다. 세 부담의 형평성을 위해 개개인의 다양한 상황을 고려하여 세율을 곱하기 전에 종합소득금액에서 특정 금액을 차감해주는 것이다. 이를 "종합소득공제"라 한다. 소득이 동일하더라도 부양가족 등으로 인한 지출 수준에 따라 세금부담을 달리 하겠다는 취지다. 결국 종합소득공제

---

[2] 2019년부터 인세, 강연료 등 합계 750만 원 이하인 경우 분리과세와 종합과세 중 선택할 수 있다.
[3] 2019년부터 인세 등 기타소득에 대한 필요경비율은 60%로 하향 조정된다.

는 세금을 감소시킨다. 종합소득공제는 개인별로 적용되는 항목이 상이하므로 본인의 해당사항을 숙지할 필요가 있다. 종합소득 금액에서 종합소득공제를 차감한 금액을 "과세표준"이라 한다. 이제 세율을 곱하면 된다.

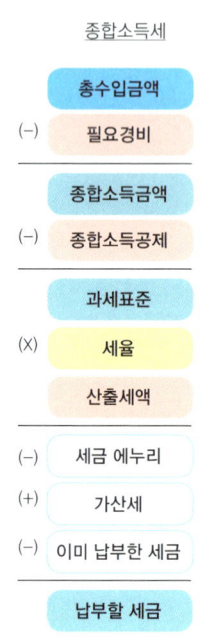

과세표준에 세율을 곱하면 드디어 세금이 산출된다. 이를 "산출세액"이라 한다. 여기서 몇 가지만 더 고려하면 된다. 이미 우리는 조금 알고 있다. 먼저 세법의 당근과 채찍이다. 일정 요건을 갖춘 경우 세법의 당근으로 세금을 깎아주는 경우가 있다. 이를 "세액공제 및 세액감면"이라 한다. 세액공제의 예로 기장세액공제가 있다. 회계는 교회에서만 하는 것이 아님을 떠올려보자. 간편 장부 대상자가 복식부기 기장을 할 경우 세금을 깎아 준다.

세법의 채찍도 있다. 세법상 의무를 이행하지 않을 경우 세금을 추가로 납부해야 하는 "가산세"다. 가산세의 예로는 복식부기 의무자가 그 의무를 이행하지 않을 때 부과되는 무기장 가산세가 있다. 또한 정해진 기간 내에 종합소득세 신고와 납부를 하지 않을 경우 신고납부 관련 가산세가 부과된다.

소득을 수령할 때 원천징수로 이미 납부한 세금 등이 "기 납부세액"이다. 산출세액에서 세법의 당근(세액공제 및 감면)을 차감하고 채찍(가산세)을 가산한 금액에서 기 납부세액을 차감하면 된다. 이것이 내가 납부할 종합소득세 최종 금액이다. 이 금액을 스스로 신고 및 납부해야 한다.

분리과세와 분류과세 대상을 제외한 종합과세 대상 소득을 모두 모아 총 수입에서 필요경비를 차감한 "종합소득 금액"을 구한다. 종합소득 금액에서 종합소득공제를 차감한 "과세표준"에 세율을 곱하면 "산출세액"이 구해진다. 산출세액에서 세액공제감면과 가산세 그리고 기 납부세액을 가감하면 최종 납부할 "종합소득세"가 산출된다.

속았다. 회사가기 싫어서, 장사하기 싫어서, 공부하기 싫어서 모였는데 머리 아픈 세무 용어만 넘쳐난다. 그래도 모였으니 다 함께 세무과외 열공 해보자. 밤새 놀 수 있는 그날을 위해.

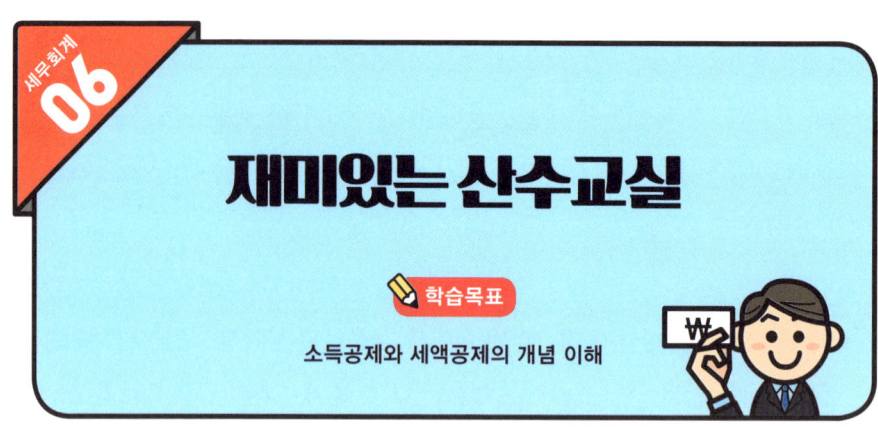

종합소득세 산출 구조를 살펴보았다. 이와 관련한 소득공제와 세액공제의 개념을 알아보자. 이를 위해서는 초등학교 산수 문제를 먼저 풀어보아야 한다.

**문제 1** A, B는 각각 얼마인가요? a의 값을 구하세요.

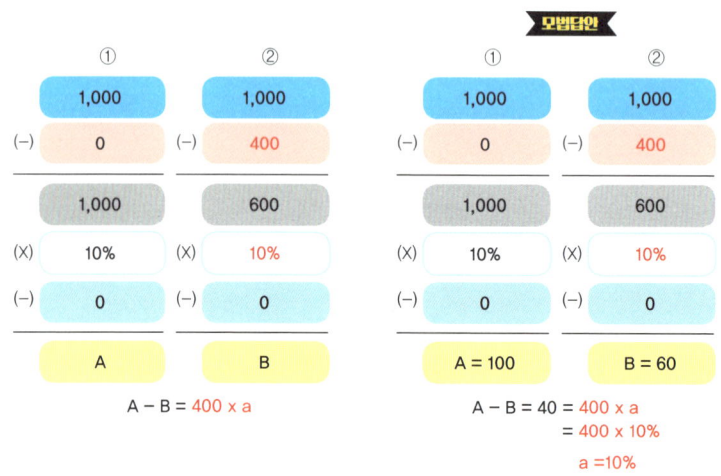

**문제 2** A와 C는 각각 얼마인가요? b의 값을 구하세요.

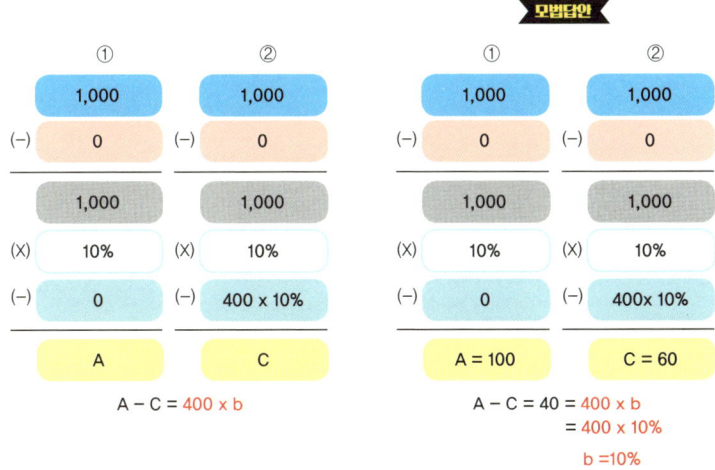

**문제 3** 아래 □ 안에 〈, =, 〉중 알맞은 것을 채우세요.

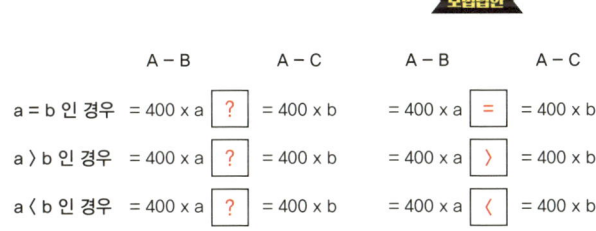

위 문제를 풀 수 있다면 소득공제와 세액공제의 차이를 설명할 수 있다.

문제 1을 살펴보자. 이는 세금을 산출하는 과정이다. ①의 경우 소득 1,000원에 세율 10%를 곱해서 세금 100원(A)이 산출된다. 반면 ②의 경우 소득 1,000원에 세율을 곱하기 전에 400원을 차감한 후 세금을 산출한다. 이 결과 세금은 60원(B)

이 산출된다. 이처럼 세율을 곱하기 전 소득금액에서 일정금액을 차감하는 것을 '소득공제'라고 한다. A-B=40원은 소득공제로 인한 세금절감액이다. 결국 소득공제로 인해 '소득공제금액 x 세율'만큼의 세금이 절감된다.

문제 2를 살펴보자. ②의 경우 소득 1,000원에 세율을 곱해서 산출된 세금(100원)에서 일정금액의 세금을 깎아준다. 이 결과 세금은 60원(C)이 산출된다. 이처럼 세율을 곱한 후의 세금에서 일정금액을 차감하는 것을 '세액공제'라고 한다. A-C=40원은 세액공제로 인한 세금절감액이다. 결국 세액공제로 인해 '세액공제 대상금액 x 세액공제율' 만큼의 세금이 절감된다.

문제 3을 살펴보자. 결국 A-B는 소득공제로 인한 세금감소액, A-C는 세액공제로 인한 세금감소액, a = 소득세율, b = 세액공제율이다.

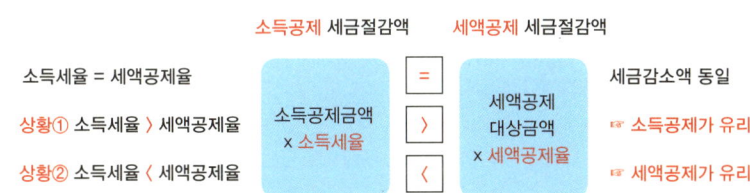

소득공제로 인한 세금 감소액은 소득공제금액 x 소득세율(문제1), 세액공제로 인한 세금 감소액은 세액공제대상금액 x 세액공제율(문제2) 임을 살펴보았다. 결국 소득공제금액과 세액공제 대상금액이 동일한 경우, 소득세율이 세액공제율보다 큰 경우(상황1)에는 세 부담 측면에서 소득공제가 유리하고, 소득세율이 세액공제율보다 작은 경우(상황2)에는 세액공제가 유리하다.

2014년에 보험료, 의료비, 교육비, 연금계좌 공제항목이 소득공제에서 세액공제로 변경되었다. 무슨 의미일까? 각 항목에 대한 세액공제율은 12% 또는 15%가 적용된다. 반면 소득세율은 개인의 소득수준에 따라 6%~42%가 적용된다. 이들 항목에 대해 소득공제와 세액공제 어떤 것이 유리한가? 소득세율과 세액공제율을 비교해 보면 된다.

자신에게 적용되는 소득세율이 세액공제율 12%, 15% 보다 높은 개인들에게는 소득공제가 상대적으로 유리하다. 소득공제가 세액공제로 변경된다면 이들은 세금을 더 납부해야 한다. 결국 소득공제를 세액공제로 전환한다는 것은 소득이 높은 사람들에게 세금을 더 부과하겠다는 의미로 해석된다. 산수의 법칙을 이용한 수학 강국의 정교한 세금징수 방법론 변경이다.

| 소득금액 | 소득세율 | | 세액공제율 | 결론 |
|---|---|---|---|---|
| 5억 원 초과 | 42% | 〉 | 12%, 15% | 소득이 높을수록 소득공제가 유리 |
| 3억 원 초과 ~5억 원 까지 | 40% | | | |
| 1억 5,000만 원 초과~3억 원 까지 | 38% | | | |
| 8,800만 원 초과~1억 5,000만 원 까지 | 35% | | | |
| 4,600만 원 초과~8,800만 원 까지 | 24% | | | |
| 1,200만 원 초과~4,600만 원 까지 | 15% | | | |
| 최초 1,200만 원까지 | 6% | | | |

자신에게 적용되는 소득세 최고세율이 어느 수준인지 파악해보라.

 "당신에겐 소득공제와 세액공제 중 어떤 것이 유리한가요?"

# 천기누설 ❶

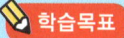

종합소득세 절세 방안을 이해한다

나혼밥은 무릎팍도사님을 다시 찾았다. 5년 만이다.

"때가 되었군요."

역시 도사님은 무릎이 닿기도 전에 마음을 꿰뚫어보신다.

"도사님 말씀대로 회사를 그만두지 않고 열심히 일했습니다. 실무경력을 더 쌓고 창업 준비를 했습니다. 어려운 회계와 복잡한 세금구조도 이해했습니다. 이제 (사표를) 던지겠습니다."

"고민이 무엇인가요?"

"종합소득세 산출 구조를 이해했는데, 절세 비법을 알고 싶습니다."

"종합소득세 절세에 대한 천기누설입니다. 종합소득세 계산 구조를 다시 한 번 살펴보시죠."

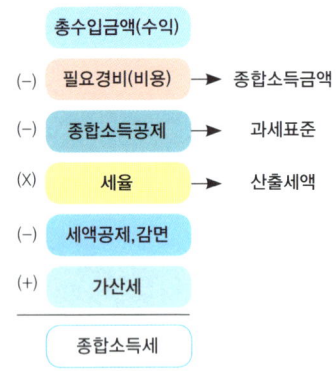

"총 수입금액(수익)에서 필요경비(비용)를 빼고, 종합소득공제를 차감한 금액에 세율을 곱해 세금을 산출합니다."
"산출된 세금에서 부담을 경감해주는 세금에누리 성격의 세액공제와 감면을 차감하고, 규정 불이행 등으로 인한 가산세를 더하면 납부할 세금이 계산되지요."
"이미 납부한 세금이 있다면 이를 차감한 세금을 최종적으로 납부하면 됩니다."

"더 단순히 생각해봅시다."

"소득세를 증가 및 감소시키는 요소를 이해하고 내가 통제할 수 있는 항목들을 잘 관리하는 것이 소득세 절세의 천기누설입니다."

엄청난 절세비법을 기대했던 나혼밥은 다소 실망이다. 도사님의 가르침을 살펴보자.

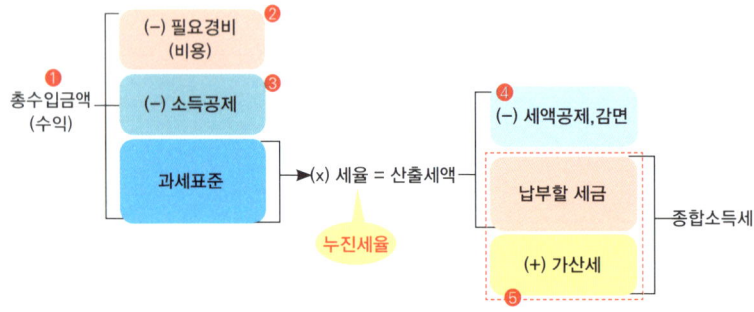

소득세의 출발점은 자신이 벌어들인 총 수입금액, 즉, '수익'이다(❶). 수익에서 비용을 차감하여 이익이 산출되므로 수익이 많아지면 세금도 커진다. 창출한 수익을 장부에 충실히 반영하는 것이 세무회계관리의 시작이다. 이를 위해 우리는 지금까지 때로는 힘들게 가끔은 재미있게 회계를 익혀왔다. 수익이 많아지면 세금이 높아지지만 일단 돈을 벌어야 한다. 수익 창출이 기업 생존의 필수요건이다. 세금을 적게 납부하기 위해 실제 수익보다 적은 금액을 장부에 반영한다면[1] 이는 불법이다. 절세가 아닌 탈세다. 진실한 회계의 중요성 또한 우리는 이미 배우고 익혔다.

소득세를 감소시키는 출발점은 필요경비, 즉, '비용'이다(❷). 비용이 많아지면 세금은 낮아진다. 수익 창출을 위해 발생한 비용을 장부에 충실히 반영하는 것이 중요하다. 핵심은 "수익 창출을 위해" 발생한 비용이라는 것! 이는 본연의 사업과 관련된 비용이어야 한다는 의미다. 사업과 관련된 비용이라면 누락 없이 장부에 반영하여 세금을 절감해야 한다. 반면 세금 절감을 위해 사업과 무관한 항목[2] 또는 실제 발생하지 않은 비용[3]을 장부에 반영한다면 이 또한 불법이다. 진실한 장부작성의 중요성을 이해하기 위해 냉동 창고를 다시 다녀와야 한다.

소득세를 감소시키는 다른 요인은 '소득공제'다(❸). 소득공제는 소득에서 일정 금액을 차감해주는 것이다. 이는 세율을 곱하기 전 단계에서 부양가족의 수, 의료비, 교육비 지출 수준 등 개인의 사정을 고려해 세금 부담을 줄여주기 위한 것이다. 산수 문제를 풀며 살펴본 바와 같이 소득공제액에 세율을 곱한 금액만큼 세금이 감소된다. 자신에게 적용 가능한 소득공제 항목을 빠짐없이 반영하는 것이 중요하다. 누구도 챙겨주지 않는다. 자신이 미리 알아야 하고 모르면 먼저 물어보아야 한다.

---

[1] 이를 '매출누락'이라고 표현한다.
[2] '가사경비'라 한다. '제8장'에서 추가로 살펴보자.
[3] '가공경비'라 한다. '제8장'에서 추가로 살펴보자.

소득세를 감소시키는 마지막 항목은 '세액공제와 감면'이다❹. 세율을 곱해 산출된 세금에서 일정 금액의 세금을 깎아주는 것이다. 복식부기 의무자가 아닌 자가 복식부기를 수행했을 때 적용되는 기장세액 공제 등이 해당된다. 소득공제 항목과 마찬가지로 자신에게 적용 가능한 세액공제와 감면 항목이 어떤 게 있는지 숙지하는 것이 중요하다.

불필요한 소득세를 증가시키는 요인으로 '가산세'가 있다❺. 가산세는 관련 세법규정을 이행하지 않을 경우 추가로 납부해야 하는 세금이다. 장부작성 의무를 이행하지 않는 경우, 정해진 기한 내에 소득세를 신고·납부 하지 않는 경우, 세금 감소를 위해 수익을 축소하고 비용을 부풀리는 식으로 장부를 조작하여 신고하는 경우 등이 해당된다. 관련규정을 충실히 숙지하고 이행해서 불필요한 가산세를 내지 않는 것 또한 기본이다.

'세율'은 어떠한가? 법으로 정해진 소득세율을 맘대로 바꿀 수는 없다. 다만 소득세율이 초과누진세율임을 숙지해야 한다. 소득이 높아질수록 높은 세율이 적용된다. 소득세율을 곱하기 전에 소득을 감소시킬 수 있는 항목이 무엇인가? 비용과 소득공제다. 사업관련 비용과 자신에게 적용 가능한 소득공제 항목을 빠짐없이 반영하여 소득금액을 낮추는 것이 중요하다. 소득금액이 낮아지면 적용되는 세율도 낮아져 세금이 감소된다. 단순하지만 강력한 사실이다. 절세 비법보다 강력한 불변의 진리다. 천기누설을 널리 전파하자.

"우리의 번뇌는 필요 이상의 많은 생각에서 시작됩니다. 속세의 수많은 사람들이 기적의 절세 비법을 배우기 위해 찾아오지요. 마법의 절세법이란 없다는 천기누설을 말해줘도 만족하지 못하죠. 기본을 익히고 관련 규정을 충실히 지켜나가는 것, 이것이 정도正道입니다."

 "당신의 고민, 해결되었나요?"

# 내 안에 나 있다

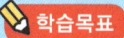

개인사업자의 가사경비를 이해한다

"그대가 곁에 있어도 나는 그대가 그립다."

내 안에 누군가 있다. 산책을 하고 차를 마시고 책을 보고 생각에 잠길 때, 언제나 그는 나와 함께한다. 나와는 또 다른 나다. 언제부턴가 그가 내 마음 속에 들어왔다.

우리는 절친이다. 서로의 속마음을 공유한다. 힘든 일상 지친 영혼을 달래주는 소울메이트다. 힘든 오늘과 불안한 미래를 함께 헤쳐 나간다. 불안, 공포, 외로움, 두려움, 공허함, 모든 것을 함께 나눈다. 미래에 대한 나의 꿈과 희망도 그와 함께한다.

우리는 경제공동체다. 그는 사업자다. 그의 수입은 모두 내 것이다. 그는 나에게 모든 것을 기꺼이 준다. 그의 모든 돈은 내 것이다. 내가 돈을 벌지 못해도 그의 수입이 줄어도 서로를 원망하지 않는다. 우리는 운명공동체다. 함께 하는 동안은……

한 가지는 예외다! 양보할 수 없다. 공유할 수 없다. 그와 내가 지출하는 비용은 명확히 구분해야 한다. 나의 비용은 내 것, 그의 비용은 그의 것이다. 운명공동체라는 생각으로 나의 비용을 그에게 부담시켜서는 안 된다. 서로가 평화롭게 존속하기 위한 핵심이다. 세금이 우리를 갈라놓을지라도 우리는 냉정한 관계를 유지해야 한다. 오랜 기간 함께하기 위해서다.

수익에서 비용을 차감한 이익에 세율을 곱하여 소득세가 산출된다. 비용이 많아지면 이익과 세금이 줄어든다. 나의 비용을 또 다른 나인 사업자의 비용으로 슬쩍 갖다 붙이면 이익이 줄어들고 세금이 감소한다. 당장은 세금이 줄어들어 부담이 적게 느껴지지만, 우리의 관계는 오래가지 못한다. 언젠가 터질 시한폭탄이다. 그와 나의 관계가 끝날 수도 있다.

소득세법에서 본연의 내가 사용한 경비를 '가사경비'라 한다. 가사경비는 사업과 무관한 비용이다. 회계장부상 비용으로 반영할 수 없다. 설사 비용으로 반영했다 하더라도 세무상 비용으로 인정받을 수 없다. PART II 제8장에서 살펴본 세무조정을 통해 세법에서는 비용에서 제외해야 한다. 개인사업자의 회계 및 세무관리의 핵심은 본연의 나와 또 다른 나를 분리시키는 것이다. 서로가 지출하는 비용을 엄격하게 구분하는 것이다. 본연의 내가 소비한 가사경비를 사업자로서의 나에게 부담시키지 말아야 한다. 본연의 나 자신으로서 소비하는 비용과 사업자로서의 내가 소비하는 비용을 구분하는 장치를 마련해야 한다.

사업경비와 가사경비의 구분이 모호한 경우도 있다. 1인기업가로서 힘든 업무를 마무리하고 저녁식사를 했다. 식사비용은 본연의 나와 내 안의 사업가로서의 나, 둘 중 누가 부담해야 하는가? 자신의 직무계발을 위해 지출하는 교육비, 이동수단으로 활용하는 자동차 유지비, 지출하는 접대비, 공과금, 출장비, 통신요금, 우편요금 등 본연의 내가 내 안의 사업자인 나와 함께 소비하는 많은 비용항목들이 있다. 이중 어떤 항목이 가사경비인지, 세무상 사업관련 비용으로 인정받을 수 있는 것인지를 알아야 한다. 또한 이를 위해 구비해야 할 증빙과 관련 절차를 숙지해야 한다. 모르면 물어보면 된다.

　이보다 더 중요한 핵심이 있다. 개인사업자는 가사경비를 포함한 모든 경비를 세무상 비용으로 떠넘겨도 된다는 생각부터 탈피해야 한다. 복잡한 세부규정을 아는 것보다 이것이 우선이다. 매출 규모가 작은 개인사업자는 생활비로 쓴 비용을 막 넣어도(세무상 사업경비로 신고해도) 걸리지 않는다는 말을 흔히 듣는다.

　가사경비보다 더욱 강력한 세금감소 비법도 있다! 실제 발생하지 않은 비용을 장부에 반영하는 방법이다. 이를 '가공경비'라 한다. 이 방법을 활용하면 원하는 수준으로 세금을 산출할 수 있다. 우리는 세계 최고의 산수 능력을 가졌다. '(수익-비용)x세율=세금'의 공식을 조금 변형하면 된다. '비용=(수익x세율 -세금)/세율'의 공식을 이용하는 것이다. 즉 정해진 수익에서 원하는 세금이 산출되기 위해 필요한 비용수준을 역으로 계산한다. 실제 비용이 이보다 작다면 부족한 비용만큼의 가사경비와 가공경비를 장부에 추가로 반영하는 것이다. 매출 규모가 유사한 동종업계 종사자에 비해 자신은 세금부담이 적다며 자랑하는 사업자들도 많다.

　자신은 사업을 해온 10년 동안 세금을 얼마 이상 납부해본 적이 없다면서 흐뭇해한다. 그렇게 해도 자신은 아무 문제없다고 생각한다.

　뭐, 그럴 수도 있다. 개인사업자가 세무조사 대상으로 선정될 확률은 약 1,000명 중 1명 수준이다. 또한 수입규모가 1억 원 이하인 개인사업자의 경우 확률은 약 1만 명 중의 1명 수준으로 낮다. 국세청 통계 자료에 의하면 2016년 종합소득세를 신고한 개인사업자 수는 5,482,678명이고, 이 중 세무조사 대상이 된 인원은 4,985명이다. 확률적으로 약 0.1퍼센트다. 이들 중 수입금액 1억 원 미만인 개인사업자는 366명에 불과하다. 전체 개인사업자 대비 0.01퍼센트 수준이다.(국세청, 2017년 국세통계연보) 이처럼 개인사업자가 세무조사 대상으로 선정될 경우는 확률적으로 상당히 희박하다고 생각할 수 있는데, 큰 오산이다.

가사경비 또는 가공경비를 사업경비로 신고했다고 끝이 아닌 것이다. 또 다른 시작이다. 모든 세무신고 내역은 전산화되고 전산으로 모니터링 된다. 이상 징후가 포착되면 세무서로부터 소명자료 요청이 올 수 있다. 세무신고 시 비용으로 반영한 항목들에 대해 사업과 관련 있음을 납세자 스스로 증명해야 한다. 세무공무원을 납득시켜야 한다. 이미 늦었다. 신고 후 시간이 지날수록 가산세와 함께 추가로 부담해야 할 세액은 눈덩이처럼 불어난다. 가산세는 살펴본 바와 같이 불필요한 세금을 증가시킨다.

　　이미 살펴보았지만 개인사업자에게 마법의 절세 비법은 없다. 기적의 절세법이란 말에 현혹될 필요도 없다. 절세를 고민할 정도의 수익 창출이 우선이다. 높은 누진세율이 고민이라면 그만큼 소득이 높다는 사실에 먼저 감사하자. 절세에 대한 고민은 수익 창출 이후에 해도 늦지 않다. 이는 합당한 대가를 지불하고 전문가에게 맡기면 된다. 핵심을 제대로 알고 기본을 실천하는 것이 절세의 시작이다. 진실한 회계장부 작성을 통해 사업관련 비용을 장부에 빠짐없이 반영하고 관련 증빙을 구비해놓는 것, 이것이 핵심이요, '중한 것'이다. 진실은 나와 내안의 그가 알고 있다.

　　세무조사 대상으로 선정되지 않을 확률의 힘을 믿은 채, 부당하게 낮은 세 부담을 택할 것인가? 본연의 나와 또 다른 나를 구분해서 진실한 회계와 세무신고를 할 것인가? 선택도 책임도 본인의 몫이다. 내가 선택하고 내가 책임지는 것이다. 그와 상의해야 한다.

　　하루가 마무리 된다. 내 안의 나를 만날 시간이다.

 "당신 안에는 누가 있나요?"

분명히 말씀 드리지만 가공경비의 입력은 같이 망하는 길입니다. 사장님들은 사장님대로 세금 및 가산세를 부담해야 하고, 세무대리인은 탈세 조력자로서 징계를 받게 됩니다. 가공경비를 얼마나 많이 넣어주느냐가 세무대리인의 능력처럼 보이던 시대가 있었습니다. 하지만 이제 시대가 바뀌었습니다. 가공경비를 넣으면 전산으로 거의 걸러집니다. 만약 어떤 세무대리인이 "사장님, 얼마에 맞춰드릴까요?"라고 한다면 사기꾼이거나 현실을 아직 모르는 것입니다. 세상은 점점 투명해지고 있습니다.

(김성은의 〈사장님의 절세법〉에서)

# 내 머릿속의 지우개

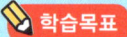 학습목표

거래내역 기장 및 소득세 산출 구조를 이해한다

편지 한 통이 도착했다.

"안녕하세요. 나혼밥 님. 기장선원을 다녀가신 지도 세 달이 지났네요. 이곳에서의 배움을 잘 실천하고 계신지요? 인생은 직진, 회계는 복식부기입니다. 매일 회계하시고 특히 지우개의 소중함을 잊지 마세요." -기장도사-

흘러가는 것인지 반복되는 것인지 알 수 없지만 결국 시간은 지나간다. 내 머리 속에 지우개가 있다. 복식부기 방법론이 가물가물하다. 다행이다. 우리에겐 돌아볼 시간이 남아 있다.

잠시 돌이켜보자. 장부 작성하는 것을 '기장'이라 하고 기장 방법을 '부기'라 했다. 부기에는 단식부기와 복식부기가 있고 우리는 복식부기를 배웠다. 복식부기는 거래의 원인과 결과를 모두 기록하는 방법이다. 두 개의 영역이 필요하고 이를 차변(왼쪽), 대변(오른쪽)이라 부른다. 거래는 자산과 부채, 수익과 비용으로 구분할 수 있다. 와우! 기억이 난다.

　자산은 경제적 가치 있는 재산, 부채는 남에게 갚아야 할 돈, 수익은 벌어들인 돈, 비용은 벌기 위해 지출된 돈이다. 결국 복식부기는 거래의 원인과 결과를 자산, 부채, 수익, 비용으로 구분하여 차변과 대변에 기록하는 것이다. 왼쪽과 오른쪽 자리를 정해야 한다. 지우개가 왼쪽(차변)이라 했다. 지우개는 관점에 따라 자산 또는 비용이다. 자산과 비용을 왼쪽, 이와 상대되는 부채와 수익이 오른쪽이다. 자산과 부채는 대차대조표에, 수익과 비용은 손익계산서에 표시된다. 최종 균형은 대차대조표의 자산이 부채와 자본의 합계와 일치함을 확인하면 된다.

**복식부기**

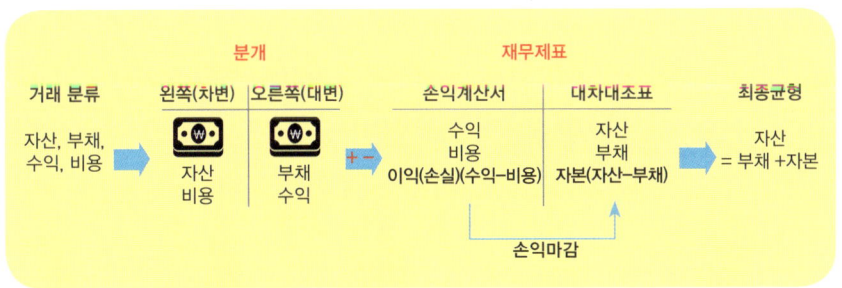

　돌아봄이 끝났다. 앞으로 나아가면 된다. 직진이다. 지구촌 소통전문가를 꿈꾸는 1인기업 개인사업자 A의 1년간 수입과 지출 내역이다. 복식부기 장부를 작성하고 소득세를 산출해보자!

**거래1** 대화법 관련 컨설팅 수익 : 1,000만 원 현금수령
**거래2** 수익을 얻기 위해 지출된 제반 영업비용 : 300만 원 현금지출

각 거래의 원인과 결과를 파악하고 자산, 부채, 수익, 비용 분류별 차변과 대변 자리를 결정한다. 자산과 비용의 증가는 왼쪽, 부채와 수익의 증가는 오른쪽이다. 감소는 반대다.[1]

| 거래 | | 결과 | | 원인 | |
|---|---|---|---|---|---|
| 거래1 | 컨설팅 제공 대가 현금 1,000만 원 수령 | ❶ | 현금 1,000만 원 증가 | ❷ | 컨설팅 수익 1,000만 원 창출 |
| | | | 자산(현금) 증가 | | 수익 증가 |
| | | | 왼쪽 | | 오른쪽 |
| 거래2 | 영업비용 300만 원 지출 | ❸ | 현금 300만 원 감소 | ❹ | 영업비용 300만 원 발생 |
| | | | 자산(현금) 감소 | | 비용(영업비용) 증가 |
| | | | 오른쪽 | | 왼쪽 |

분개할 시간이다. 원인과 결과를 정해진 자리에 기록하자. 매 순간 균형을 확인해야 한다.

| | 차변(왼쪽) | | 대변(오른쪽) | |
|---|---|---|---|---|
| 거래1 | ❶ 현금(자산 증가) | 1,000만 원 | ❷ 컨설팅수입(수익 발생) | 1,000만 원 |
| 거래2 | ❹ 영업비용(비용 발생) | 300만 원 | ❸ 현금(자산 감소) | 300만 원 |
| | 차변금액 합계 | 1,300만 원 | 대변금액 합계 | 1,300만 원 |

재무제표 작성이다. 같은 항목끼리 금액을 가감해서 보여준다. 손익계산서에는 수익과 비용, 대차대조표에는 자산과 부채가 표시된다.

---

[1] 이 과정은 머릿속에서 해도 된다. 가능하면 분개를 도출하도록 생각해보자.

| 손익계산서 | |
|---|---|
| I. 수익<br>　컨설팅 수익 | 1,000만 원 ❷ |
| II. 비용<br>　영업비용 | 300만 원 ❹ |
| III. 이익(I-II) | 700만 원 |

| 대차대조표 | |
|---|---|
| I. 자산<br>　현금 | 700만 원 ❶-❸ |
| 자산합계 | 700만 원 |
| II. 부채 | - |
| III. 자본(I-II) | 700만 원 |
| 부채자본 합계 | 700만 원 |

A는 컨설팅 수익 1,000만 원을 창출했고 이를 위해 비용 300만 원을 지출했다. 이익은 수익에서 비용을 차감한 700만 원이고 이는 손익계산서에 표시된다. 남은 이익 700만 원은 현금으로 보유하고 있고 이는 대차대조표에 표시된다. A는 남에게 갚아야 할 부채가 없으므로 자산에서 부채를 차감해서 구해지는 자본은 700만 원이다. 복식부기의 최종 균형을 위해 대차대조표의 자산이 부채와 자본의 합계와 일치함을 확인해야 한다.

$$자산 = 부채 + 자본$$
$$700만\ 원 = 0 + 700만\ 원 \Rightarrow OK\ !$$

한 걸음 더 나아가야 한다. 사업자 A의 소득세를 산출해보자. 힘이 들 땐 다시 돌아보면 된다. 혼밥지존 선발대회로 다시 돌아가 보자(PART II 제8장). 우리는 회계상이익을 산출했다. 세법기준의 소득세는 세무상이익에 세율을 곱해 산출된다. 따라서 회계상이익을 출발점으로 세법상 이익으로 조정하는 세무조정 과정이 필요하다. 세무상 수익과 비용에 해당하지만 회계에 포함되지 않은 항목을 포함시키고, 세무상 수익과 비용에 해당하지 않지만 회계에 포함된 항목을 제거해주면 된다. 차이 항목이 없다면 회계상이익과 세무상이익은 일치한다.

세무조정을 통해 사업자 A의 세무상이익을 산출해보자. 사업자 A가 장부에 반영한 영업비용 300만 원 중에서 100만 원은 사업과 무관하게 개인적으로 사용한 가사경비라고 가정한다. 세법은 가사경비를 비용으로 인정하지 않는다. 따라서 세무상 비용에 해당하지 않지만 회계상 비용으로 반영된 가사경비 100만 원을 비용에서 제거해야 한다[2].

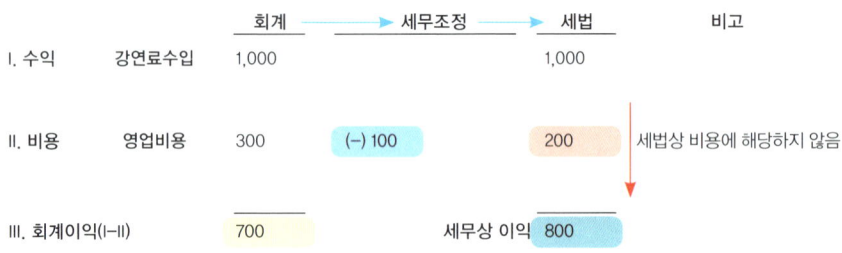

회계상이익 700만 원으로부터 세무조정을 통해 세무상이익 800만 원을 구하고, 세율을 곱해 소득세로 48만 원을 산출한다. 편의상 소득공제, 세액공제, 가산세, 기납부세액 등은 없다고 가정한다.

| 소득금액 | 소득세 | 비고 |
|---|---|---|
| 800만 원 | 800만 원 * 6% = 48만 원 | 최초 1,200만 원까지 6% |

돌아봄을 마무리할 시간이다. 우리는 지금까지 회계상 장부작성을 출발점으로 세무조정을 통해 세무상이익을 산출하고 소득세율을 적용해 종합소득세를 구하는 과정을 살펴보았다.

---

2) 만약, 가사경비 100만 원을 재무제표에 비용 반영하지 않았다면, 세무조정은 불필요하다.

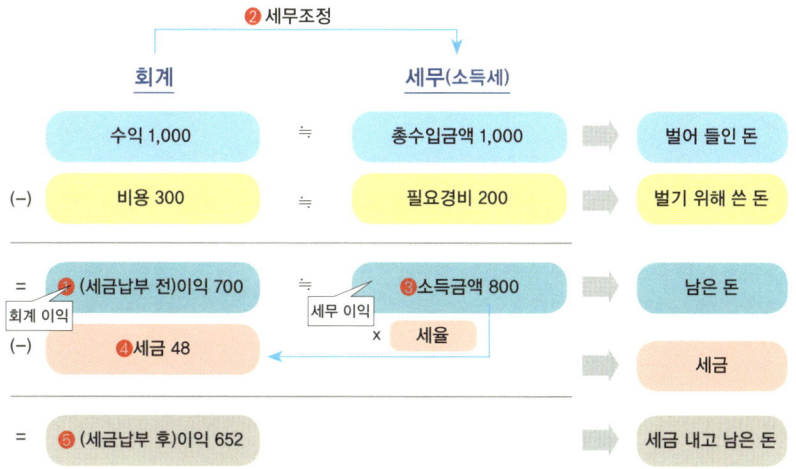

복식부기를 통한 회계상이익(❶)에서 세무조정(❷)을 통해 세무상이익(❸)을 산출한다. 세무상이익에 소득세율을 곱해 소득세(❹)가 산출된다. 회계상이익에서 세금을 차감한 이익이 최종이익(❺)이다.

회계와 소득세의 만남이 이루어졌다. 우리에게 주어지는 만남을 가끔 돌아보자. 아름다운 추억, 축복된 순간으로 기억될 수 있도록. 내 머리 속의 지우개가 사라지기 전에.

"당신의 기억을 돌아보세요."

소득세 산출구조에 대한 학습내용을 정리하세요!
스스로 생각하고 대답해보세요.
Are you ready?

**001** 종합소득 금액은 어떻게 산출하는가?

**002** 종합소득 금액 산출에서 종합소득공제는 어떤 역할은 무엇인가? 당신에게 적용되는 종합소득공제 항목에는 무엇이 있는가?

**003** 종합소득세 절세 비법에 대해 설명해보라.

종합소득 금액은 종합소득 총수입금액에서 종합소득 필요경비를 차감하면 된다. 수익에서 비용을 차감한 것이 이익이다. 소득세법에서는 수익을 '총수입금액,' 비용을 '필요경비,' 이익을 '소득금액'이라 한다. 종합소득 총수입금액은 종합과세 대상 2,000만 원을 초과할 경우의 이자소득과 배당소득, 사업상 계속적으로 벌어들인 사업소득, 근로소득과 종합과세 대상 연금소득, 총수입금액이 1,000만 원[1]을 초과할 경우의 기타소득과 총수입금액이 1,000만 원[1] 이하인 경우 종합과세를 선택한 기타소득을 합산한다.

종합소득 필요경비는 사업소득에 대하여 사업을 위해 실제 발생한 비용을 반영한다. 근로소득과 연금소득의 경우 세법에서 정한 일정률을 필요경비로 반영한다. 이를 각각 근로소득공제, 연금소득공제라 한다. 기타소득에 대하여는 원칙적으로 실제 발생 비용을 필요경비로 반영하되, 인세와 강연료 등 일부 항목의 경우에는 실제발생 여부와 무관하게 총수입금액의 70%[2]를 필요경비로 인정해준다. 이자소득과 배당소득에 대해서는 필요경비가 인정되지 않는다.

종합소득공제는 세율을 곱하기 전에 종합소득금액을 줄여준다. 결국 세금이 감소한다. 개개인의 지출 수준에 따라 부담을 달리 하기 위함이다. 종합소득공제는 개인별로 적용되는 항목이 상이하므로 본인의 해당사항을 직접 조사해보자. 종합소득금액에서 종합소득공제를 차감한 금액을 과세표준이라 한다. 여기에 세율을 곱하면 세금이 산출된다.

종합소득세는 과세표준에 종합소득세율을 곱한 산출세액에서 세액공제와 세액감면을 차감하고 가산세를 더해 산출한다. 원천징수 등으로 이미 납부한 세금이 있다면 기 납부세액으로 동 금액을 차감한 금액이 최종으로 납부할 세금이다.

[1] 2019년부터 750만 원이 적용된다.
[2] 2019년부터 60%가 적용된다.

종합소득세의 출발점은 자신이 벌어들인 수익이다. 이를 장부에 정확히 반영해야 한다. 수익이 많아지면 세금이 많아지지만 진실한 장부 작성이 기본이다. 세금을 줄이기 위해 수익을 과소하게 반영한다면 이는 잘못이다. 탈세이자 불법행위다. 수익창출을 위해 발생한 비용을 장부에 빠짐없이 반영하는 것이 핵심이다. 사업 무관 항목인 가사경비는 사업관련 비용과 엄격히 구분하여야 한다.

　　자신에게 적용 가능한 소득공제 항목을 빠짐없이 반영하는 것이 중요하다. 소득공제는 세율을 곱하기 전 단계에서 개인의 사정을 고려하여 세금부담을 감소시켜주기 때문이다. 소득공제 항목과 마찬가지로 자신에게 적용 가능한 세액공제와 감면 항목이 어떤 것이 있는지 숙지해야 한다. 관련 규정을 충실히 숙지하고 이행해서 불필요한 가산세를 내지 않는 것 또한 기본이다. 초과누진세율 하에서 사업관련 비용과 자신에게 적용 가능한 소득공제 항목을 세금계산에 빠짐없이 반영하여 소득금액을 낮추어야 한다.

　　많은 것을 돌아보았다. 우리는 이제 새로운 만남을 향해 힘차게 나아가야 한다. 그 이름도 유명한 부가가치세가 우리를 기다린다. 새로운 만남 이전에 만남과 인연에 대한 고찰이 잠시 필요하다.

 *"소득세 수업, 수고 많았습니다!"*

## 알아두면 돈 되는 1인기업 세무과외

### 📝 학습목표

- 간접세로서의 부가가치세의 본질을 이해한다.
- 부가가치세 회계 처리를 이해한다.
- 부가가치세 면세와 간이과세의 개념을 이해한다.
- 부가가치세 산출 구조와 절세 방안을 살펴본다.
- 회계와 소득세, 부가가치세의 관계를 이해한다.

# PART V

# 부가가치세

# He's gone

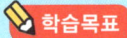

부가가치세의 본질을 이해한다

K가 떠났다. S도 없다.

직장인 10년차 나혼밥은 일탈을 감행했다. 오후 4시, 그는 급히 사무실을 박차고 나와 동해로 향하는 버스에 몸을 싣는다. 흐린 하늘과 고요한 창밖을 지나치며 강원도로 향한다.

3년차 팀원 K가 이직을 원한다. 이 분야 10년차 나혼밥과 20년 경력의 팀장 H는 업계 선배, 인생 선배로서 K의 마음을 이해한다. 아쉬움을 뒤로하고 이해와 격려로 K의 앞길을 응원하고 축복한다. 나혼밥과 K의 인연은 어디까지일까?

3시간 후 동해에 도착한다. 어둠이 드리우기 전 맑은 하늘과 푸른 구름이 그를 반긴다. 향수어린 시골마을 개인병원 3층엔 다리에 깁스를 한 청년 S가 병상에 누워있다. 나혼밥과 2년을 함께한 팀원이다. S는 운동 중 발목인대 부상으로 수술 일정을 앞당기고자 지인이 운영하는 동해의 병원까지 왔다. 먼 거리이지만 나혼밥은 오늘 S를 만나야 한다.

중학교와 고등학교를 미국에서 졸업한 S는 원어민보다 유창한 영어를 구사한다. 외국 고객사를 담당하는 국제부 업무를 위해 팀에 합류했다. 최근 S의 입지가 불안하다. 본부 내 밥그릇 다툼으로 해당 업무를 다른 팀이 담당하게 됐다. 나혼밥과 S의 인연은 어디까지일까? 그는 퇴원 후 회사로 복귀하지 않을 듯하다.

K는 사전협의 없이 이직을 결정하고 퇴사 날짜도 혼자 정했다. 일방적인 통보다. 나혼밥은 그의 입장을 이해한다. 부담 없이 이야기할 여건을 조성하지 못한 자신의 부족함을 탓해본다. K의 직속 선임으로 함께한 지난 3년간 나혼밥은 K에게 고작 빈 껍질의 인연이었나 보다. 그의 앞길을 축복하지만 서운하다. 많은 불만이 있었던 듯하다. 지금 자신이 느끼는 감정보다 더한 서운함이 그동안 K에게 쌓였나보다. 복잡하고 착잡한 마음으로 동해를 향해 달린다.

만남과 헤어짐은 반복되고 인연이 언제까지인지 알 수도 없다. 만남이 고통과 아픔일 수도, 꿈과 희망일 수도 있다. K에게 후자는 아니었나보다. S에게는 자신과의 인연이 어떤 것일까? S에게는 나혼밥에 대한 어떤 서운함과 원망이 존재하고 있을까? S의 발목인대는 서서히 아물 것이다. 회복될 인대와 함께 그의 마음속 부정적 감정들도 함께 사라지길 희망한다.

> 사회생활에서 이루어지는 대부분의 만남은 평생 단 한 번 만나고 스쳐 지나는 인연이다. 따라서 항상 일기일회一期一會의 마음으로 다른 사람을 대해야 한다. 평생 두 번 다시 만나지 못할 수도 있다. 또 언제 어떤 인연으로 다시 만날지 모르니 더더욱 그렇다. 그저 인연의 소중함을 명심할 일이다.
> (양광모의 〈당신만의 인맥〉에서)

부가가치세도 이와 같다. 부가가치세는 "잠시 스쳐가는 인연"이다. 나혼밥이 열심히 운동 중인 헬스장을 방문해보자. 이제 스쿼트와 데드리프트가 조금 익숙해졌다. 벤치프레스 자세도 안정적이다. 「미녀와 야수」의 야수를 연상시키는 우람한 트레이너와의 PT수업이 진행 중이다.

사업자 B의 부가가치세 구조를 다시 되돌아보자. 사업자 B는 PT제공 대가로 나혼밥으로부터 154만 원을 수령했다. 이 금액 중 14만 원은 부가가치세고 140만 원이 자신의 매출이다. 이와 관련해서 헬스기구 매입 시 사업자 A에게 110만 원을 지불했다. 이 금액 중 10만 원은 부가가치세로 지불한 것이고 순수 매입비용은 100만 원이다. 사업자 B가 납부해야 할 부가가치세는 4만 원이다. 이는 자신이 매출대금과 함께 수령한 부가가치세[1] 14만 원에서 자신이 매입 당시 지불했던 부가가치세[2] 10만 원을 차감해서 산출된다.

사업자 B가 나혼밥으로부터 수령한 부가가치세 14만 원은 아깝지만 자신의 돈이 아니다. 곧 헤어질 운명이자 잠시 스쳐가는 인연이다. 우리가 헬스장을 처음 찾았을 때(PART Ⅲ 제4장 복부비만 직장인 10년차)를 떠올려보자. 명심할 것이 있었다. 사업자 B가 돼보자. 나만의 노하우를 기반으로 PT프로그램을 개발하여 이를 소비자에게 공급한다. 그러니 그 대가 154만 원은 모두 내 돈인 것만 같다. 당연히 내 돈 아닌가? 아니다! 부가가치세 14만 원은 내 돈이 아닌 국가의 몫이다. 나를 잠시 스쳐 떠난다.

사업자 B가 지불한 헬스기구 대금 110만 원은 어떤가? 이 중 10만 원은 다시 국가로부터 돌려받는다. 돌려받는다는 의미가 무엇인가? B는 매출 당시 자신이 받은 부가가치세 14만 원을 모두 국가에 납부하지 않는다. 매출세액 14만에서 자신이 부담한 매입세액 10만을 차감한 4만 원만 국가에 납부한다. 이는 14만 원을 국가에 납부하고 10만 원을 돌려받는 것과 동일하다. 결국 자신이 소비자 입장에서 부담했던 부가가치세는 자신의 곁을 떠났지만 다시 만날 운명이다. 부가가치세도 이처럼 만남과 헤어짐을 반복한다. 스쳐가는 인연이다.

어둠이 깔린 동해의 밤하늘을 뒤로 했다. 나혼밥은 자신과의 인연들이 기다리

---

[1] 이를 '매출세액'이라 한다.
[2] 이를 '매입세액'이라 한다.

고 있는 일상으로 향한다. 축복된 인연을 다시 한 번 돌아보고 소중히 이어가야겠다. 설레는 마음으로 새로운 인연을 맞이할 준비를 해야겠다. 일탈이 마무리된다.

> 인연은 소중합니다. 비록 만나지 못하더라도 인연은 사라지지 않고 영원합니다. 우리 모두 좋은 인연을 만들어야 합니다. 스쳐가는 인연이 무수히 많지만 그중 의미 있는 만남은 생에 전환점을 가져올 수도 있습니다. 그래서 내가 만난 인연은 모두 소중합니다. 지금 내가 맺고 있는 인연에 감사하십시오. 우리는 감사함 속에 더욱 행복해질 것입니다.
>
> (덕조스님의 〈마음꽃을 줍다〉에서)

 **"당신과의 인연, 감사합니다."**

ps. K와 S, 우리는 언젠가 다시 만날 것입니다.

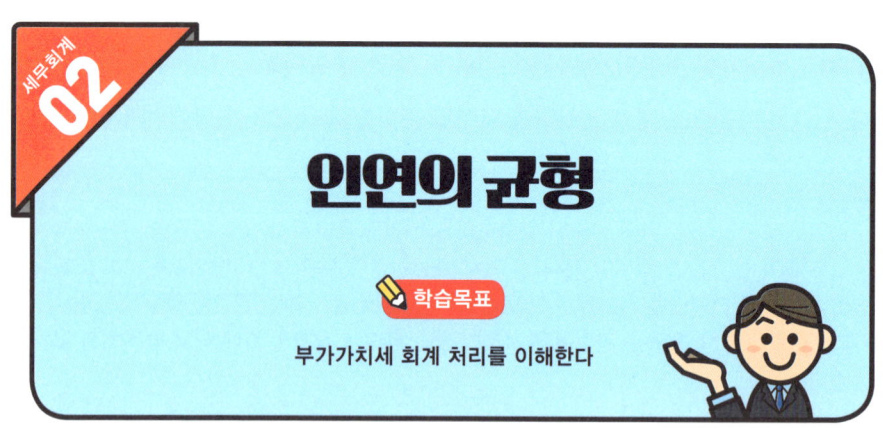

회계는 균형이고, 부가가치세는 인연이다. 부가가치세와 회계의 만남을 위해서는 인연에 대한 균형이 필요하다. 부가가치세를 포함한 거래를 회계해보자.

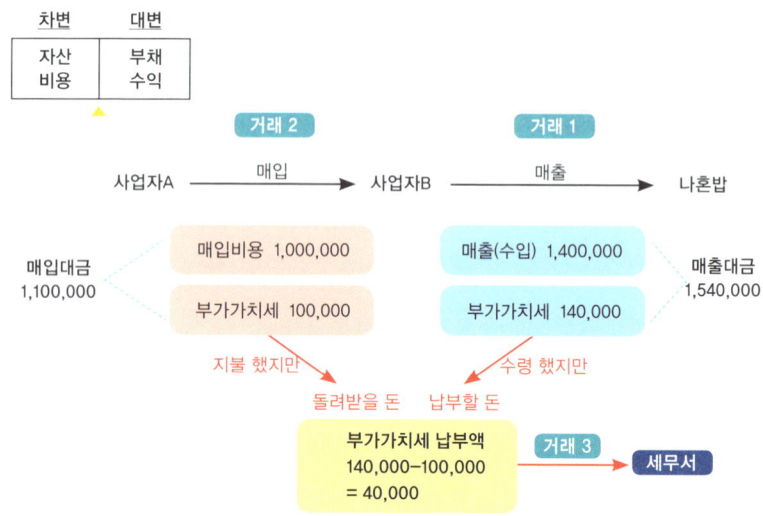

사업자 B의 매출거래를 살펴보자(거래1).

B는 최종소비자로부터 PT 서비스 대가를 받아 현금 154만 원이 증가했다(❶). 자산의 증가는? 왼쪽이다. B가 수령한 금액은 수익 140만 원(❷)과 부가가치세 14만 원(❸)의 합계다. 수익의 증가는? 오른쪽이다. 부가가치세 매출세액은 '내 돈'이 아니다. 곧 헤어질 운명이다. 세무서에 납부해야 할 돈이다. 남에게 주어야 할 부채다. 부채의 증가는? 오른쪽이다. 만났지만 헤어지는 인연이다. 균형 있게 회계해보자.

| 차변 | | 대변 | |
|---|---|---|---|
| ❶ 현금(자산 증가) | 1,540,000 | ❷ PT제공 수입(수익 증가) | 1,400,000 |
| | | ❸ 납부할 부가가치세(부채 증가) | 140,000 |
| | 1,540,000 | | 1,540,000 |

사업자 B의 매입거래를 살펴보자(거래2).

B는 A에게 헬스기구 대금을 지급하여 현금 110만 원(❻)이 감소했다. 자산의 감소는? 오른쪽이다. B가 지급한 대금은 매입비용 100만 원(❹)과 부가가치세 10만 원(❺)의 합계다. 매입비용의 증가는? 왼쪽이다. A가 지불한 부가가치세는 자신의 곁을 떠났지만 다시 만날 운명이다. 국가로부터 돌려받을 돈이니까. 돌려받을 부가가치세 매입세액은 경제적 가치가 있는 자산이다. 자산의 증가는? 왼쪽이다. 균형을 찾아보자.

| 차변 | | 대변 | |
|---|---|---|---|
| ❹ 매입비용(비용 증가) | 1,000,000 | ❻ 현금(자산 감소) | 1,100,000 |
| ❺ 돌려받을 부가가치세(자산 증가) | 100,000 | | |
| | 1,100,000 | | 1,100,000 |

부가가치세 납부 거래를 살펴보자(거래3).

납부할 부가가치세는 매출세액 14만 원에서 매입세액 10만 원을 차감한 4만 원이다. 부가가치세 납부로 인해 부채로 인식했던 납부해야 할 부가가치세 14만 원(❸)이 없어진다. 부채의 감소는 왼쪽이다(❼). 자산으로 인식했던 돌려받을 부가가치세 10만 원(❺) 또한 없어진다. 자산의 감소는 오른쪽(❽)이다. 납부해야 할 돈을 줄여서 자신의 소임을 다하는 것이다. 두 금액의 차이 4만 원을 세무서에 납부하면 된다(❾). 현금자산의 감소는 오른쪽이다. 이미 인식했던 돌려받을 부가가치세와 납부할 부가가치세를 반대방향으로 없애주고 차액을 현금으로 납부하는 것이다.

| 차변 | | 대변 | |
|---|---|---|---|
| ❼ 납부할 부가가치세(부채 감소) | 140,000 | ❽ 돌려받을 부가가치세(자산 감소) | 100,000 |
|  |  | ❾ 현금(자산 감소) | 40,000 |
|  | 140,000 |  | 140,000 |

회계는 왜 하는 것인가? 균형을 위함이다. 재무제표를 작성하여 균형을 확인해야 한다. 손익계산서와 대차대조표를 작성해보자. You can do it!

| 손익계산서 | | | | 대차대조표 | | | |
|---|---|---|---|---|---|---|---|
| I. 수익 | | | | I. 자산 | | | |
| PT 제공 수익 | 140만 원 | | ❷ | 현금 | 40만 원 | | ❶-❻-❾ |
|  |  |  |  | 돌려받을 VAT | – | | ❺-❽ |
| II. 비용 | | | | 자산합계 | 40만 원 | | |
| 영업비용(헬스기구) | 100만 원 | | ❹ | II. 부채 | | | |
|  |  |  |  | 납부할 VAT | – | | ❸-❼ |
|  |  |  |  | III. 자본(I-II) | 40만 원 | | |
| III. 이익(I-II) | 40만 원 | | | 부채·자본 합계 | 40만 원 | | |

A는 PT 제공 수익 140만 원을 창출했고 비용 100만 원을 지출했다. 수익에서 비용을 차감한 이익 40만 원은 손익계산서에 표시된다. 순이익 40만 원은 현금으로 대차대조표에 표시된다. 만남과 헤어짐의 인연, 부가가치세는 어떠한가? 매출세액 14만 원과 매입세액 10만 원은 모두 잠시 재무제표를 스쳐간다. 매출세액은 수령했지만 세무서에 납부해야 하고, 매입세액은 지급했지만 납부할 부가가치세를 줄여줌으로써(매출세액에서 매입세액을 차감함으로써) 다시 돌려받는다. 결국 매출세액은 수익이 아님을, 매입세액은 비용이 아님을 이해해야 한다. 매출세액은 수익이 아닌 부채로 잠시 머물고, 매입세액은 비용이 아닌 자산으로 잠시 머물렀다가 부가가치세 납부 시점에 자신의 소임을 다하며 없어진다. 이들은 곧 스쳐가는 인연이다.

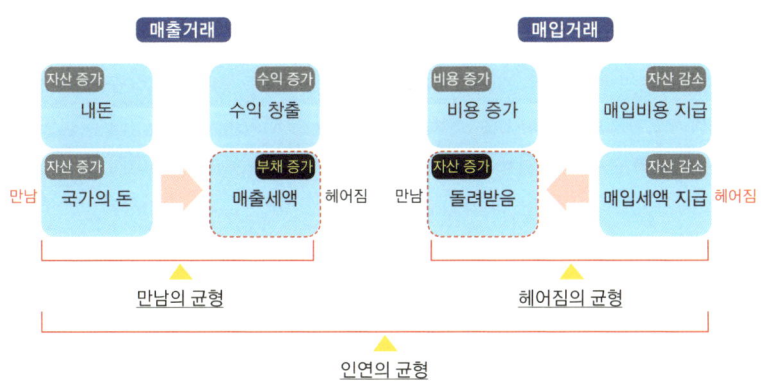

　만남과 헤어짐을 반복하는 우리의 인연에도 원인과 결과의 균형이 중요하다.

참고로 회계에서는 좀 더 멋진 용어를 사용한다. 매입 시 지급한 부가가치세 매입세액을 부가세대급금(부가세선급금 또는 선급부가세), 매출 시 수령한 부가가치세 매출세액을 부가세예수금(예수부가세)이라 표현한다. 용어는 중요하지 않지만 잠시 개념을 풀어보자.

부가가치세는 최종소비자가 부담한다고 했다. 최종소비자 나혼밥이 최종으로 부담하는 부가가치세는 14만 원이다. 이 돈은 세무서에 어떻게 납부되는가? 헬스기구 판매업자 A가 10만 원을, PT용역 제공사업자 B가 4만 원을 각각 세무서에 납부한다. A는 B로부터 10만 원을 받아 납부하고 B는 최종소비자로부터 14만 원을 받아 자신이 A에게 지불했던 10만 원을 차감한 4만 원을 납부하는 것이다.

B가 A에게 지급한 매입세액의 성격은 무엇인가? 최종소비자가 부담할 부가가치세를 자신이 대신 납부해 준 것이라 볼 수 있다. 따라서 이를 '부가세대급금'이라 표현하다. 또한 최종소비자가 부담할 부가가치세를 먼저 납부한 것이다. 따라서 '부가세선급금' 또는 '선급부가세'라 표현하는 것이다. 결국 부가가치세 매입세액은 부가세대급금, 부가세선급금 또는 선급부가세로 표현할 수 있으며 이는 자산이다. 자신이 납부할 부가가치세를 줄여주기 때문이다.

B가 최종소비자로부터 수령한 매출세액의 성격은 무엇인가? 최종소비자가 부담할 부가가치세를 자신이 미리 받아놓은 것이다. 부가가치세는 세금을 부담하는 자와 납부하는 자가 다른 간접세라고 했다. 사업자 B는 소비자가 부담하는 부가가치세를 미리 수령한 후 납부하는 것이다. 따라서 부가가치세 매출세액을 부가세예수금(예수부가세)이라 표현한다. 다만 B가 최종소비자로부터 수령한 매출세액 전액이 아닌 자신이 최종소비자를 대신해서 지급했던 매입세액만큼은 차감하고 납부하는 것이다.

| 매입세액<br>= 부가세대급금<br>= 부가세선급금(선급부가세) | 매출세액<br>=부가세예수금(예수부가세) |
| --- | --- |
| 소비자를 대신해서 먼저 납부한 부가가치세 | 소비자로부터 미리 받은 부가가치세 |

사업자는 소비자로부터 미리 받아 놓은 부가가치세(매출세액)에서
소비자를 대신해서 먼저 납부한 부가가치세(매입세액) 만큼은 빼고 국가에 납부

결론적으로 매출세액은 세무서에 납부해야 할 부채임을, 매입세액은 납부할 부가가치세를 줄여주는 자산임을 이해하자. 결국 부가가치세 납부세액은 매출세액에서 매입세액을 차감해서 산출된다. 이에 대해서는 좀 더 심도 있게 살펴볼 것이다.

# 소통의 균형

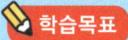

직접세와 간접세의 개념을 이해한다

　도저히 이해할 수 없다. 회계와 소득세 개념을 이해한 나혼밥. 그가 난관에 봉착했다. 사업자가 열심히 돈 벌어서 소득세를 납부하는데 부가가치세까지 왜 납부해야 하는가? 이에 대한 답을 찾기 위해 직접세와 간접세의 개념을 다시 한 번 살펴보자.

　직접세는 세금을 부담하는 '담세자擔稅者'와 세금을 납부해야 하는 '납세의무자'가 동일한 세금이다. 소득세가 대표적이다. 자신이 벌어들인 소득에 대해서 자신의 돈으로 직접 세금을 납부한다. 간접세는 담세자와 납세의무자가 다른 세금이다. 부가가치세가 대표적이다. 부가가치세는 소비자(매입자)가 부담하고 그들에게 재화와 용역을 공급하는 공급자가 납세의무를 맡는다. 공급자가 소비자로부터 수령한 매출세액을 잠시 보관했다가 국가에 납부하는 것이다.

　사업자는 부가가치세 납부의무를 떠맡지만 이는 소비자로부터 수령한 돈으로 납부하는 것임을 알아야 한다. 매출세액은 자신의 돈이 아님을 마음속에 새겨야 한다. 매출 시 수령하는 전체 금액을 자신의 수입과 부가가치세로 구분하는 것이 중요하다. 부가가치세 부분은 별도의 통장으로 관리할 수도 있다. 이 돈은 잠시 내 곁을 스쳐가는 인연임을 떠올리며.

소통전문가를 꿈꾸는 사업자 A의 1년간 수입과 지출 내역을 다시 살펴보고 복식부기 장부를 작성해보자. (PART IV 제9장. 내 머릿속의 지우개 참조)

> **거래 1** 대화법 강연료 수익 1,000만 원 현금 수령, 추가로 부가가치세 100만 원 함께 수령
> **거래 2** 수익 창출 위한 영업비용 : 300만 원 현금지출, 추가로 부가가치세 30만 원 함께 지출
> **거래 3** 부가가치세 70만 원 납부 : 매출세액 100만 원−매입세액 30만 원

이제 우리는 거래를 분류하고 증감에 따른 차변과 대변의 자리를 정할 수 있다. 바로 분개해보자. 방법이 기억나지 않으면 몸짱 트레이너에게 물어보면 된다. 그는 마음도 짱이다.

**거래 1  매출거래**

| 차변 | | 대변 | |
|---|---|---|---|
| ❶ 현금(자산 증가) | 1,100만 원 | ❷ 컨설팅수입(수익 발생) | 1,000만 원 |
| | | ❸ 납부할 부가가치세(부채 증가) | 100만 원 |
| | 1,100만 원 | | 1,100만 원 |

매출대금과 함께 수령한 부가가치세 매출세액 100만 원(❶)은 자신이 받았지만 '내 돈'이 아니고 국가에 납부할 부채(❸)다.

**거래 2  매입거래**

| 차변 | | 대변 | |
|---|---|---|---|
| ❹ 영업비용(비용 증가) | 300만 원 | ❻ 현금(자산 감소) | 330만 원 |
| ❺ 돌려받을 부가가치세(자산 증가) | 30만 원 | | |
| | 330만 원 | | 330만 원 |

비용 지출 시 추가로 지급했던 부가가치세 매입세액 30만 원(❻)은 자신이 지출했지만 국가에 납부할 부가가치세 금액을 감소시켜주므로 다시 돌려받을 수 있는 자산(❺)이다.

**거래 3** VAT 납부거래

| 차변 | | 대변 | |
|---|---|---|---|
| ❼ 납부할 부가가치세(부채 감소) | 100만 원 | ❽ 돌려받을 부가가치세(자산 감소) | 30만 원 |
| | | ❾ 현금(자산 감소) | 70만 원 |
| | 100만 원 | | 100만 원 |

결국 수령했던 100만 원(❶)에서 지출했던 30만 원(❻)을 차감한 70만 원(❾=❶-❻)을 부가가치세로 납부한다. 사업자가 납세의무를 부담함으로써 기존에 인식했던 납부할 부가가치세(❸)와 돌려받을 부가가치세(❺)는 없어진다.

재무제표가 작성되었다.

| 손익계산서 | | | 대차대조표 | | |
|---|---|---|---|---|---|
| I. 수익 | | | I. 자산 | | |
| 컨설팅 수익 | 1,000만 원 | ❷ | 현금 | 700만 원 | ❶-❻-❾ |
| | | | 돌려받을 VAT | – | ❺-❽ |
| | | | 자산합계 | 700만 원 | |
| II. 비용 | | | II. 부채 | – | |
| 영업비용 | 300만 원 | ❹ | 납부할 VAT | – | ❸-❼ |
| | | | | | |
| | | | III. 자본(I-II) | 700만 원 | |
| III. 이익(I-II) | 700만 원 | | 부채·자본 합계 | 700만 원 | |

부가가치세 관련 거래는 모두 재무제표를 잠시 스쳐갈 뿐이다. 만남과 헤어짐의 인연을 반복하는 부가가치세가 균형을 이룬다면 재무제표에는 아무 흔적이 남지 않는다. 무슨 의미인가? 상기 재무제표를 'PART IV 제9장'에서 살펴본 A의 재무제표와 비교해보면 된다. 동일하다. 왜일까? 부가가치세는 사업자가 부담하는 것이 아니기 때문이다. 사업자는 소비자로부터 징수한 부가가치세를 국가에 납부할 의무만 지는 것이다.

다시 질문으로 돌아가자. 사업자가 열심히 돈을 벌어서 소득세를 납부하는데, 도대체 왜 부가가치세까지 납부해야 하는가? 각자 답해보자.

그럼에도 불구하고 국가에 물어보고 싶다.

"부가가치세는 매출세액에서 매입세액을 차감해서 계산됩니다. 매출세액은 매출액의 10%로 계산되고 매입세액은 매입액의 10%로 계산됩니다. 즉 부가가치세는 (매출액-매입액)*10%로 계산된다는 의미죠. '매출액-매입액'은 이익입니다. 결국 이익의 10%를 소득세와는 별개로 부가가치세라는 명목의 세금으로 납부해야 하는 것 아닌가요?"

부가가치세는 소비자로부터 수령한 돈으로 납부하는 것이라 해도, 부가가치세는 간접세라는 말이 그럴 듯하다 해도, 마음으로 느낄 수 있는 국가의 답변을 듣고 싶다.

 "인연의 균형을 위해서는 소통의 균형이 필요하다."

# 연탄재 함부로 발로 차지 마라

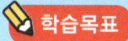

부가가치세 면세의 개념을 이해한다

"다 왔다. 저 언덕만 넘으면 된다."

15살 나혼밥의 꿈은 아파트에 사는 것이다. 집이 어디냐는 친구의 질문에 자신 있게 대답하고 싶다. 15층 아파트에 산다고, 저기 보이는 높고 멋진 건물이 우리 집이라고. 친구들을 집에 초대하고 싶다. 자신의 방을 구경시켜주고 싶다.

마지막으로 힘내야 한다. 차가운 겨울바람에도 몸에 땀이 고인다. 좀 더 세게 밀어야 한다. 검은 물체를 한 가득 실은 리어카가 서서히 언덕을 오른다. 나혼밥은 웃통을 걷어붙인 아버지의 뒤에서 온 힘을 다하고 있다. 올 겨울 그들을 따뜻하게 지켜줄 든든한 지원군이 도착했다. 연탄이다. 변두리 마을의 외딴집이 보인다. 친구들을 한 번도 초대하지 못한 나혼밥의 집이다.

지원군을 무사히 창고에 보관한 후 연탄 값을 가게 주인에게 지불하려는 순간이다. 어디선가 국가의 목소리가 들려온다. 언젠가 들어본 듯하다.

"잠깐만요, 혼밥이 아버님. 개인과 국가의 발전을 위해 노력하시는 아버님의 노고에 항상 감사드립니다. 국가는 국민의 생명과 안전을 도모하기 위해 불철주야 不撤晝夜 노력하고 있습니다. 혼밥이 가족은 이러한 국가의 보호 덕분에 연탄을 소비하고 추운 겨울을 따뜻하게 보낼 수 있는 것이지요. 그 대가를 납부하셔야 합니다. 연탄 가격의 10%입니다."

"모라카노?(뭐라고요?) 얼어 죽지 않을라꼬 연탄 좀 뗄라 카는데(얼어 죽지 않으려고 연탄 좀 떼려는데). 우리는 연탄 값도 부담인기라.(우리는 연탄 값도 부담스러워요.) 부가가치⋯⋯. 뭐라꼬 뭔 돈을 또 내라꼬?(부가가치, 뭐라고요? 무슨 돈을 또 내라고요?) 그런 법이 어딘노?(어디 있나요?)"

"그런 법이 있습니다. 부가가치세법입니다. 연탄 판매사업자는 국가 덕분에 연탄의 가치를 창출한 것이지요. 이 가치를 최종적으로 소비하는 사람은 국가에 대한 보답으로 10%를 부가가치세로 납부해야 하는 것입니다."

"니, 모 잘못 무운나?(뭐 잘못 드셨나요?)"

우리가 살펴보았던 소득세율은 초과누진세율이다. 소득세는 소득이 높을수록 적용되는 세율이 높다. 이는 소득이 상대적으로 많으면 세금도 상대적으로 많이 부담해야 한다는 조세부담의 형평성을 고려한 것이다. 누진세율은 사회적 소득재분배 기능이 있다.[1] 반면, 부가가치세는 거래 단계에서 창출된 재화와 용역의 부가가치를 소비하는 소비자가 부담하는 세금이라고 했다. 부가가치세율은 소비자의 소득에 관계없이 10%로 일정하다. 텐 프로다. 이를 '단일세율' 또는 '비례세율'이라고 한다.

소득이 높은 사람과 낮은 사람들 모두 거래가격의 10%로 동일한 부가가치세를 부담한다면 세 부담 형평성 측면에서 바람직하지 않다. 예를 들어보자. 가령 140만 원의 PT를 받기 위해 부담해야 하는 부가가치세는 140만 원의 10%인 14

---

1) 이러한 방법이 사회적으로 정당한 것인가에 대한 논의는 우리의 수업에서 제외한다.

만 원이다. 소득이 1천만 원인 A와 소득이 2천만 원인 B의 소득 대비 조세부담율은 A의 경우 1.4%(14만/1,000만), B의 경우 0.7%(14만/2,000만)다. 이처럼 소득이 높은 사람의 소득 대비 세 부담이 상대적으로 낮아진다. 이를 세 부담의 '역진성'이라 한다.

연탄과 같이 상대적으로 소득 수준이 낮은 서민들이 주로 소비하는 품목들에 대해 부가가치세가 부과된다면 역진성은 더욱 심화된다. 어린 나혼밥의 꿈, 고층 아파트에 거주하는 사람들은 연탄을 소비하지 않으며 이에 대한 부가가치세를 부담하지 않기 때문이다.

"혼밥이 아버님, 죄송합니다. 부가가치세의 역진성을 고려하지 못했네요. 연탄과 같은 품목에 대해서는 부가가치세를 부담하시지 않도록 하겠습니다. 그 분의 지시사항입니다."

"고마하고(쓸데없는 소리 그만 하시고), 인자부터 제대로 하소.(앞으로 제대로 하세요.)"

역진성을 완화할 수 있는 방법에는 어떤 게 있을까? 상대적으로 소득이 낮은 서민들이 주로 소비하는 품목과 기초생활품목 등에 대해서 부가가치세를 부과하지 않는 방법이 있다. 이를 "면세"라 한다. 어린 시절 나혼밥이 아버지와 함께 리어카에 운반했던 연탄 가격에는 부가가치세가 부과되지 않는다. 이러한 기초생활품목 등에 대해 부가가치세를 없앰으로써 최종소비자의 세 부담을 경감시켜주는 것이다. 면세 품목은 법에 정해져 있다. 사회·공익·문화 등 조세정책 목적상 특정 품목에 대해 부가가치세 면세를 적용한다. 이러한 면세품목을 공급하는 사업자를 "면세사업자"라 한다. 면세사업자는 부가가치세 신고납부 의무가 없다. 사업자는 자신의 영위 업종이 부가가치세 면세대상인지 여부를 파악해야 한다.

> **부가가치세 면세품목 예시**
> **기초생활 필수품 재화용역:** 미가공 식료품, 연탄과 무연탄, 수도 등
> **국민후생용역 :** 의료보건용역(병의원), 교육(허가된 학원), 여객운송 등
> **문화관련 재화용역 :** 도서, 신문, 잡지, 방송, 예술창작품 등
> **기타 :** 토지공급, 인적용역 등

참고로 역진성을 완화하는 또 다른 방법은 상대적으로 소득이 많은 사람들이 소비하는 사치성품목에 대해 추가적인 세금을 부과하는 것이다. 이를 "개별소비세"라 한다. 개별소비세는 세 부담의 역진성을 보완하는 한편, 사치성 소비품목 등에 중과하기 위하여 마련된 세금이다. 개별소비세의 과세 대상은 사치성 품목, 소비 억제 품목, 고급 내구성 소비재, 고급 오락시설 장소 이용 등이다.

우리는 지금 부가가치세 면세를 살펴보고 있다. 조세부담의 형평성으로 논의가 이어지고 함께 살아가는 정의로운 사회까지 확장된다. 소비자는 자신이 소비하는 품목에 대해 거래가격의 10%인 부가가치세를 부담해야 한다. 부가가치세율은 10% "단일세율"이다. 반면 소득세율은 고소득자가 많은 세금을 부담하는 "누진세율"이다. 따라서 부가가치세는 소득이 높은 사람의 부가가치세 부담이 낮아지는 "역진성"이 발생한다. 이러한 역진성을 해결하기 위해 주로 서민들이 소비하는 품목과 특정 항목들에 대해 부가가치세를 부과하지 않는 "면세" 제도가 있다. 한편 상대적으로 고소득자들이 소비하는 사치성 품목에 대해서는 부가가치세 이외에 추가적인 "개별소비세"를 부과한다. 이것이 정의로운가? 답은 각자의 몫이다.

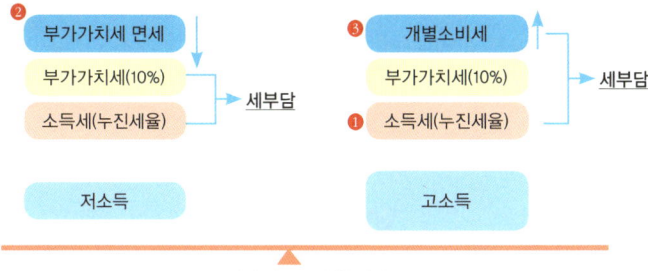

1. 소득세에 누진세율을 적용하여 상대적으로 소득이 높은 자가 상대적으로 많은 소득세를 부담한다(❶).
2. 서민들이 주로 소비하는 기초생활품목 등에 대해 부가가치세를 면세한다(❷).
3. 고소득자들이 주로 소비하는 사치성품목에 대해 개별소비세를 추가로 부과한다(❸).

하얀 재가 될 때까지 자신의 몸을 태워 뜨거운 온기를 전해주는 든든한 지원군. 그들이 있어 따뜻했다. 행복했다. 추운 겨울, 따뜻한 온기와 가족의 사랑 속에서 나혼밥의 꿈은 커져갔다.

직장인 10년차 나혼밥은 꿈을 이뤘다. 비록 건축된 지 20년이 지났지만 40평 아파트를 마련했다. 책방이라 이름붙인 자신만의 작은 공간도 있다. 그러는 동안 그의 지원군은 하얀 재가 되었다. 나혼밥 또한 지쳤다. 자신만의 이익을 위해 남을 속이고 자신을 속이고, 자신만의 성공을 위해 남을 짓밟는 이들이 많다. 우리 사회는 공생의 추구가 아니라 서로를 죽여야만 자신이 살 수 있는 전쟁터다. 오늘 하루 전쟁에서 무사히 살아남은 나혼밥은 잠을 청한다.

내일은 그에게 전화 한 번 드리리라…….

연탄재 함부로 발로 차지 마라

너는 누구에게 한번이라도

뜨거운 사람이었느냐

(안도현,「너에게 묻는다」에서)

 "세상에 뜨거운 사랑을 안겨줄 당신을 응원합니다."

## 과제물 제출
## 서민적 글쓰기

📝 **학습목표**

오늘 수업은 과제물 제출로 대신합니다
원하는 책을 읽고 독후감, 서평을 제출하세요
책의 선택과 서평의 양식은 자유입니다

오늘은 수업이 없다. 책을 읽고 서평을 과제물로 제출해야 한다. 지난 10년간 독서와 담을 쌓고 살아온 나혼밥, 그가 요즘 독서에 열심이다. 지금부터라도 책을 읽고 마음의 양식을 채우고 싶다. 목표는 1만 권! 기회가 되면 자신의 이름으로 된 책을 세상에 선보이고 싶다. 아직은 갈 길이 멀다.

나혼밥이 서점에 들렀다. 설렌다. 새로 나온 책, 베스트셀러, 스테디셀러, 많은 책들이 자신을 반긴다. "나의 책도 언젠가 저 자리를 장식하리라." 한 권의 책이 눈에 띈다. 〈여왕의 글쓰기〉(100만부 베스트셀러). 관심 없다. 나는 정치에는 무지한 국민이다. 권력과는 더더욱 거리가 멀다. 부끄럽지만 보수와 진보에 대한 개념도 없는 놈이다. 평범한 소시민이다. 자신의 글을 직접 쓰지 않는 여왕도 있다고 한다. 어쨌든 그들은 알아서 글을 잘 쓰겠지……

## 서민적 글쓰기

또 한 권의 책이 보인다. 〈서민적 글쓰기〉다. 궁금했다. 서민의 뜻을 찾아 봤다. 네이버 어학사전에 의하면 서민은 '아무 벼슬이나 신분적 특권을 갖지 못한 일반 사람'을 뜻한다. 확신이 들었다. 나는 서민이다. 그래서 책을 집어 들었다. 속았다. 저자 이름이 서민이다. 서민이라는 작가 이름을 들어본 적은 있다. 저자 서민이 아닌 일반 서민의 글쓰기가 궁금했다. 서민적 글쓰기란 어떤 것일까? 저자 서민은 서민일까?

저자와 나는 닮은 점이 있다. 말 없고 소심한 아이. 특별히 내세울 게 없는 어린이. 그리고 무엇보다 외모. 솔직히 지금 내 외모가 그보다는 조금 더 낫다. 근거는 없다. 주관적인 내 기준이다. 중학교 2학년 때 나의 별명이 꺼벙이였다. 스스로가 생각해도 기막히게 잘 어울렸다.

"너도 아마 여자친구 사귀기 힘들 거야. 넌 나하고 같은 부류야."

고등학교 시절 한 친구가 나에게 한 말이다. 나의 20대 동안 그 친구의 예언은 신통하게 적중했다. 지금은 여복이 넘친다. 미모의 아내와 어여쁜 두 딸에게 인기 짱이다! 그 친구를 꼭 만나 따져야겠다. 그때는 입 다물고 수긍할 수밖에 없었지만 말이다.

소수점 반올림의 전폭적인 지원을 통해 170센티미터에 도달하는 키와 배가 불룩하게 나온 마흔네 살 성인병 아저씨, 지금 나의 모습이다. 그래도 나의 외모는 대한민국 중간쯤은 된다는 믿음으로 살고 있다. 인상 좋다는 말도 종종 듣는다. 칭찬인지 욕인지는 언제나 헷갈린다.

10년이다. 성실히 일하며 지내온 10년이 머릿속에 스쳐간다. 일만 했다. 영혼을 불태웠다. 인간관계는 좁아지고 같은 하루하루가 반복되어 10년이 지났다. 10년이면 세상도 변한다지만 난 그대로다. 새로운 10년, 100세 시대를 앞두고 방황하고 있다. 생계유지를 위해 어느 정도 돈을 벌어야 한다. 팀원에서 팀장으로 당당히 발돋움해야 한다. 마음 통하는 멤버들과 드림팀을 꾸리고 싶다. 인생과 비즈니스의 동반자로서 나만의 고객을 창출하고 인간미 넘치는 멋진 존재가 되어 더 넓은 세상으로 당당히 나아가길 꿈꾼다.

개굴개굴~~ 주문을 외운다. 나만의 좁은 우물 안에 움츠려 혼자만의 합창을 즐긴다. 지금 내 모습이다. 독서와 책 쓰기로 인생의 전환점을 모색해보려 하지만 읽지 않는 책은 쌓여만 간다. 나의 졸필을 누가 볼까, 마음 졸인다. 펜을 놓은 지 오래다. 아니다. 펜을 제대로 들어본 적도 없다. 나를 지배하는 무력감과 두려움에 매혹되었다. 현실이다. 조용한 산에 가서 도를 닦고 싶다. 책도 좀 읽고 글도 좀 써보고 싶다. 현실도피를 꿈꾼다. 이상이다. 현실과 이상의 괴리, 미래에 대한 불안감이 공허한 내 마음을 파고들고 오늘도 뜬 눈으로 아침을 맞이한다.

저자는 20대까지 책을 많이 읽지 않았다고 한다. 나는 30대까지 읽은 책이 열 권도 되지 않는다. 저자는 30대에 10년간 글쓰기 지옥훈련을 했단다. 나도 하면 되지 않을까. 10년을 수련하면 글쟁이 흉내는 조금 낼 수 있지 않을는지. 막연하지만 기대감을 가져본다.

늦었다고 생각할 때는 정말 늦은 것이리라. 그럼에도 불구하고 새로운 10년을 설계해봐야지. 나의 자아를 찾고 나의 영혼과 만나봐야겠다. 더 많은 사람들과 진심 어린 만남을 가져야겠다. 두렵지만 한발 내디뎌봐야겠다. 나의 꿈을 조금씩 실현해가리라. 글쓰기 훈련이 나를 새로운 길로 안내해주리라 믿는다. 그래도 지옥훈련 수준까지는 아니길 소원해본다.

내가 생각하는 '서민적 글쓰기'는 '서민적 말하기'다. '서민적 귀 기울임'이다. 자신의 주제 파악이 우선이다. 전라를 드러낼 수 있어야 한다. 부끄럽지만 꾸밈없는 자아를 상대에게 보여줄 수 있어야 한다. 서민적 글쓰기는 '아름다운 영혼의 대화'다. 가진 것, 내세울 것 없는 상대라도 진심으로 귀 기울이는 따뜻한 마음이다. 저자는 겉과 속이 다른 일부 '귀족, 부유층, 특권층'과는 거리가 있는 사람이라 생각된다. 책 속에 투영된 그는 솔직하다. 진솔하다. 대통령은 나를 만나 주지 않겠지만 저자는 왠지 나를 만나 줄 것 같은 기대감이 든다. 그는 서민에 더 가까운 듯하다. 다행이다.

나혼밥은 머리가 아프다. 몇 시간 째 과제물 작성으로 씨름하고 있다. 책 읽는 것도 힘든데 글 쓰는 것이 이렇게 어려울 줄이야. 좀 쉬었다 해야겠다. TV를 켰다. 개그콘서트 인기코너 「맹구학당」이 한창이다. 대통령을 꿈꾸는 다섯 자매가 동반 출연했다. 요즘 시청률 대박이다.

(A) "큰형, 내 별명이 뭔 줄 알아?"

(M) "음……. 무슨 아바타였나?"

(A) "실망이야! 내 별명도 모르고. 흥"

(Y) "갑수야, 어리광부리지 말고 공부나 해라."

(A) "작은형, 나 좀 그만 괴롭혀. 힝."

(H) "얘들아, 나 왔어."

(S) "난 오빠하고는 말하기 싫어. 오빠 얼굴 안 보고 말할게."

(H) "계집애, 속이 좁긴. 넌 집에 가서 세탁기 돌리고 설거지나 해라."

(선생님) "잠깐만요, 학생들. 오늘의 토론 주제는 함께 잘 사는 우리사회 입니다."

(맹구) "무엇보다 국민 건강이 우선이에용. 담뱃값을 올려 흡연율을 낮춰야 해용. 복지정책도 중요하지유. 국가가 나이 드신 분들에게 용돈을 드려야 해용. 중병으로 아픈 사람들은 치료비 걱정 없이 국가가 돌봐줘야 하구용. 필요한 국가예산은 효율적 나라살림을 통해 마련하면 되지유. 내가 대통령이 되면 가난한 사람과 부자들 모두 함께 행복한 사회를 만들겠습니당!"

'서민적 글쓰기', '서민적 말하기'가 필요한 순간이다.

"국민 여러분, 식사는 하셨습니까? 살림살이 좀 나아지셨습니까? 우리는 지금 성장과 분배의 순환 속에서 눈부신 미래로 나아가야 하는 중요한 순간에 처해 있습니다. 성장은 돈을 버는 것이고 분배는 번 돈을 나누어주는 것입니다. 사회구성원을 돈이 많은 자와 적은 자로 나누고 이들을 자본가와 노동자라 표현하겠습니다. 성장은 자본가의 이익을, 분배는 노동자의 이익을 중요시합니다.

우리는 시대적 상황에 따라 성장과 분배 중 하나의 방향을 정해야 합니다. 제한된 자원으로 두 마리 토끼를 모두 잡을 수는 없기 때문입니다. 우리 사회는 지금까지 대기업 위주로 성장해왔습니다. 사회 발전을 위한 이들의 역할을 인정해야 합니다. 하지만 그 결과 우리는 자본가들의 이익이 증가하고 노동자와의 불평등이 더욱 심화되는 상황에 처해 있습니다.

우리 정권은 이제 분배를 실현하고자 합니다. 노동자들의 이익을 상대적으로 중요시하는 정책을 펼쳐가겠습니다. 자본가의 이익을 노동자들과 함께 공유하여 부의 불평등이 해소되는 사회를 실현하겠습니다. 정부가 이러한 정책을 실현하기 위해서는 돈이 필요합니다. 국민들로부터 **세금을 더 징수**해야 합니다.

간접세 중 담배소비세를 먼저 올리겠습니다. 간접세는 국민들이 물품을 구입할 때 가격과 함께 지불하는 것으로서 직접세보다 조세부담의 체감 정도가 상대적으로 낮습니다. 흡연자들에게는 양해를 구합니다. 서민들의 필수 소비품목에 대해서는 면세대상을 확대하되, 필요한 경우 부가가치세율의 인상도 고려하겠습니다. 다음으로 직접세입니다. 개인소득세를 먼저 인상하겠습니다. 소득이 많은 분이 세금도 더 많이 납부해야지요. 이를 위해 일부 소득공제 항목을 세액공제로 전환[1]하고 소득세 최고세율 구간을 지속적으로 추가[2]하겠습니다.

---

1) PART Ⅳ 제6장. '재미있는 산수교실'을 참조하자.
2) PART Ⅲ 제9장. '창업경연대회'를 다시 참관하자.

마지막으로 법인세율 인상입니다. 법인세율은 그동안 인하되어 왔습니다. 말씀 드린 바와 같이 우리는 대기업, 재벌 위주로 성장해왔고 그들의 역할이 우리 사회 발전의 원동력이 되었습니다. 법인 본연의 역할[3]을 기대하며 법인세율을 인상하지 않은 것이 사실입니다. 이제는 분배를 실현할 차례입니다. 제가 책임지고 그들을 설득시켜 법인세율을 인상[4]하겠습니다.

　　분배는 가진 자(자본가)의 이익을 상대적으로 덜 가진 자(노동자)들에게 나누어주는 것입니다. 이렇게 생각할 수도 있습니다. '내가 힘들게 일해서 돈 많이 벌었는데 왜 가난한 사람들을 위해 세금을 많이 내야 하나?' 맞는 말입니다. 하지만 자본가의 이익 창출을 위해서 노동자들도 기여했다는 점을 고려해야 합니다. 우리 사회는 더불어 살아가는 것이죠.

　　성장과 분배의 선택에서 정답은 없습니다. 우리가 처한 상황에 따라 사회적 합의를 통해 방향성을 정하고 다함께 나아가야 합니다. 상호 경청과 소통으로 규칙을 정하고 자신의 의견을 투표로 표현하는 겁니다. 자신의 의견을 대변하는 정당을 선택해야 합니다. 성장을 중시하는 '보수'와 분배를 중시하는 '진보', 선택은 당신의 몫입니다. 자신의 입장과 의견이 먼저 명확해야 합니다. 이를 위해 최소한의 상식이 필요합니다.

　　국민 여러분! 우리는 지금 4차 산업혁명의 격변기를 맞이하고 있습니다. 우리는 더 이상 대기업 재벌 위주로 성장하지 않을 것입니다. 자신만의 지식으로 무장한 1인기업, 사회 구성원 개개인이 경제활동의 주체로서 우리 사회의 핵심이 될 것입니다. 기회는 평등하고 과정은 공정하고 결과는 정의로운 나라[5], 나눔과 공생의 사회로 우리는 함께 나아갈 것입니다. 우리 모두가 경제의 주역으로서 기초 세무지식은 필수입니다. 전 국민이 1인기업 세무과외를 받으시길 추천합니다. 저

---

3) PART Ⅲ 제2장. '인간의 품격'을 돌이켜 보자.
4) 2018년부터 법인세 최고세율 구간이 추가 되었다.
5) 대한민국 19대 대통령 취임사에서 인용

도 책을 구입했습니다. 저와 함께 하시죠."[6]

개콘(개그콘서트)이 끝났다. 나혼밥은 과제를 마무리하고 잠을 청한다.

주량을 키워야겠다. 저자는 소주를 좋아하나 보다. 나는 소주 세 잔이면 불타는 홍당무가 되고 한 병 들이키면 조용히 잠을 청해야 하는 주량의 소유자다. 고요한 선술집에서 그와 소주 한잔 기울이고 싶다. 나 같은 사람의 말을 잘 들어줄 것 같다. 말없이 술만 마셔도 부담되지 않을 듯하다. 두 병까지 도전해볼 용기가 생긴다. 1~2년에 한 번 가는 노래방에서 그와 함께 책 속에 나오는 요상한 취권醉拳 동작을 연습해봐야겠다. 노릇노릇 삼겹살과 푸짐한 계란말이를 기대한다. 술값은 저자가 내리라는 확신이 든다. 다행이다. 대통령이 함께 하면 금상첨화가 될 텐데.

마지막 문장이 드라이한 내 마음을 살포시 적셔온다. 심장 속에 눈물이 봄비 되어 내린다.

"사람들이 내 글에 식상해지는 날도 머지않아 오겠지만, 그때까지는 열심히 글을 써야겠다. 너무 말없이 지낸 기간이 길어서 그런지, 내겐 아직도 하고 싶은 말이 많이 남아 있으니 말이다."(서민의 〈서민적 글쓰기〉에서)

다행이다. 세상을 향해 소리칠 수 있는 방법이 나에게도 있음을 알게 돼서. 속았다는 생각이 오해였다면 그에게 미안하다. 서민을 서민으로 인정한다. 서민의 글을 힘차게 응원한다!

다행이다. 강한 자에 가혹하고 약한 자에 관대한 진정한 서민의 대통령, 서민적 글쓰기를 꿈꿀 수 있어서. 꿈이 아니길 기대하며 과제를 마무리한다.

 **"서민 작가와 대통령, 나혼밥이 함께 소주 한잔 기울이는 상상을 하며."**

---

[6] 성장과 배분, 보수와 진보 등의 일부 내용을 '시민의 교양, 채사장'에서 인용함

부가가치세 산출구조에 대한 학습내용을 정리하세요!
스스로 생각하고 대답해보세요.
Are you ready?

**001** 서로 관계있는 것끼리 선으로 연결하라.

**002** 서로 관계있는 것끼리 선으로 잇고, 빈 칸에 알맞은 말을 채워보자.

WHY?

**003** 부가가치세 '면세'의 의미를 설명해보자.

**004** 사업자 A와 사업자 B가 납부할 부가가치세를 계산해보자. 최종소비자 C 나혼밥이 부담하는 부가가치세는 얼마인가?

- 사업자 A는 부가가치 A원을 창출하여 사업자 B에게 A원에 판매. 부가가치세 A×10% 수령. 총 수령액=A+A×10% (사업자 A의 매입거래는 없다고 가정)
- 사업자 B는 사업자 A로부터 매입한 A에 자신의 부가가치 B를 추가하여 최종소비자 C에게 A+B원에 판매. 부가가치세 (A+B)×10% 수령. 총 수령액=(A+B)+(A+B)×10%

**005** '부가가치세는 매출세액에서 매입세액을 차감해서 계산된다'는 의미를 설명해보라. 매입세액공제, 부가가치세 환급의 의미는?

**006** 부가가치세 절세 비법은 무엇일까?

### 모범답안

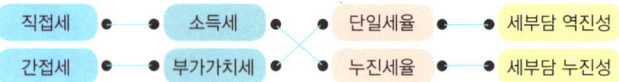

　조세를 부담하는 담세자와 조세를 납부하는 납세의무자가 동일한 세금을 직접세, 동일하지 않은 세금을 간접세라 한다. 소득세는 직접세에 속한다. 자신이 벌어들인 돈으로 자신이 직접 세금의 신고·납부 의무를 부담하기 때문이다. 부가가치세는 간접세에 속한다. 최종소비자가 부담하고 이들로부터 부가가치세를 징수한 공급자가 납세의무를 부담하기 때문이다. 소득세는 누진세율이 적용되어 세 부담의 누진성을 가진다. 이는 소득이 증가할수록 부담하는 세금이 증가함을 의미한다. 반면 부가가치세는 소비자의 소득 수준에 상관없이 10% 단일세율이 적용된다. 따라서 부가가치세는 소득이 높은 사람의 소득 대비 부담이 상대적으로 낮아지는 세 부담의 역진성을 나타낸다.

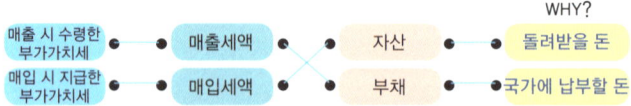

　공급자가 소비자에게 물품을 공급하며 받은 부가가치세를 '매출세액'이라 한다. 부채에 속한다. 국가에 납부해야 할 돈이기 때문이다. 매출세액은 자신이 수령했지만 '내 돈'이 아님을 마음 속 깊이 새겨야 한다. 물품을 매입하면서 지급한 부가가치세를 '매입세액'이라 한다. 이는 자산으로 분류된다. 국가로부터 돌려받을 돈이기 때문이다. 돌려받는다는 의미는 납부해야 할 매출세액을 매입세액 금액만큼 줄여준다는 의미다.

면세는 특정 품목에 대해 부가가치세를 부과하지 않는 것을 의미한다. 이는 상대적으로 소득이 낮은 서민들이 주로 소비하는 품목과 기초생활품목 등에 대해서는 부가가치세를 부과하지 않음으로써 부가가치의 역진성을 보완하기 위한 제도다.

부가가치세는 부가가치의 10%로 계산되므로 사업자 A가 납부할 부가가치세는 A×10%, 사업자 B가 납부할 부가가치세는 B×10%이다. 이것이 어떻게 계산되는지 살펴보자.

거래의 흐름은 다음과 같다.

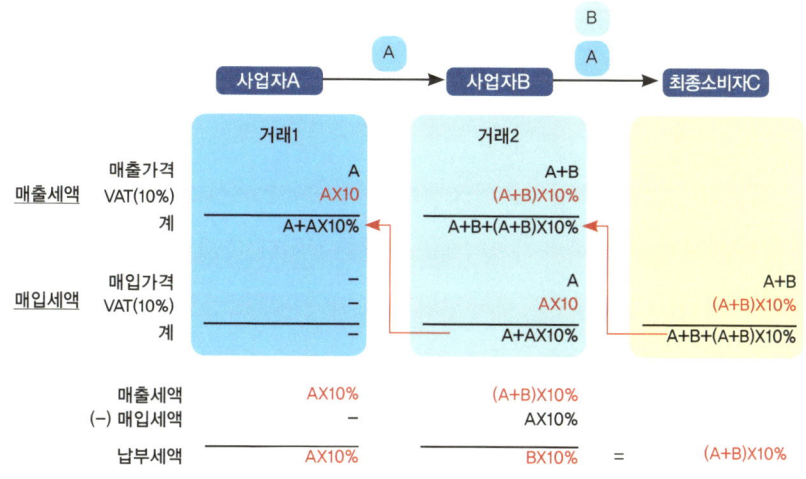

사업자별 부가가치세의 흐름만 살펴보자. 사업자가 물품을 판매하면서 받는

부가가치세를 '매출세액'이라 하고, 물품을 매입하면서 지불한 부가가치세를 '매입세액'이라 했다.

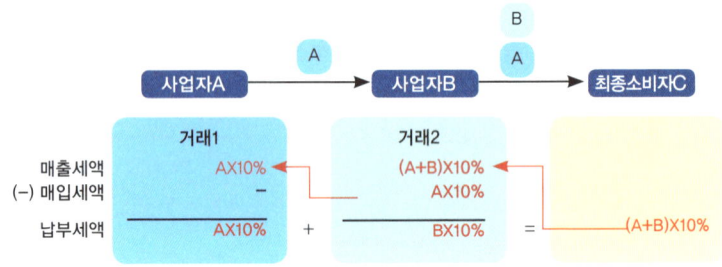

사업자 A의 매입거래는 없다고 가정했으므로, 사업자 A가 지불한 매입세액은 없고 사업자 B로부터 매출세액 A×10%만 받았다. 그의 부가가치 관련 현금흐름은 사업자 B로부터 수령한 A×10%다. 이 돈을 국가에 납부하면 된다. 다시 한 번 강조하지만 A×10%는 사업자 A의 돈이 아닌 국가의 돈이다. 만났지만 곧 헤어질 운명, 스쳐가는 인연이라 했다.

사업자 B는 A로부터 물품을 구입하며 부가가치세 A×10%를 지불했다. 소비자로서 물품을 소비하며 부가가치세를 부담한 것이다. 자기 돈을 지불했다. 아깝다. 상심하지 말자. 떠났지만 다시 만날 수 있다. 어떻게? 사업자 B는 최종소비자 C에게 물품을 판매하며 부가가치세 (A+B)×10%를 수령한다. 산수를 풀어보자. (A+B)×10%는 A×10%+B×10%다. 즉, 사업자 B는 소비자 C로부터 자신이 지불했던 A×10%를 받아내는 것이다. 자신을 떠났던 A×10%를 다시 만났다. 사업자 B가 가진 돈은 얼마인가? B×10%다. 이 돈을 납부하면 된다. 어떻게 계산되었는가? 사업자 B가 물품을 판매하면서 수령한 부가가치세 (A+B)×10%에서 자신이 물품을 구입하면서 부담했던 부가가치세 A×10%를 차감해서 구해진다.

몸짱의 완성을 위해 헬스장을 다시 방문해보자. 부가가치세법에서 각 사업자가 납부할 부가가치세는 자신의 매출세액에서 이전 단계에서 발생한 매입세액을 차감하여 구하는 방식을 취하고 있다. 현행 부가가치세 산출 구조는 다음과 같다.(PART Ⅲ 제4장 및 제8장 '복부비만 직장인 10년차' 참조)

$$\begin{aligned}\text{부가가치세} &= \text{매출세액} - \text{매입세액} \\ &= \text{매출액} \times 10\% - \text{매입액} \times 10\% \\ &= (A+B) \times 10\% - A \times 10\%\end{aligned}$$

이제 위 산식을 해독해보자.

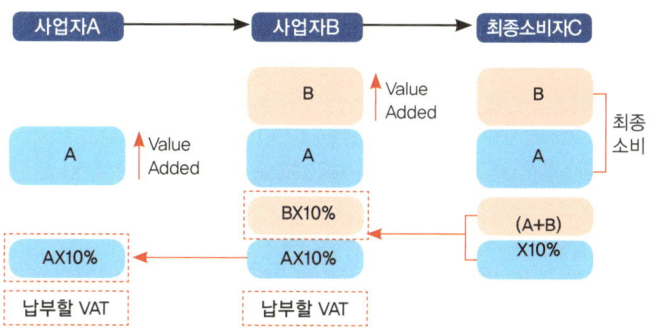

수익을 창출하기 위해서는 비용이 지출된다. 사업자 B는 수익창출을 위해 사업자 A로부터 A를 매입했다. 매입액 A에 자신의 부가가치 B를 추가하여 A+B의 가치를 창출하고 소비자에게 공급한다. 즉 A는 A+B의 가치 창출을 위한 기초가 된다. 이처럼 거래의 각 단계를 거치며 부가가치가 더해져 최종소비자가 이를 소비하는 것이다.

이 과정에서 사업자 B는 자신의 거래단계까지 창출된 부가가치세의 합계 $(A×B)×10\%$를 소비자로부터 수령한다. 이는 곧 자신이 직전 거래단계까지 부담했던 부가가치세 $A×10\%$를 소비자로 C로부터 받아내는 것이다. 즉 매출세액 $(A×B)×10\%$에서 매입세액 $A×10\%$를 제외한 나머지 $B×10\%$를 납부함으로써 자신이 창출한 부가가치에 대해 납부의무를 부담하게 된다.

정리해보자. 부가가치세는 거래단계별로 누적된 부가가치세를 매출세액으로 징수하므로, 자신의 부가가치 창출의 기초가 되었던 이전 단계까지의 부가가치세 매입세액을 차감해주는 것이다. 부가가치세는 이와 같이 자신의 거래단계까지 발생한 매출세액에서 이전 거래단계에서 발생한 매입세액을 차감하는 방식으로 계산한다. 매출세액에서 매입세액을 차감하는 것을 '매입세액공제'라 한다.

산수를 하나만 더 풀어보자. 부가가치세는 매출세액-매입세액이다. 만약 매입세액이 매출세액보다 더 크다면 부가가치세는 (-)로 산출된다. 믿을 수 없지만 이 돈은 국가로부터 환급받는다. 즉 사업자가 소비자 입장에서 지급한 매입세액이 공급자 입장에서 수령한 매출세액보다 더 많은 경우에는 차액을 부가가치세 환급의 명목으로 돌려받는다. 현행 부가가치세 산출 구조 하에서 피해 갈 수 없는 수학의 법칙이다.

매출세액 − 매입세액 〉 0 ☞ 부가가치세 납부
매출세액 − 매입세액 〈 0 ☞ 부가가치세 환급

부가가치세에도 절세 비법이 있을까? 부가가치세는 매출세액에서 매입세액을 차감해서 산출된다고 했다. 사업자는 소비자로부터 매출세액을 제대로 징수하고 자신이 부담했던 매입세액을 잘 돌려받으면 된다. 이것이 부가가치세 절세의 기본이자 전부다.

부가가치세의 탐험이 어느 정도 마무리되고 있다. 아직 조금 남았다. 여정을 마무리하고 회계와 소득세, 부가가치세 모두가 모이는 그 곳으로 달려 가보자.

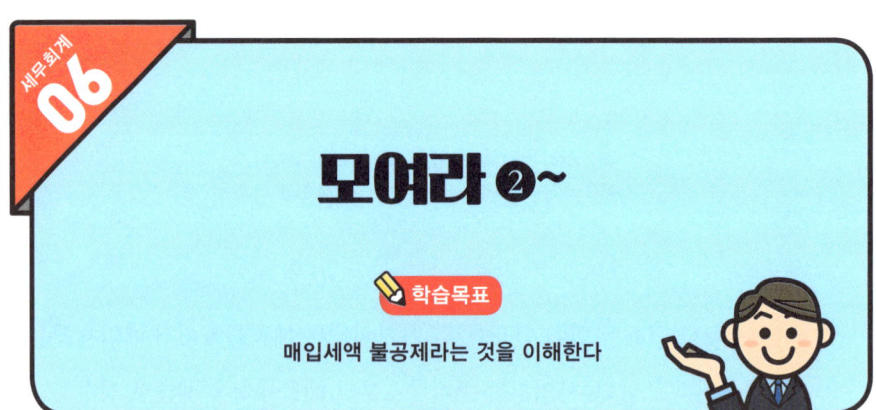

회사가기 싫은 사람 장사하기 싫은 사람 모여라.

하루 종일 놀아보자 밤새도록 놀아보자 그래그래 그래 그거 좋겠다.

(송골매의 「모여라」)

나도 모였다. 연예인보다 더 유명한 부가가치세다. 부가가치세는 매출세액에서 매입세액을 차감해서 구한다. 매출액과 매입액, 어디서 들어본 듯하다. 수익에서 비용을 차감한 것이 '이익'이라 했다. 수익은 매출액이고 비용은 매입액이다. 소득세법에서는 수익을 '총수입금액'으로, 비용을 '필요경비'라 표현한다고 했다. 뭔가 비슷하다.

부가가치세 산출 구조를 살펴보자.

소비자에게 물품을 공급할 때 매출액의 10%를 부가가치세로 징수한다. 이를 매출세액이라 한다.
다른 사업자로부터 물품을 매입할 때 매입액의 10%를 부가가치세로 지급한다. 이를 매입세액 이라 한다.
자신이 수령한 매출세액에서 지급한 매입세액을 차감해서 계산된 부가가치세를 납부세액이라 한다.

부가가치세의 출발점은 매출액과 매입액이다. 현행 부가가치세법은 거래단계별로 누적된 부가가치세를 매출세액으로 거래징수하고 자신의 부가가치창출의 기초가 되었던 이전 단계까지의 부가가치세 매입세액을 차감하는 구조를 취한다. 부가가치세 매입세액을 차감해주는 것을 '매입세액공제'라고 했다. 매입세액공제를 해주는 이유는 무엇인가? 매입액은 새로운 부가가치 창출의 기초가 되기 때문이다.

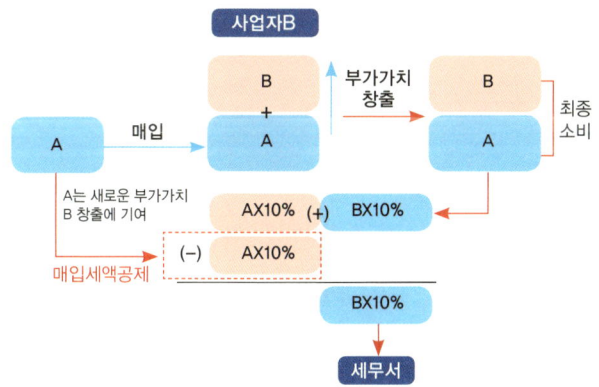

사업자 B는 A를 매입 후 B의 가치를 추가하여 A+B의 가치를 소비자에게 공급한다. 이 과정에서 부가가치세 매입세액 Ax10%를 부담하고 매출세액 (A+B)x10%를 수령 후 자신이 부담했던 매입세액 Ax10%를 제외한 Bx10%를 최종 납부한다. 결국 매입액 A가 A+B의 가치 창출에 기여하였으므로 A관련 매입세액 Bx10%를 매출세액 (A+B)x10%에서 차감해주는 것이다.

우선 각 거래단계별 매출-매입 금액 및 이에 대한 매출세액과 매입세액 관리가 중요하다. 이를 위해 그 이름도 유명한 '세금계산서'가 등장한다. 세금계산서는 거래에 대한 자료로서 언제, 누가, 누구에게 무엇을 얼마에 팔았는지, 그리고 거래

상대방으로부터 징수한 부가가치세 정보가 기재된다. 매입자 입장에서는 매입금액 및 자신이 부담한 부가가치세 정보가 기재된다.

매입세액공제의 이유는 매입액이 새로운 부가가치 창출의 기초가 되기 때문이라고 했다. 이는 매입액이 사업 본연의 역할에 사용됨을 의미한다. 또한 거래단계별 매출과 매입, 이에 따른 매출세액과 매입세액 정보관리를 위해 세금계산서가 필요하다. 결국 매입자 입장에서 매입세액공제를 위해서는 매입액이 사업 활동에 사용되어야 하고 세금계산서를 수령해야 한다.

달리 표현해보자. 매입액이 사업 활동에 투입되지 않거나 세금계산서를 수령하지 않을 경우 매입세액공제가 되지 않는다는 뜻이다. 사업자는 매입비용 중 매입세액이 공제되지 않는 경우를 숙지해야 한다. 이를 '매입세액 불공제'라 한다. 매입세액이 공제되지 않는다는 것은 매입세액이 매출세액에서 차감되지 않아 그만큼 부가가치세 금액이 증가함을 의미한다. 매입세액이 불공제되는 경우를 살펴보자.

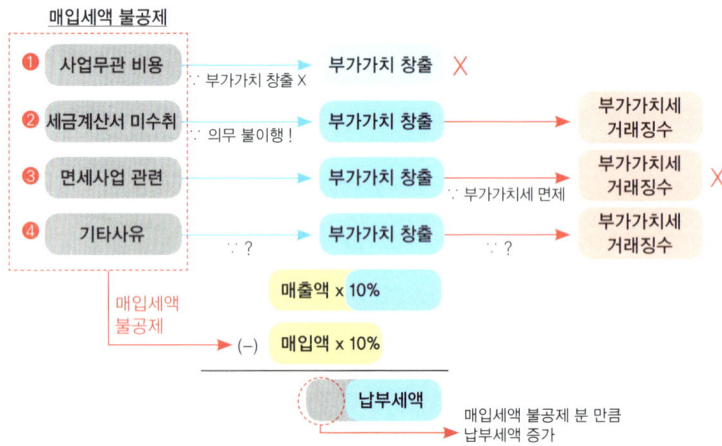

매입비용이 새로운 부가가치 창출에 기여하지 못하는 경우가 있다(❶). 소득세법의 가사경비와 같다. 본연의 사업과 직접 관련 없는 매입액은 개인적 용도로 사

용된 것이므로 새로운 부가가치 창출과 무관하다. 따라서 그러한 매입세액은 매출세액에서 공제되지 않는다.

세금계산서를 교부받지 않은 경우는 어떨까(❷). 매입액이 사업 활동에 사용되는 경우라 할지라도 거래정보가 기재되는 세금계산서를 수취하지 않은 경우의 매입세액은 공제되지 않는다. 이는 세법에서 규정한 의무불이행에 따른 큰 불이익이다.

면세사업자도 매입세액을 공제받지 못한다(❸). 면세사업자의 매입액이 사업 활동에 투입되어 새로운 부가가치를 창출한다 하더라도 면세품목에는 부가가치세가 부과되지 않는다. 따라서 면세사업자는 매출세액을 징수하지 않고 매입세액 또한 공제받지 못한다.

또 어떤 경우가 있을까(❹)? 각자 답을 찾아보자.

매입세액이 공제되지 않는다면 그 금액만큼 사업자가 납부할 부가가치세는 증가한다. 매입세액 불공제 금액이 회계상 어떻게 분류될 것인가?

매입세액은 납부해야 할 매출세액에서 그 금액만큼 차감됨으로써 돌려받을 돈이기 때문에 자산이라 했다. 만약 매입세액이 공제되지 않는다면, (매출세액에서 차감되지 않아 돌려받을 수 없다면) 그건 자산이 아닌 비용이다. 기장도사님과의 만남을 다시 떠올려보자. 자산은 곧 비용이라 했다. 가치판단 또는 시간의 관점에서. 즉 매입세액이 돌려받을 가치가 있으면 자산으로, 돌려받을 가치가 없다면 비용으로 분류된다.

소통전문가 사업자 A의 수입과 지출을 다시 살펴보자(PART V 제3장에서 계속).

거래 1  대화법 강연료 수익 1,000만 원 현금수령, 부가가치세 100만 원 함께 수령
거래 2  수익 창출 위한 영업비용 : 300만 원 현금지출, 부가가치세 30만 원 함께 지출
        ※ 영업비용 300만 원 중 100만 원(매입세액 10만 원)은 영업과 무관한 지출이라 가정
거래 3  부가가치세 70만 원 납부 : 매출세액 100만 원-매입세액 30만 원

PART V 제3장 '소통의 균형' 시간에 학습한 재무제표와 비교하여 결과를 예측해보자.

매입세액을 돌려받을 수 있다면, (매출세액에서 차감할 수 있다면) 그것은 자산이다. 반면, 매입세액이 공제되지 않아 돌려받을 수 없다면 비용이다. 사업자 A의 매입세액 30만 원 중 10만 원은 영업과 무관한 지출이므로 매출세액에서 공제되지 않는다. 따라서 매입세액 불공제 10만 원은 재무제표에 비용으로 반영된다. 비용이 10만 원 증가(❶)하면 이익이 10만 원 감소한다. 또한 매입세액 불공제 10만 원만큼 부가가치세 납부액이 증가하므로 현금이 10만 원 감소(❷)한다. 즉 매입세액 불공제 금액만큼 비용이 증가하고 현금이 감소한다.

| 사업자 A 재무제표 | | | | 사업자 A 재무제표(매입세액 불공제 반영) | | | |
|---|---|---|---|---|---|---|---|
| 손익계산서 | | 대차대조표 | | 손익계산서 | | 대차대조표 | |
| I. 수익<br>컨설팅 수익 | 1,000 | I. 자산<br>현금<br>돌려받을 VAT | 700<br>– | I. 수익<br>컨설팅 수익 | 1,000 | I. 자산<br>현금<br>돌려받을 VAT | ❷<br>690<br>– |
| | | 자산합계 | 700 | | | 자산합계 | 690 |
| II. 비용<br>영업비용 | 300 | II. 부채<br>납부할 VAT<br>III. 자본(I–II) | –<br>–<br>700 | II. 비용<br>영업비용 | ❶<br>310 | II. 부채<br>납부할 VAT<br>III. 자본(I–II) | –<br>–<br>690 |
| III. 이익(I–II) | 700 | 부채자본 합계 | 700 | III. 이익(I–II) | 690 | 부채자본 합계 | 690 |

또 속았다. 회사가기 싫고 장사하기 싫어서 모였는데 머리만 아프다. 그래도 모였으니 다 함께 부가가치세를 연구해보자. 밤새 놀 수 있는 그날을 위해.

〈참고자료〉

▶ 분개

**거래 1** 매출거래 ⇨ PART V 제3장과 동일

| 차변 | | 대변 | |
|---|---|---|---|
| ❶ 현금(자산 증가) | 1,100만 원 | ❷ 컨설팅수입(수익 발생) | 1,000만 원 |
| | | ❸ 납부할 부가가치세(부채 증가) | 100만 원 |
| | 1,100만 원 | | 1,100만 원 |

**거래 2** 매입거래 ⇨ 매입세액 불공제 10만 원 비용 증가

| 차변 | | 대변 | |
|---|---|---|---|
| ❹ 영업비용(비용 증가) | 300만 원 | ❻ 현금(자산 감소) | 330만 원 |
| ❺ 돌려받을 부가가치세(자산 증가) | 20만 원 | | |
| ❹ '돌려받을 수 없는 부가가치세 (비용 증가) | 10만 원 | | |
| | 330만 원 | | 330만 원 |

**거래 2** VAT납부거래 ⇨ 매입세액 불공제 10만 원 납부세액 증가

| 차변 | | 대변 | |
|---|---|---|---|
| ❼ 납부할 부가가치세(부채 감소) | 100만 원 | ❽ 돌려받을 부가가치세(자산 감소) | 20만 원 |
| | | ❾ 현금(자산 감소) | 80만 원 |
| | 100만 원 | | 100만 원 |

▶ **재무제표 작성**

| 손익계산서 | | | | 대차대조표 | | | |
|---|---|---|---|---|---|---|---|
| I. 수익<br>　컨설팅 수익 | 1,000만 원 | ❷ | | I. 자산<br>　현금<br>　돌려받을 VAT | 690만 원<br>– | | ❶-❻-❾<br>❺-❽ |
| II. 비용<br>　영업비용 | 310만 원 | ❹+❹ | | 자산합계 | 690만 원 | | |
| | | | | II. 부채<br>　납부할 VAT | –<br>– | | ❸-❼ |
| | | | | III. 자본(I-II) | 690만 원 | | |
| III. 이익(I-II) | 690만 원 | | | 부채자본 합계 | 690만 원 | | |

　매입세액 불공제 10만 원은 돌려받을 수 없는 돈이므로 자산이 아닌 비용이다. 따라서 PART V 제3장과 비교해 10만 원만큼 손익계산서상 비용이 증가하고 이익이 감소한다. 또한 그 금액만큼 부가가치세가 증가하므로 대차대조표상 현금이 10만 원 감소한다.

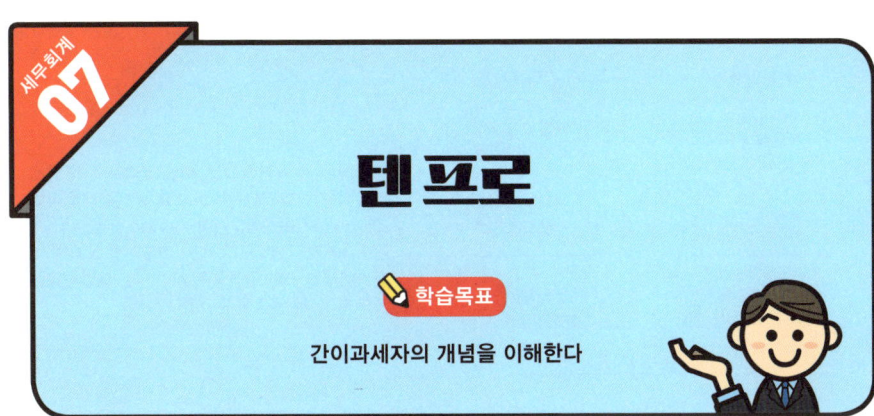

텐 프로, 아무리 생각해도 비싸다. 비록 내 돈은 아니지만 왠지 아깝다.

부가가치세는 소비자로부터 받아서 납부하는 간접세다. 하지만 결과적으로 매출액의 10%에서 매입액의 10%를 차감해서 산출된 부가가치세를 자신의 지갑에서 꺼내야 한다. 또한 이를 위해 매출과 매입 정보를 관리해야하고 거래를 할 때마다 세금계산서도 발행 및 수취해야 한다. 매입세액이 공제되지 않는 경우도 있다. 회계와 장부기장, 소득세도 힘든데 부가가치세 규정까지 숙지해야 한다니. 이런 것들이 매출규모가 크지 않은 사업자들에겐 부담스럽다.

바로 그런 소규모 사업자를 대상으로 부가가치세 계산을 단순화하고 신고납부 의무를 경감시켜주는 것이 간이과세제도다. 텐 프로의 부담을 줄여준다.

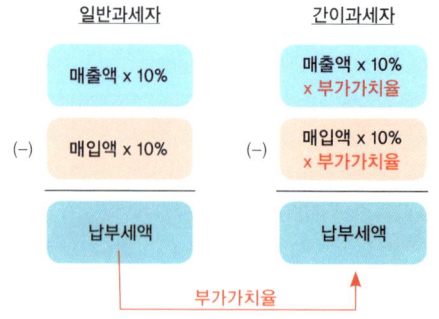

일반적인 부가가치세는 매출세액에서 매입세액을 차감하여 계산된다. 매출세액은 매출액의 10%, 매입세액은 매입가액의 10%로 산정된다. 간이과세자의 부가가치세는 매출액의 10%에 부가가치율을 곱한 금액으로 계산한다. 매입세액공제도 부가가치율만큼 반영된다.

간이과세자는 물품 공급 시 거래상대방으로부터 부가가치세를 별도로 징수하지 않고 세금계산서를 교부하지도 않는다. 간이과세자에게는 매출세액의 개념이 적용되지 않는다. 단순히 매출액의 10%에 부가가치율을 곱해서 부가가치세를 산출하는 것이다. 간이과세자가 매입자 입장에서 부담한 매입세액이 있다면, 매입세액의 부가가치율만큼 차감해서 부가가치세가 산정된다. 부가가치율은 업종별로 정해져 있다.

| 구분 | 부가가치율 |
| --- | --- |
| 전기·가스·증기 및 수도사업 | 5% |
| 소매업, 재생용재료수집 및 판매업, 음식점업 | 10% |
| 제조업, 농업·임업 및 어업, 숙박업, 운수 및 통신업 | 20% |
| 건설업, 부동산임대업 및 그 밖의 서비스업 | 30% |

소득세는 사업자를 개인사업자와 법인사업자로 구분했다. 부가가치세는 사업자를 일반과세자[1]와 간이과세자로 구분한다. 간이과세자는 직전 1년간 공급대가가 4,800만 원에 미달하는 개인사업자를 대상으로 한다. 법인사업자와 일부 업

---

[1] '간이과세자'가 아닌 사업자를 '일반과세자'라 한다.

종에 대해서는 간이과세자가 적용될 수 없다. 간이과세자는 부가가치세 부담이 일반과세자에 비하여 부가가치율 수준으로 완화된다. 또한 해당 과세기간 공급대가 합계가 2,400만 원 미만이면 부가가치세 납부의무가 면제된다. 6개월을 과세기간으로 하는 일반과세자에 비해 간이과세자는 1년을 과세기간으로 하여 신고 납부 의무도 경감된다.

단점도 있다. 간이과세자는 매출거래에 대해 세금계산서를 발행하지 못한다. 거래 상대방이 세금계산서를 수령할 수 없다. 세금계산서 미수취는 매입세액 불공제 사유 중 하나였다. 따라서 간이과세자와 거래하는 매입상대방은 세금계산서를 수령하지 못하여 매입세액공제를 받을 수 없음을 의미한다. 이는 간이과세자에게 거래의 장애요소가 될 수 있다.

또한 일반과세자의 경우 매입세액이 매출세액보다 많은 경우 즉 납부세액이 (-)가 되는 경우 환급받을 수 있다. 부가가치세 산출 구조에 적용되는 수학의 법칙이다. 하지만 간이과세자에게 환급은 적용되지 않는다. 부가가치세 계산을 약식으로 하였으므로 환급은 해 주지 않겠다는 의미로 해석된다.

결국 간이과세자는 납세 편의 등의 장점도 있지만, 세금계산서 발행을 요구하는 고객과 거래를 하거나 사업 준비 등으로 일시적인 매입금액에 대한 부가세 환급액이 큰 경우에는 간이과세자 적용 기준에 해당하더라도 일반과세자가 유리하다.

신규사업자는 일반과세자와 간이과세자 중 하나를 선택할 수 있다. 이후에는 간이과세 적용 기준에 따라 일반과세자와 간이과세자의 과세유형이 전환된다. 한편 간이과세자 적용 대상 사업자인 경우라도 간이과세를 포기하고 일반과세자 규정을 적용받을 수 있다.

일반과세자와 간이과세자의 차이를 정리해보자.

| 구분 | 일반과세자 | 간이과세자 | 비고 |
|---|---|---|---|
| 납부세액 | 매출세액-매입세액 | 매출액×10%×부가가치율-<br>매입액×10%×부가가치율 | 일반과세자에 비해 세 부담 경감 |
| 납부의무 면제 | 해당 없음 | 공급대가 2,400만 원 미만 | |
| 과세기간 | 6개월 | 1년 | 일반과세자에 비해 신고의무 완화 |
| 환급세액 | 환급 가능 | 환급 불가능 | 매입세액 과다로 환급 예상 시 일반과세 유리 |
| 세금계산서 | 발행의무 있음<br>☞ 거래 상대방 매입세액공제가능 | 발행의무 없음<br>☞ 거래 상대방 매입세액 공제 불가능 | 세금계산서 요구 상대방과 거래 시 일반과세 유리 |
| 신규사업자 | 일반과세자와 간이과세자 중 선택 가능 | | 판단 필요 |
| 간이과세 포기 | • 간이과제자 기준에 해당되어도 선택에 따라 간이과세 포기 및 일반과세 적용 가능 | | |

일반과세자와 간이과세자 무엇이 유리한가? 스스로 판단해보고 아래 물음에도 답해보자.

"텐 프로, 적당한가요?"

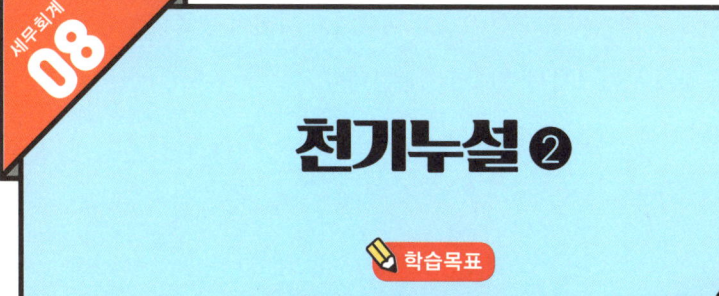

## 천기누설 ❷

📝 **학습목표**

부가가치세 절세 방안을 이해한다

"기다리고 있었습니다."

역시 무릎이 땅에 닿기도 전이다. 나혼밥은 고민 해결을 위해 무릎팍도사님을 다시 찾았다.

"(사표) 던지고 왔습니다."

"(고민이) 무엇인가요?"

"이제 부가가치세 절세에 대한 가르침이 필요합니다."

"고민이 많으면 좋지 않아요. 부가가치세 계산 구조를 정리해봅시다."

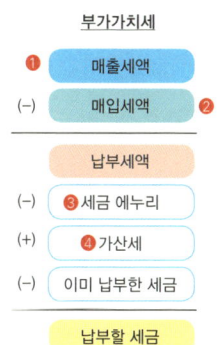

"부가가치세는 매출세액에서 매입세액을 차감해서 납부세액을 산출합니다. 산출된 납부세액에서 세금에누리 성격의 공제 항목을 차감하고 의무 불이행에 따른 가산세를 더합니다. 이미 납부한 부가가치세가 있다면, 이를 차감한 금액이 최종으로 납부할 부가가치세 금액이지요."

"비법은 없어요. 부가가치세 구성 요소를 이해하고 자신이 통제 가능한 항목들을 잘 관리하는 것이 부가가치세 절세의 기본입니다."

도사님의 천기누설 2탄을 정리해보자.

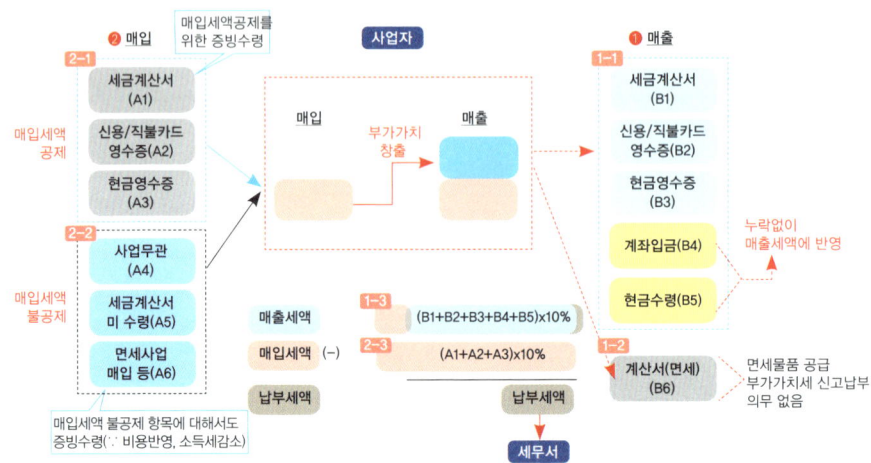

부가가치세의 출발점은 매출(❶)이다. 소비자에게 물품을 공급할 경우 부가가치세를 판매대금과 함께 수령해야 한다. 매출세액을 거래징수 할 경우 원칙적으로 세금계산서(B1)를 발행해야 한다. 업종에 따라 신용카드·직불카드 매출전표(B2), 현금영수증(B3)을 발행하는 경우도 있다(1-1). 부가가치세 납부액을 줄이기 위해 매출세액을 과소하게 신고한다면 불법이다. 가산세가 부과된다. 세금계산서 등 거래 증빙에 의해 상호간 거래내역이 국가에 보고된다. 통장(B4) 또는 현금(B5)으로 수령한 매출에 대해서도 부가가치세를 거래징수하고 신고대상 매출세액에 포함해야 한다. 복부비만을 해결하고자 헬스장을 방문했던 순간을 기억해보자. 마성의 목소리가 다시 들린다.

"카드 결제하시면 이 금액에 10퍼센트 부가가치세 십사만 원이 추가되어 총 일백오십사만 원입니다. 현금결제 또는 계좌입금 해주시면 특별히 부가세 금액은 할인해드리죠."

이 말은 불법이다. 현금매출에 대해 소비자로부터 부가가치세를 수령하지 않고 신고도 하지 않겠다는 의미다. 초연결사회에서 현금, 거래통장내역 등 모든 자료는 수집되고 감시된다. 걱정하지 않아도 된다. 몸짱, 맘짱 대표도 우리의 수업을 '열공' 중이다.

매출 품목이 부가가치세 면세 대상(B6)인지 여부를 확인해야 한다(1-2). 면세물품 공급에 대해서는 부가가치세를 거래징수 하지 않고 거래증빙으로서 계산서만 발급한다. 계산서는 면세사업자가 발행하는 거래자료로서 세금계산서와는 다르다. 면세사업자는 부가가치세 신고·납부 의무가 없다. 자신이 공급하는 품목이 면세 대상임을 모른 채 부가가치세를 징수하여 국가에 납부한 사업자도 있다. 자신이 스스로 먼저 면세 대상 여부를 숙지해야 한다.

결국 매출세액은 전체 매출액 중에서 면세관련 매출액(1-2)을 제외한 매출액(1-1)의 10%로 계산된다(1-3). 부가가치세의 출발점 매출에서 잊지 말아야 할 것이 있다. 매출세액은 자신의 돈이 아니다. 잠시 보관하였다가 국가에 납부해야 하는 돈이다. 이것이 핵심이다.

다음은 매입이다(❷). 매입액은 자신의 부가가치 창출을 위한 기초가 되므로 매입세액은 매출세액에서 공제된다. 이를 매입세액공제라 했다. 매입세액공제를 위해서는 매입액이 사업 활동에 투입되고 거래증빙을 확보해야 한다. 세금계산서(A1)가 기본이다. 신용카드/직불카드 매출전표(A2), 현금영수증(A3)을 수령해도 매입세액공제가 가능하다(2-1).

매입세액 불공제 항목을 숙지해야 한다(2-2). 해당 금액만큼 부가가치세 납부세액이 증가하지 때문이다. 부가가치 창출에 기여하지 못하는 사업무관 매입(A4), 세금계산서를 수취하지 않은 경우(A5), 부가가치세가 면제되어 부가가치세가 징수되지 않는 면세사업 관련 매입 등(A6)에 대한 매입세액은 매출세액에서 공제되지 않는다. 세금계산서가 아닌 간이영수증을 수령한 경우도 매입세액이 불공제된다. 또한 간이과세자는 세금계산서를 발행하지 않으므로 간이과세자로부터 매입하는 경우 또한 매입세액이 불공제된다.

결국 공제가능 매입세액은 전체 매입 중에서 매입세액 불공제을 제외한 매입 대금의 10%로서 자신이 부담했던 부가가치세 금액이다 2-3 .

매입세액이 불공제 되더라도 관련 거래증빙을 모두 받아둬야 한다. 매입세액 불공제 항목은 회계상 비용이라 했다. 비용은 이익을 줄이고 이를 통해 소득세가 감소한다. 즉, 부가가치세 영역에서 매입세액을 돌려받지 못하더라도 비용으로 반영하여 소득세 영역에서 소득세를 줄일 수 있는 경우가 있기 때문이다.

매입세액은 자신을 떠났지만 매입세액공제를 통해 다시 만날 수 있다고 했다. 매입세액 불공제 항목을 먼저 숙지해야 한다. 또한 매입세액공제 가능 항목은 빠짐없이 반영해야 한다. 이를 위해 내 안의 나를 항상 만나야 한다. 본연의 나와 내 안에 있는 사업자로서의 나를 분리시켜 생각해야 한다. 본연의 내가 소비한 것은 매입세액공제가 되지 않는다. 사업무관 지출로서 부가가치창출에 기여하지 못하기 때문이다. 잊지 말자! 세금계산서 수령은 기본이다.

정책적으로 매입세액이 불공제 되는 항목도 있다. 접대비, 특정 승용차 관련 지출은 업무와 관련되어 부가가치 창출에 기여할 수 있지만 본연의 나와 내안의 내가 공통으로 소비한 항목으로 구분이 모호하여 일률적으로 사업무관 성격으로 본다. 즉 매입세액을 공제하지 않는다.

반면 그와 내가 함께 소비하는 항목 중 사업 관련성을 입증하면 매입세액공제가 가능한 항목도 있다. 핸드폰 요금, 전기요금 등이 사업과 관련 있음을, 즉 새로운 부가가치 창출에 기여함을 입증한다면 매입세액공제가 가능하다. 납부할 부가가치세를 줄일 수 있다. 아하, 이제 휴대폰 요금과 전기 요금을 사업자명의로 전환하면 부가가치세를 돌려받을 수 있다는 비법의 의미가 이해된다. 자신의 모든 지출항목 중 매입세액공제 가능여부를 스스로 판단해보자. 그리고 자신의 세무용병에게 확인하고 물어보자.

부가가치세를 감소시키는 다른 요인은 세금에누리다. 이를 공제감면세액이라 한다(❸). 조세정책 등의 목적으로 부가가치세 일부를 공제해주는 것이다.

불필요한 부가가치세를 증가시키는 요인으로 가산세가 있다(❹). 가산세는 관련 세법 규정을 이행하지 않을 경우 추가로 납부해야 하는 세금이다. 부가가치세의 중요한 거래 자료인 세금계산서를 적절히 수수하지 않은 경우, 정해진 기한 내에 부가가치세를 신고·납부하지 않는 경우, 세금 감소를 위해 장부를 조작하여 신고하는 경우 등이 해당된다. 관련 규정을 숙지하고 불필요한 가산세를 내지 않는 것 또한 기본이다.

절세 비법을 알기 전에 자신이 누구인지 먼저 알아야 한다. 사업자 유형을 정리해보자. 사업자는 개인사업자와 법인사업자로 구분할 수 있다. 법인사업자의 소득에 대한 세금은 법인소득세(법인세), 개인사업자의 소득에 대한 세금은 개인소득세(소득세)다.

부가가치세를 기준으로 과세사업자와 면세사업자로 구분할 수 있다. 과세사업자는 부가가치세가 부과되는 과세대상 물품을 공급하는 사업자이며, 면세사업자는 법으로 정해진 면세대상 품목을 공급하는 사업자다. 면세사업자는 부가가치세 납부의무가 없다. 과세사업자는 일반과세자와 간이과세지로 구분된다. 간이과세제도는 소규모 사업자를 대상으로 부가가치세 계산을 단순화하고 신고·납부 의무를 경감시키고자 하는 취지다. 간이과세자는 개인사업자를 대상으로 한다. 법인사업자와 일부 업종에 대해서는 간이과세가 적용될 수 없다.

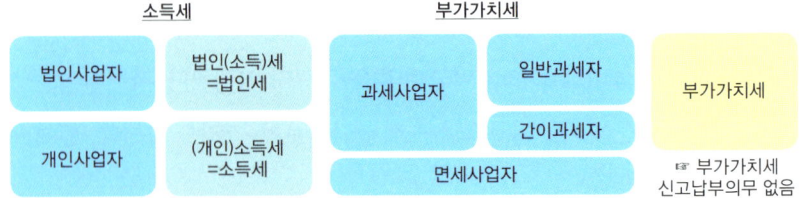

　법인사업자와 개인사업자는 태생의 차이로 인해 소득에 대한 과세대상 및 방법을 법인세법과 소득세법으로 달리 규정하고 있다. 반면 부가가치세는 최종소비자가 부담하는 간접세의 성격상, 과세대상 및 체계가 법인사업자와 개인사업자 모두 원칙적으로 동일하다.

　다만 개인사업자는 법인사업자에 비해 신고·납부 의무가 경감된다. 부가가치세는 6개월을 신고기간으로 한다. 법인사업자는 6개월 중 3개월 기간을 대상으로 미리 부가가치세를 신고·납부해야 한다. 이를 '예정신고'라 한다. 반면 개인사업자는 예정신고 의무가 없고 세무서에서 고지하는 세액이 있을 경우 해당 금액을 미리 납부하면 된다. 개인사업자 중 기준을 충족하는 간이과세자는 부가가치세 신고·납부를 1년에 한 번 부담한다.

　부가가치세의 마지막이다. 부가가치세 최종 신고 이전에 예정납부 등으로 미리 납부한 부가가치세가 있는 경우, 기 납부세액을 차감한 금액이 최종적으로 납부해야 할 부가가치세이다(❺).

　회계와 부가가치세의 관계를 알아보며 천기누설을 널리 전파하자. 핵심은 인연의 균형이다.

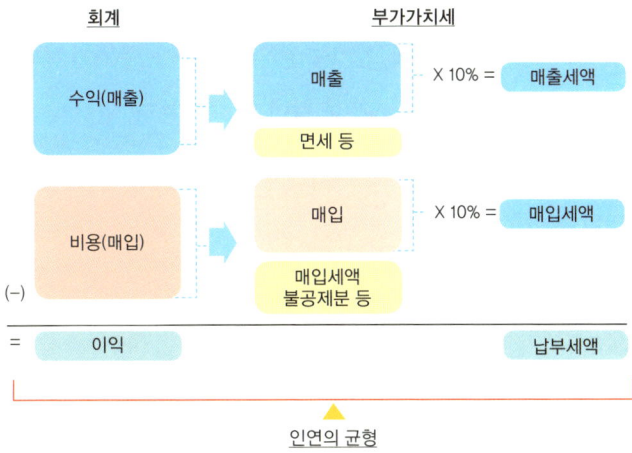

　　회계장부에 기록된 수익과 비용이 부가가치세의 출발점이다. 장부상 매출액은 일반적으로 부가가치세 매출세액을 산출하기 위한 매출액과 동일하다. 다만 장부에 반영된 매출 중 부가가치세가 부과되지 않는 항목이 있을 수 있다[1]. 따라서 장부상 매출액 중 부가가치세가 부과되지 않는 면세사업 관련 등 매출액을 제외한 매출액의 10% 금액이 매출세액이다. 한편, 장부상 매입액 중 부가가치세 매입세액 불공제 해당분과 부가가치세가 부과되지 않는 면세 등 매입액을 제외한 매입액의 10% 금액이 공제 가능한 매입세액이다.

　　또 한 가지. 매출액 중 면세매출액 등에 대해서는 부가가치세만 부과되지 않을 뿐, 회계상 매출에 포함되어 소득세 총수입금액을 구성한다. 따라서 부가가치세가 부과되지 않는 면세매출액 등도 소득세 영역에서는 소득세 과세대상이 된다는 것이다.

　　부가가치세 또한 충실한 장부작성이 중요하다. 이를 토대로 매출액과 매입액,

---

[1] 임대사업자에 해당되는 간주임대료 등 회계장부의 매출에는 반영되지 않지만, 부가가치세 계산 시에만 포함되는 항목도 있다. 이에 관한 세부 내용은 우리 수업에서 제외한다.

매출세액과 매입세액, 면세 대상 여부, 매입세액공제 가능 여부의 자료를 충실히 관리하는 것이 부가가치세 절세, 천기누설의 완성이다. 부가가치세 회계가 균형 있게 반영된다면 재무제표에는 아무 흔적이 남지 않는다. 만남과 헤어짐, 스쳐가는 인연의 연속, 인연과 균형의 의미를 음미해 보자. 또 하나의 인연, 회계와 부가가치세의 만남이 이루어졌다.

 "당신의 번뇌는 해결되었나요?"

부가가치세 산출 구조에 대한 학습내용을 정리하세요!
스스로 생각하고 대답해보세요.
Are you ready?

**001** 1인기업가 사업자 A가 부담한 매입세액 내역이다. 매입세액 공제와 불공제 항목으로 구분하고 매입세액 불공제 이유를 설명하라.

매입지출 항목

① 사업관련-세금계산서 수령
② 사업관련-신용카드 매출전표 수령
③ 사업관련-현금영수증 수령
④ 개인용도-세금계산서 수령
⑤ 사업관련-거래증빙 미수령
⑥ 사업관련-간이영수증 수령
⑦ 사업관련-간이과세자로부터 매입
⑧ 사업관련 거래처 접대비 비용
⑨ 업무를 위해 사용한 승용차 유지비용
⑩ 전화·인터넷사용료-세금계산서 수령

매입세액 공제   매입세액 불공제

**002** 사업자 A가 납부할 부가가치세를 계산하라.

- **사업자A의 매출액 : 15,000원**
  - 세금계산서 발행 10,000원, 통장으로 수령 3,000원, 현금으로 수령 2,000원

- **사업자A의 매입액 : 11,000원**
  - 세금계산서 수령 5,000원, 신용카드 영수증 2,000원, 현금영수증 1,000원, 접대비 지출 1,000원, 사업 관련 영수증 수령 2,000원

**003** 다음 수업은 해외연수! 참석하자.

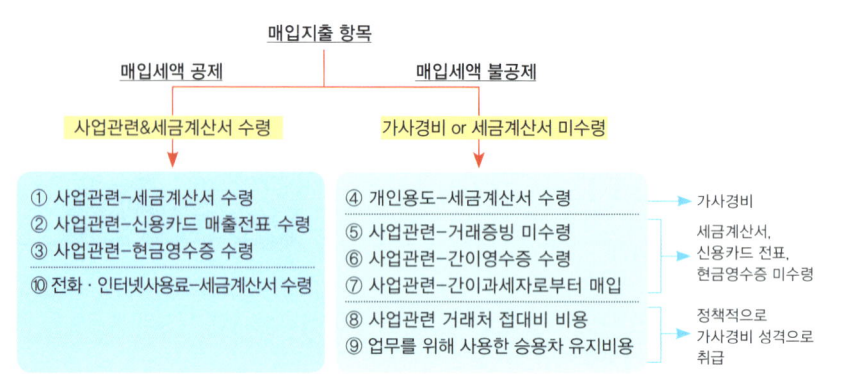

사업 관련 매입비용으로서 세금계산서(①), 신용카드 매출전표(②), 현금영수증(③)을 수령한 경우 매입세액공제가 가능하다. 사업과 무관한 개인용도 매입비용(④), 사업 관련 매입이라도 세금계산서, 신용카드/직불카드 매출전표, 현금영수증을 수취하지 아니한 경우는 매입세액 불공제 대상이다. 아무런 거래 자료를 수취하지 아니한 경우(⑤)와 간이영수증을 수령한 경우(⑥)는 매입세액공제가 되지 않는다. 또한 간이과세자로부터 매입한 경우(⑦)도 매입세액공제 대상이 아니다. 간이과세자는 세금계산서를 발행할 수 없기 때문이다.

개인적 사용과 업무상 사용의 명확한 구분이 어려운 경우 일률적으로 매입세액을 공제하지 않는 경우가 있다. 비록 사업을 위해 사용된 부분이 있을지라도 접대비(⑧), 특정 승용차 유지비용(⑨)은 조세정책 목적상 매입세액공제가 되지 않는다.

한편 본연의 나와 내 안의 사업자가 함께 사용한 비용 중 사업자로서 소비했음을 증명하면 매입세액공제가 가능한 경우가 있다. 전화요금, 인터넷사용료 등 ⑩이 이에 속한다. 사업자명의로 사용자를 변경하고 세금계산서를 교부받으면 매입세액공제가 가능하다.

결국 사업자의 모든 지출 중에 매입세액공제 가능 항목을 파악하고 부가가치세 신고·납부에 누락하지 않는 것이 절세의 핵심이다.

사업자 A가 납부할 부가가치세를 계산해보자.

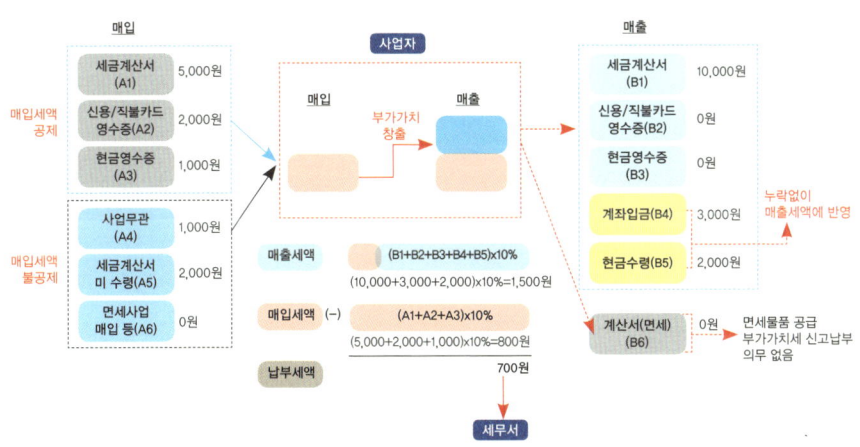

사업자 A의 매출세액은 1,500원이다. 소비자에게 물품을 공급할 경우 매출세액을 거래징수하고 세금계산서를 발행(B1)해야 한다. 통장(B4) 또는 현금(B5)으로 대금을 받은 매출도 부가가치세를 거래징수하고 신고대상 매출세액에 포함해야 한다. 부가가치세 납부액을 감소시키기 위해 현금으로 수령한 매출을 누락한다면, 이보다 더한 가산세가 부과될 수 있다.

사업자 A의 공제 가능한 매입세액은 800원이다. 매입세액은 매입대금의 10%로서 물품 등을 구입할 때 지급한 부가가치세 금액이다. 매입세액공제를 위해서는 거래증빙으로서 세금계산서(A1), 신용카드/직불카드 매출전표(A2), 현금영수증(A3)을 제시해야 한다. 사업무관으로 분류되는 접대비 지출(A4), 세금계산서가 아닌 영수증 매입(A5)은 매입세액 불공제 대상이다.

사업자 A의 납부세액은 매출세액 1,500원에서 매입세액 800원을 차감한 700원이다. 부가가치세 부담을 줄이려고 사업무관 지출분을 매입세액에 포함한다면, 추후 가산세가 부과될 수 있다. 사업 관련 지출에 대해서는 매입세액공제가 가능한 증빙서류를 수령하여 매입세액공제를 빠짐없이 반영하는 것이 중요하다.

한편 매입세액 불공제 항목에 대해서도 관련 거래증빙을 빠짐없이 챙겨둬야 한다. 매입세액 불공제 항목을 비용으로 반영하여 소득세를 줄일 수 있기 때문이다. 부가가치세의 영역에서 접대비 지출은 사업무관 지출이라는 이유로, 영수증 수취분은 세금계산서 미수령 사유로 인해 매입세액이 공제되지 않았다. 이처럼 매입세액이 공제되지 못한 항목들 중에서도 소득세법 영역에서는 비용으로 반영 가능한 경우가 있으므로, 관련 거래 자료를 빠짐없이 수령하는 것이 중요하다.

해외연수다. 가자 '미쿡'으로!

 "See you all in the USA."

# 해외연수-삼합회

 학습목표

회계, 소득세, 부가가치세의 관계를 이해한다

나혼밥은 세계지도를 펼쳤다.

"세상은 참 넓구나! 나는 그동안 이렇게 좁은 곳에 갇혀 바동거리며 숨 쉬고 있었다니."

나혼밥은 한국 촌놈이다. 31살에 처음으로 비행기를 타봤다. 장난감처럼 보이는 국내선 비행기를 타고 출장길에 올라 신기해했었다. 해외여행 횟수는 다섯 손가락으로 세고도 남는다. 미국엔 가본 적이 없다. 아메리카노도 좋아하지 않는다. 쓰다. 아무리 마셔도 쓴 맛이다. 사람들에겐 달콤하기만 한 것 같은데 말이다. 입사 후 커피 전문점의 존재를 알았고 한 끼 식사와 비슷한 커피 값에 놀라 기절할 뻔 했다. 그에겐 달달한 다방커피, '믹스커피'가 최고다.

미국으로 향한다. 미네소타는 미국 50개 주 중의 하나로 중북부에 위치해 있다. 면적은 대한민국의 2배가 넘고 인구는 대한민국의 10분의 1 수준이다. 넓고 광활하다. 겨울이 춥고 긴 것으로 유명하다. 10월에 첫눈이 오고 겨울은 다음 해 4월까지 이어진다. 평균 기온이 영하 20도. 회계와 세무, 인생 수련하기에 적합한 곳이다. 기장선원 미국수련원이 이곳에 위치한 이유다. 무사히 도착했다.

전 세계 1인기업 조직원들이 모였다. David, Grant, Haleigh 모두 반갑다.
"Nice to meet you."
"How are you?"
"Fine thank you, and yourself?"

삼합회三合會 모임이 시작됐다.
"It's a pleasure to meet you, ladies and gentlemen. Today's Triad meeting is for the harmony and symbiosis of Accounting, Income Tax and VAT organizations. We will hear the words of each organizational representative, before we start the banquet."
(동시통역 Jason) "신사숙녀 여러분, 반갑습니다. 오늘 삼합회 모임은 회계, 소득세, 부가가치세 조직의 화합과 공생을 위함입니다. 각 조직 대표자들의 연설을 듣고 연회를 시작하겠습니다."

회계조직 대표 기장도사님의 연설이다.

**복식부기**

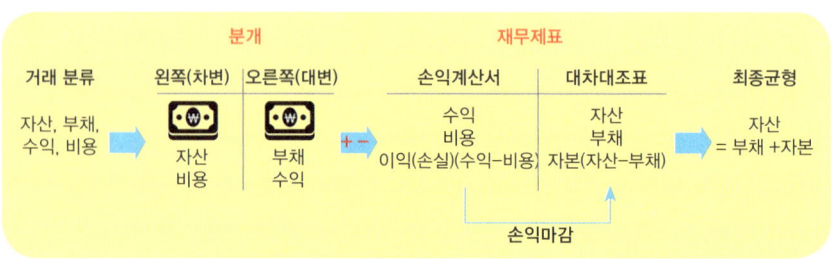

"회계의 핵심은 균형입니다. 원인과 결과가 진정한 균형을 이뤄야 합니다. 인생은 직진, 회계는 복식부기입니다. 경제적 거래를 자산과 부채, 수익과 비용으로 구분합니다. 서로의 원인과 결과를 차변(왼쪽)과 대변(오른쪽)에 기록합니다. 자산은 가치판단의 관점에 따라 비용과 동일한 개념입니다. 자산과 비용을 왼쪽에, 이와 상대되는 부채와 수익을 오른쪽에 기록하면 됩니다. 수익과 비용은 손익계산서에, 자산과 부채는 대차대조표에 표시됩니다. 최종 균형은 부채와 자본의 합계가 자산 합계와 동일한지 확인하면 됩니다. 우리 인생도 균형이 중요합니다. 참된 균형입니다. 회계는 교회에서만 하는 것이 아님을 명심하세요. 우리 모두 회계합시다!"

| 회계조직 선서 |

우리는 인생의 참된 균형을 추구한다.

다음으로 소득세 조직의 대표, 월천대사님이다.

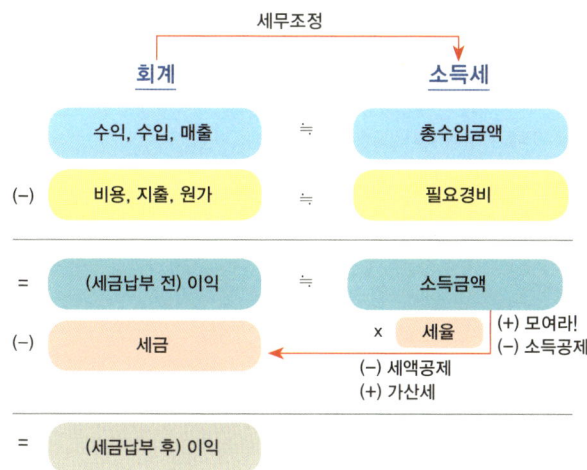

"소득세의 출발점은 회계입니다. 수익에서 비용을 차감한 것이 이익입니다. 회계상 이익에서 세무조정을 통해 세무상이익을 산출하고, 세무상 이익인 소득금액에 세율을 곱하면 소득세가 산출됩니다. 회계조직은 우리의 존속을 위한 기본 조건입니다."

| 소득세 조직의 선서 |

진실한 회계장부를 기초로 세무상이익을 산출합니다.

수익을 누락하지 않고 뭉쳐야 하는 소득을 정당하게 합산합니다.

사업관련 경비는 빠짐없이 반영하되 가사경비는 비용에서 엄격히 제외합니다.

내 안의 나를 만나 소통하고 내 머리 속의 지우개, 기억을 자주 돌아봅니다.

마지막으로 부가가치세 조직의 대표, 무릎팍도사님이다.

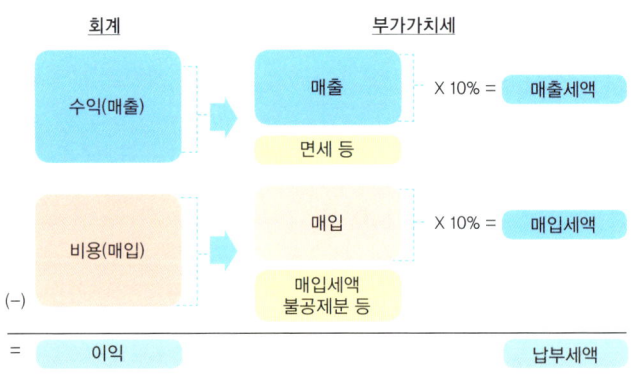

부가가치세의 출발점도 회계입니다. 매출세액에서 매입세액을 차감하여 납부세액을 산출합니다. 회계상 매출에서 부가가치세가 부과되지 않는 면세매출 등을 제외한 매출액의 10%가 매출세액입니다. 회계상 매입에서 매입세액 불공제분 등을 제외한 매입금액의 10%를 매입세액으로 매출세액에서 공제합니다.

| 부가가치세 조직의 선서 |

세금계산서를 정당하게 주고받습니다.

매입세액 불공제 항목을 숙지하고 매입세액공제 항목을 빠짐없이 반영합니다.

인연의 소중함을 마음 속 깊이 간직하고 만남을 돌아봅니다.

회계조직과 함께 인연의 균형을 추구합니다.

"Thank you for your wonderful speeches. Our organizations will always work together to exert a good influence on the world. Members of each organization need to create new values by forming a network around the individual's expertise. And we must cherish the Value Chain that we can witness among our organizations. Right, then, let's start the wonderful banquet now!

(동시통역) "세 분의 멋진 연설 감사합니다. 우리의 모임은 언제나 서로 힘을 합쳐 세상에 선한 영향력을 행사할 것입니다. 각 조직원들은 개인의 전문성을 중심으로 네트워크를 형성하며 새로운 가치를 창출해야 합니다. 지금 보이는 우리 조직 상호간의 Vlaue Chain을 다시 한 번 마음속에 새기며 멋진 연회를 시작하겠습니다."

드디어 만났다! 회계와 소득세, 부가가치세가 한 자리에 모였다. 머나 먼 이곳 '미쿡'에서. 삼합三合이 이루어졌다. 우리가 기대하던 '언젠가'는 바로 '지금'이다.

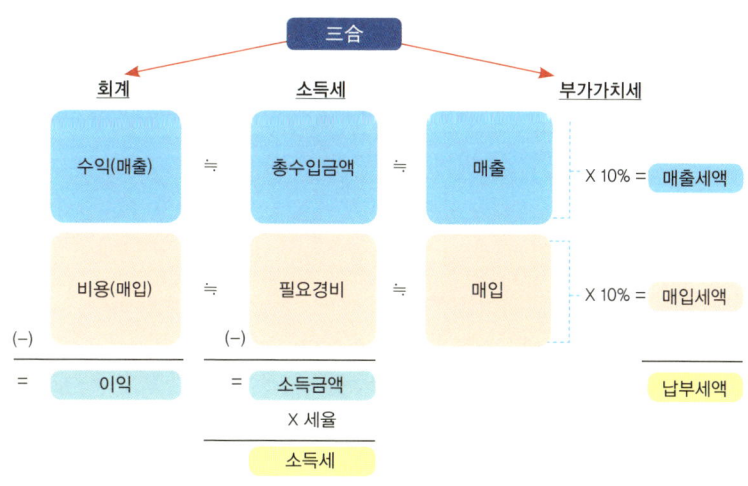

회계의 수익과 비용을 출발점으로 소득세법의 소득세가 산출되고, 부가가치세 과세대상 매출, 매입에 의해 부가가치세가 산출됩니다.

| 삼합회의 선서 |

참된 "균형"을 추구하고(회계)

내 안의 나와 "소통"하며(소득세)

"인연"의 소중함을 돌아봅니다(부가가치세).

해외연수 기간이 마무리 되고 있다. 뜻 깊은 여정이었다. 전 세계 조직원을 만나 삼합회의 목적을 함께 나눴다. 기장선원에서 회계와 세무, 인생 수련을 했다. 여행도 했다. 바다보다 넓은 호수를 찾아봤다. 오랜 시간 자신을 지배하던 불안과 두려움을 넓고 광활한 '미국'에 던져 버렸다. 소원도 빌었다. 언젠가 다시 올 날을 기대하며.

"It's time to go back."
이제 돌아갈 시간이다.

### 알아두면 돈 되는
### 1인기업
### 세무과외

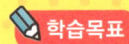

- 개인사업자의 부가가치세와 소득세 납세의무를 살펴본다.
- 1인기업 개인사업자 사례를 통해 복식부기 장부를 작성하고 부가가치세와 소득세를 산출한다.
- 회계와 부가가치세, 소득세 상호간의 관계를 이해한다.
- 전체 수업내용을 복습한다.

# PART VI

## 백척간두 百尺竿頭
## 진일보 進一步

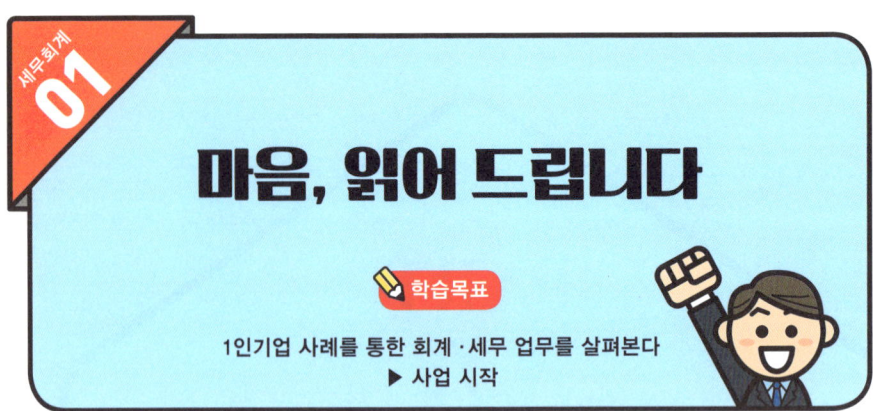

일상은 전쟁이다. 나혼밥은 해외 연수를 마치고 일상으로 복귀했다.

"밥 먹어."

"싫어! 배 안 고파"

"안 돼, 먹어야 돼!"

할머니와 손녀의 분쟁이다. 하늘이 무너져도 밥은 먹어야 한다는 고정관념을 지닌 할머니와 강요된 믿음을 거부하는 미운 네 살 손녀와의 조손祖孫전쟁이다. 규칙적인 식사는 중요하지만 어른도 가끔은 밥맛이 없다. 아이도 마찬가지다. 할머니는 항상 손녀의 식사량을 가슴에 설정하신다. 그리고 그 기준에 도달할 때 까지 음식을 아이의 입속에 투입하신다.

나는 당신들의 마음을 볼 수 있다[1]! 관심법觀心法이 필요한 순간이다. 3초면 된다.

"밀루(아이의 애칭), 오늘은 왜 밥 먹기 싫어요?"

---

[1] 태조 왕건 (KBS 방영 드라마, 2000.04.01.~2002.02.24.), 궁예의 관심법 대사인용

"힘이 없어."

거실에서 식탁까지 올 힘이 없다는 아이의 대답.

"아~ 그렇구나. 그럼 아빠가 오늘은 힘이 많은데 빌려줄까요? 잘 받아요."

나혼밥은 두 손을 심장부위에 가져가 '모여라 힘'을 주문한다. 다시 한 번 잘 받으라는, 다른 곳으로 날아갈 수 있다는 당부와 함께 밀루에게 던진다. 호기심 많은 아이는 운동 실력을 자랑하려는 듯, 프로야구 선수의 환상 다이빙캐치를 연상시키는 멋진 포즈로 아빠의 힘을 고사리 손으로 받아 자신의 심장에 이식한다. 마법의 힘을 얻은 아이는 식탁으로 달려온다.

때가 됐다. 불안한 미래가 여전히 두렵지만 나혼밥은 1인기업을 시작하려 한다. 지구촌 소통전문가를 꿈꾼다. 직장에서의 10년 경험이 밑바탕이다. 3대 천왕으로 불리는 모든 팀원들의 회피 대상 상사를 모두 평화롭게 모셨다. 고객들의 다양한 요구를 잘 살펴 프로젝트를 마무리했다. 팀원들의 분쟁을 중재하고 해결했다. 가정과 직장에서 경청과 감정 소통법을 실천해왔다. 핵심은 마음을 보는 것이다.

'나혼밥 관심법 코칭센터'

상호를 정했다. 나혼밥의 새로운 출발이다. 관심법을 익히고 참된 소통을 꿈꾸는 사람은 그를 찾으면 된다. 1인기업을 위한 소호사무실도 임대했다. 보증금 없이 월 임대료가 30만 원(부가가치세 3만 원 별도)이다. 사업 초기 비용이 다소 부담스럽지만 지속적인 연구와 새로운 콘텐트 발굴을 위한 사업공간이 필요하다. 사업자유형은 개인사업자를 선택했다. 법인을 탄생시킬 필요가 지금은 없다. 사업자 등록도 했다. 이는 내 안의 또 다른 나, 사업자를 탄생시키는 절차다. 자연스럽게 사업자등록번호가 부여됐다. 부가가치세 과세유형은 '일반과세자'를 택했다.

1인기업가 나혼밥의 납세의무를 살펴보자[2]. 소득세 측면에서 개인사업자로서 개인소득세를 납부해야 하고, 부가가치세법상 일반과세자로서 부가가치세를 납부해야 한다.

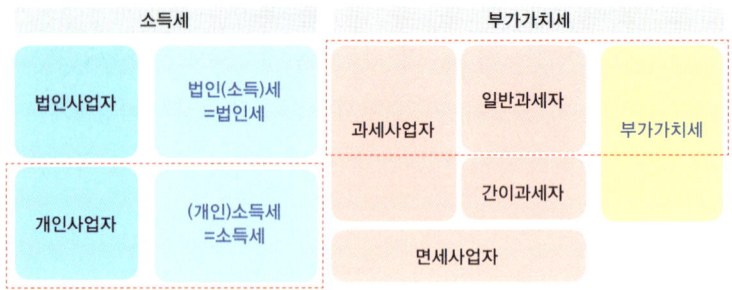

개인사업자의 부가가치세는 6개월을 과세대상 기간으로 다음달 25일까지 신고·납부해야 한다. 1월 1일부터 6월 30일까지를 대상으로 7월 25일까지(ⓐ), 7월 1일부터 12월 31일까지를 대상으로 다음해 1월 25일까지(ⓑ) 신고·납부하면 된다. 6개월 과세기간 중 3개월을 대상으로 국가의 요청에 따라 일정 금액을 미리 납부하면 된다. 이를 부가가치세 예정신고라 한다. 직전 6개월 과세기간 부가가치세 납부액의 절반 수준을 미리 납부하는 것이다.

개인사업자는 1년간의 소득을 대상으로 다음해 5월 31일까지 소득세를 신고·납부한다(ⓒ).

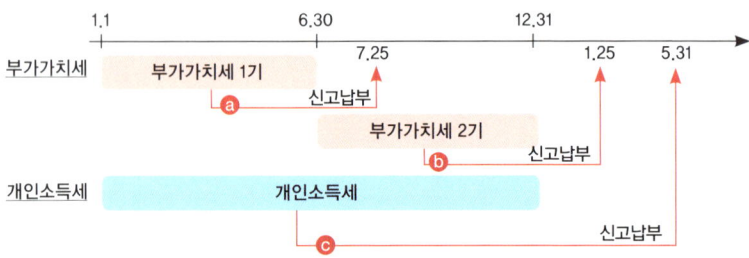

[2] 사례는 1인기업과 개인사업자에게 적용 가능하며, 세무회계 업무의 이해를 목적으로 한다.

사업자 나혼밥의 장부작성 의무는 무엇인가?

나혼밥은 신규사업자로서 간편장부 대상자로 분류된다. 간편장부 대상자 중에서도 신규 사업자와 전년도 매출 4,800만 원 이하인 자에 속하므로 '소규모 사업자'로 분류된다. 장부를 작성하지 않아도 된다. 복식부기를 하면 기장세액 공제를 받을 수 있고(1-1), 간편장부를 작성한 경우 채찍도 당근도 없으며(2-1), 기장을 하지 않아도 무기장 가산세가 적용되지 않는다(3-1). 선택은 자신의 몫이다.

개인사업자의 회계 및 세무관리의 핵심은 본연의 나와 또 다른 나를 분리시키는 것이다(PART IV 제8장. 내 안에 나 있다). 본연의 내가 사용하는 가사경비와 또 다른 나인 사업자가 소비하는 사업경비를 구분하는 장치를 마련해야 한다. 내 안의 그를 위한 사업자용 통장과 사업자용 신용카드를 준비하면 된다. 한 지붕 두 가족의 살림을 꾸리는 것이다.

오늘부터 내 안에 또 다른 나와 함께한다. 그와 항상 얘기 나눠야 한다. 나의 마음을 읽고 그의 마음도 살펴야 한다. 이제 시작이다. 두렵고 불안하지만 용기 내어 한 발 내딛는다.

"당신의 새로운 출발을 응원합니다!"

**백척간두진일보**

생각의 사로잡힘에서 벗어나는 것, 이것이 절벽에 이르렀을 때 한 발을 더 내디뎌 새로운 세계로 나아가는 백척간두 진일보입니다. 앞을 가로막는 관문을 차고 나가야 삶이 자유로워집니다. 한 발 나가면 나가떨어져 죽을 것 같아 이것만큼은 절대 안 된다, 도저히 여기까지 밖에 안 되겠다 할 때 발을 딱 내디뎌버려야 합니다. 연습 삼아 한번 해 보세요.

(지금여기 깨어 있기, 법륜스님)

## 마흔의 주례사

1인기업 사례를 통한 회계·세무 업무를 살펴본다
▶ 현장체험 ①

　코칭 의뢰가 들어왔다! 결혼을 한 달 앞둔 100쌍의 예비부부들을 대상으로 하는 그룹 코칭이다. 관심법 코칭센터 오픈기념 특가를 적용해 코칭료는 한 커플 당 1만 원으로 정했다. 부가가치세는 별도다. 한 커플 당 코칭료 1만1천 원을 지불해야 한다. 결혼 전 마음가짐과 행복한 결혼생활을 위한 소통 방법을 주제로 한다. 우리도 함께 청강해보자.

　두 눈을 감고 서로의 마음을 살펴야 한다. 나혼밥의 관심법이 시작됐다.

　"여기 오신 분들의 마음을 모두 읽었습니다."

　코칭의 시작이다.

　"새로운 시작을 꿈꾸는 멋진 선남선녀 여러분, 우선 결혼 축하드립니다. 제가 여러분을 위한 주례사를 낭독해드릴게요. 오늘의 코칭은 저의 주례사로 대신합니다."

## 신부에게

- 결혼 후 "날 사랑해요?"라는 물음에 남편이 아주 잠시 머뭇거려도 화내지 마세요. 그런 질문은 앞으로 절대 하지 마세요. 사랑해서 미칠 듯한 감정은 아주 잠시임을 기억하세요.
- "여보, 나 임신했어."라는 말에, 남편이 드라마의 한 장면처럼 기뻐하지 않아도 슬퍼하거나 노여워하지 마세요. 남자가 그 말을 처음 들으면 머릿속이 아주 잠시 마비됨을 알아두세요.
- "자기야 사랑해."라는 문자 메시지를 남편에게 보낸 후 회신이 없어도 서운해 하지 마세요. 사랑이란 표현을 남발하거나 강요하지 마세요.
- "여보, 이야기 좀 해요."라는 말에 남편이 말없이 고개 돌려도 흥분하지 마세요. 집에 빈 방이 남으면 남편에게 양보하세요. 남편을 위한 공간, 그만의 동굴을 만들어주세요. 남편이 그 속으로 들어가 나오지 않아도 야단치지 마세요. 속상해 하지 마세요. 남자는 혼자만의 동굴이 필요한 존재임을 기억하세요.
- "내 마음을 좀 알아줘요."라고 남편에게 말하지 마세요. 복잡한 당신의 마음은 아무도 알 수 없으니까요. 남편의 마음은 어떨까, 먼저 한번 생각해보세요.
- "당신, 내 편이 아닌 것 같아요. 온전한 내 것이 아닌 것 같아요."라고 말하지 마세요. 당신은 누구의 것인가요? 남편은 누구의 편도 아님을 인지하세요.
- 결혼 후 남편이 가끔 외로운 표정을 지어도 말없이 이해해주세요. 결혼은 새로운 외로움의 시작임을 기억하세요.

## 신랑에게

- "날 사랑해요?"라고 아내가 물으면 1초 내로 "사랑해요."라고 외치세요. 절대 망설이거나 머뭇거리지 마세요. 찰나의 순간이 중요합니다.
- 아내가 임신했다는 말을 하면 아무 생각하지 마세요. 파블로프의 개가 되세요.

행복해 미칠 듯한 기쁨과 환희의 감정을 울부짖으세요.
- 일과 중 아내로부터 메시지가 오면 곧바로 답장하세요. 사랑한다는 표현으로 마무리하세요. 바쁠 때 아내로부터 전화가 와도 귀찮아하지 마세요. 과격하도록 반갑게 전화를 받으세요.
- 아내가 대화를 원하면 기꺼이 응해주세요. 동굴에 너무 자주 들어가지 마세요. 아내가 얘기하면 그냥 들어주세요. 마음의 귀를 여세요. 여자는 지저귐을 좋아하는 동물임을 알아두세요.
- 지금부터 관심법을 배우세요. 당신의 마음과 대화하세요. 아내의 마음속을 항상 들여다보세요. 아내의 마음을 평생 연구하세요. 당신은 아내의 편임을 그녀의 것임을 표현하세요.
- 아내 앞에서 외로운 표정을 짓지 마세요. 결혼 후 더욱 외로워지겠지만, 그럼에도 불구하고 아내의 존재로 인해 외롭지 않다고 얘기하세요.

### 신랑에게

- 아내의 지저분함에 놀라지 마세요. 양말을 거꾸로 벗어 놓으면 말없이 세탁실로 가져가세요.
- 고요한 밤에 아내가 코를 골아도 놀라지 마세요. 아내도 피곤한 삶에 지친 당신과 같은 존재니까요.
- 출산 후 아내의 몸무게가 불어나도 놀라지 마세요. 결혼 전 아내의 미모를 찾으려 하지 마세요. 거울 속에 비친 당신의 몸을 먼저 직시하세요.
- "오늘 기념일인데 외식할까?"라는 당신의 물음에 아내의 답이 "아니, 괜찮아."라도 근사한 식당을 예약하세요. 멋진 선물도 준비하고요.

### 신부에게

- 양말은 바르게 벗어 놓으세요. 빨래거리는 가지런히 세탁실로 옮겨놓으세요. 코골이는 남편만의 전유물이 아님을 알아두세요. 당신도 굉음의 주인공이 될 수 있음을 인지하세요.
- 힘들고 지치겠지만 몸과 마음을 남편과 함께 가꾸세요. 배나온 남편의 몸매가 최고임을 말해주세요.
- 당신의 마음을 얘기해주세요. 남편은 당신의 마음을 읽는 독심술사가 아니랍니다.

### 신랑과 신부에게

- 상대에게 무언가 바라는 마음을 버리세요[1]. 행복의 지름길입니다.
- 스스로의 주례사를 만들어가며 행복한 결혼생활 하세요.

- "아직 결혼이 한 달이나 남았네요……."

관심법의 결론입니다.

> 진정한 관심법은 자기 자신의 내면을 통찰하고 반조하여 진실한 법의 정신과 도의 마음을 갖추어 깨달음의 길로 나아가는 것이다.
> (마음을 관해야 진정한 깨달음에 들 수 있다. 석법성釋法性)

---

[1] 〈스님의 주례사〉, 법륜스님에서 인용

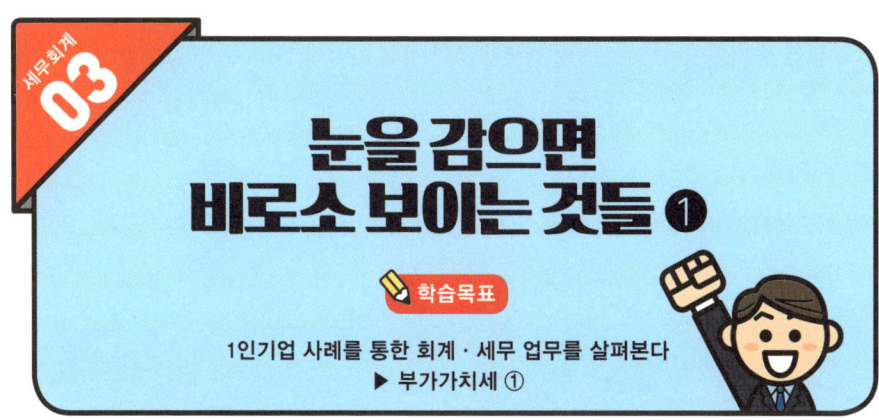

## 세무회계 03
# 눈을 감으면 비로소 보이는 것들 ①

**학습목표**

1인기업 사례를 통한 회계·세무 업무를 살펴본다
▶ 부가가치세 ①

나혼밥의 관심법은 위력을 발하고 있다. 사업 개시 6개월이 지났다. 신입사원, 직장인, 부부, 육아, 원활한 인간관계와 참된 소통을 원하는 지구촌 사람들을 대상으로 코칭을 했다. 출간도 했다. 그의 책 〈나혼밥의 관심법 코칭〉은 화제의 베스트셀러가 됐다.

나혼밥은 6개월간(1월 1일~6월 30일)의 거래에 대해 7월 25일까지 부가가치세를 신고·납부해야 한다. 이를 위해 상반기 거래내역을 살펴보고 재무제표를 작성해보자. 나혼밥이 납부해야 할 부가가치세를 산출한다. 부가가치세의 천기누설을 확인하고 삼합회에 참석할 것이다.

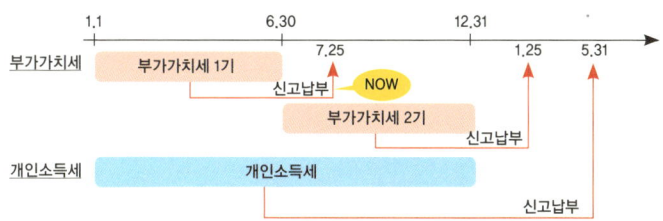

수많은 숫자의 등장으로 머리 아프겠지만 정신 차려야 한다. 눈을 감으면 된다.

▶ **거래내역**

지난 6개월간(2018. 1.1~6.30) 나혼밥 관심법 코칭센터의 결산내역을 살펴보자.

▶ **수익**

| No | 항목 | 매출금액 | 부가가치세 매출세액 | 합 계 | 비 고 |
|---|---|---|---|---|---|
| 1 | 코칭료 | 30,000,000 | 3,000,000 | 33,000,000 | 세금계산서 발행 10,000,000<br>신용카드 전표 발행 10,000,000<br>통장 수령 10,000,000 |
| 2 | 인세수입 | 5,000,000 | 0 | 5,000,000 | 사업소득 원천징수 150,000 가정,<br>실 수령액 4,850,000 |
|  | 합계 | 35,000,000 | 3,000,000 | 38,000,000 |  |

▶ **비용**

| No | 항목 | 매입금액 | 부가가치세 매입세액 | 합 계 | 비 고 |
|---|---|---|---|---|---|
| 3 | 임대료 | 1,800,000 | 180,000 | 1,980,000 | 세금계산서 수령 |
| 4 | 영업비용 | 5,000,000 | 500,000 | 5,500,000 | 신용카드 전표 수령 |
| 5 | 승용차비용 | 3,000,000 | 300,000 | 3,300,000 | 신용카드 전표 수령<br>매입세액 불공제 가정 |
| 6 | 기타비용 | 500,000 | 0 | 500,000 | 간이영수증 수령 |
| 7 | 가사경비 | 3,000,000 | 300,000 | 3,300,000 | 신용카드 전표 수령 |
|  | 합계 | 13,300,000 | 1,280,000 | 14,580,000 |  |

거래를 살펴보자.

| | |
|---|---|
| 거래1 | 코칭료는 정상적인 사업 활동을 통한 컨설팅 수익이다. 매출세액 3백만 원을 소비자로부터 거래징수 했고 증빙으로 세금계산서와 신용카드매출전표를 발행했다. |
| 거래2 | 인세는 일시·우발적인 경우 기타소득이 되고, 사업활동 목적으로 계속·반복적으로 발생하는 경우엔 사업소득으로 분류된다. 나혼밥의 저술활동은 사업활동의 일부분이다. 따라서 사업소득으로 분류하는 것이 타당하다. 원천징수 15만 원은 기 납부세액으로 소득세 납부액에서 차감된다. 저작자 개인이 저작권에 의하여 받는 저작권료(인세)는 부가가치세 면세 대상으로 사업자 나혼밥이 출판사로부터 거래징수 해야 할 부가가치세는 없다. |
| 거래3 | 사업관련 임대료 비용으로 세금계산서를 수령했으므로 매입세액은 공제 가능하다. |
| 거래4 | 홈페이지 구축 등 사업비용으로 신용카드매출전표를 수령했으므로 매입세액은 공제 가능하다. |
| 거래5 | 사업비용과 개인비용 구분의 한계로 특정 승용차 유지비용 매입세액은 일괄적으로 매입세액 불공제대상이다. 다만 소득세 계산을 위한 필요경비로는 반영 가능하다. |
| 거래6 | 간이영수증 수령분은 매입세액 불공제 대상이다. 소득세를 위한 필요경비로는 반영 가능함을 가정한다. |
| 거래7 | 가사경비는 장부상 비용으로 반영할 수 없다. 회계장부에 반영한 경우라도 매입세액 불공제 대상으로 구분이 필요하고, 또한 소득세 계산 시 세무조정을 통해 비용에서 제외된다. |

▶ **재무제표 작성**

분개를 통해 복식부기 장부를 작성해보자. 좌우 균형이 중요하다.

2018.1.1.~6.30

| | 차변(왼쪽) | | 대변(오른쪽) | |
|---|---|---|---|---|
| 거래1 | ① 현금 | 3,300만 원 | ② 컨설팅수익 | 3,000만 원 |
| | | | ③ 납부할 부가가치세 | 300만 원 |
| 거래2 | ④ 현금 | 485만 원 | ⑥ 인세수익 | 500만 원 |
| | ⑤ 미리 낸 소득세 (*1) | 15만 원 | | |
| 거래3 | ⑧ 임대료 | 180만 원 | ⑦ 현금 | 198만 원 |
| | ⑨ 돌려받을 부가가치세 | 18만 원 | | |
| 거래4 | ⑪ 영업비용 | 500만 원 | ⑩ 현금 | 550만 원 |
| | ⑫ 돌려받을 부가가치세 | 50만 원 | | |
| 거래5 | ⑭ 영업비용(승용차) (*2) | 330만 원 | ⑬ 현금 | 330만 원 |
| 거래6 | ⑯ 영업비용(간이영수증) (*3) | 50만 원 | ⑮ 현금 | 50만 원 |
| 거래7 | 해당사항 없음 (*4) | | | |
| | 차변 금액합계 | 4,928만 원 | 대변 금액합계 | 4,928만 원 |

(*1) 미리 납부한 소득세(선납세금)로서 향후 납부할 소득세를 줄여준다. 따라서 이는 자산이다.
(*2) 특정 승용차 관련 매입세액은 매입세액 불공제 대상이다. 자산이 아닌 '비용'으로 반영한다.
(*3) 간이영수증 수령분은 매입세액 불공제 대상이다. 간이영수증에는 부가가치세가 구분 표시되지 않는다. 전체 금액을 비용으로 반영하면 된다.
(*4) 가사경비는 장부상 비용으로 반영하지 않는다. 만약 장부에 반영한 경우라도 세무조정을 통해 비용에서 제외해야 한다.

재무제표가 완성됐다. 한 쪽 눈을 뜨고 확인해 보자.

### 나혼밥 관심법 코칭센터

| 손익계산서 2018.1.1.~6.30 | | | 대차대조표 2018.6.30 현재 | | |
|---|---|---|---|---|---|
| I. 수익 | 3,500만 원 | | I. 자산 | | |
| 컨설팅수익 | 3,000만 원 | ② | 현금 | 2,657만 원 | (*2) |
| 인세수익 | 500만 원 | ⑥ | 미리 낸 소득세 | 15만 원 | ⑤ |
| II. 비용 | | | 돌려받을 부가가치세 | 68만 원 | ⑨+⑫ |
| 임대료 등 | 1,060만 원 | (*1) | 자산합계 | 2,740만 원 | |
| | | | II. 부채 | | |
| | | | 납부할 부가가치세 | 300만 원 | ③ |
| | | | III. 자본(I-II) | 2,440만 원 | |
| III. 이익(I-II) | 2,440만원 | | 부채자본 합계 | 2,740만 원 | |

(*1) 영업비용 = ⑧+⑪+⑭+⑯ =180+500+330+50=1,060만 원
(*2) 현금 = ①+④-⑦-⑩-⑬-⑮ = 3,300+485-198-550-330-50-60=2,657만 원

수익은 3,500만 원(거래 1, 2)이 반영된다. 비용은 전체비용 1,330만 원에서 가사비용 300만 원을 제외하고 매입세액 불공제액 30만 원(거래 5)을 추가로 반영한 1,060만 원이 된다.

2018년 7월 25일까지 납부할 부가가치세는 얼마인가? 대차대조표에 정답이 있다. 납부할 부가가치세-돌려받을 부가가치세 = 300-68만 원 = 232만 원이다.

▶ 부가가치세 산출

나머지 한 쪽 눈을 뜨고 확인해보자.

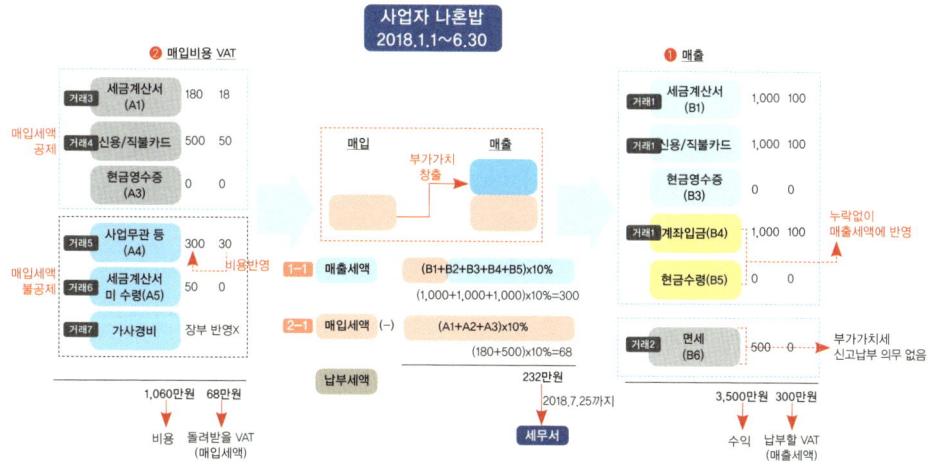

매출세액은 300만 원(1-1, 거래1)이다. 공제 가능 매입세액은 세금계산서 수령분 18만 원(거래3)과 신용카드 매출전표 수령분 50만 원(거래4)의 합계 68만 원이다(2-1)[1]. 결국 2018년 상반기 부가가치세는 매출세액 300만 원에서 공제 가능 매입세액 68만 원을 차감한 232만 원이다. 이는 대차대조표에서 파악한 금액과 동일하다.

▶ 천기누설

부가가치세 천기누설을 확인하고 삼합회의 친목과 화합을 도모해야 한다.

부가가치세의 출발점은 매출(❶)이다. 사업자 나혼밥은 소비자에게 컨설팅용역을 공급하며 매출액의 10%를 매출세액으로 거래징수했다(거래1). 증빙으로 세

---

[1] 이는 사업자가 부담했던 전체 매입세액 128만 원 중 승용차관련 매입세액 30만 원(거래 5) 및 가사경비관련 매입세액 30만 원(거래 7)을 차감한 금액으로 산출할 수도 있다.

금계산서와 신용카드영수증을 발급했다. 통장으로 수령한 현금매출 거래에 대해서도 부가가치세를 추가로 수령하였고 부가가치세 신고 대상에 포함하였다. 통장입금과 현금매출분을 신고대상에서 누락한다면 향후 눈덩이처럼 불어난 가산세가 부과될 수 있음을 숙지해야 된다.

저작자 개인이 저작권에 의하여 받는 저작권료(인세)는 부가가치세 면세대상으로 사업자 나혼밥이 출판사로부터 거래징수할 부가가치세는 없다 거래2. 따라서 인세는 부가가치세 신고대상에는 포함되지 않는다. 다만 소득세 신고대상에는 포함해야 한다.

다시 한 번 명심할 것이 있다. 나혼밥이 거래징수한 매출세액 300만 원은 누구의 돈인가? 국가가 가져갈 돈이다. 매출세액은 잠시 보관했다가 국가에 납부할 돈이다.

다음은 매입이다❷. 매입세액공제를 위해서는 증빙을 받아야 한다. 세금계산서 수령분 거래3, 신용카드 매출전표 수령분 거래4 은 매입세액공제가 가능하다. 가사경비의 성격으로 취급하는 승용차 유지비용 거래5 과 세금계산서가 아닌 간이영수증 거래 거래6 는 매입세액 불공제 대상이다. 하지만 소득세 계산 시 비용으로 반영될 수 있으므로 증빙을 받아둬야 한다. 한편 가사경비 거래7 는 장부에 반영하지 않아야 한다. 부가가치세와 소득세 감소를 위해 가사경비를 신고대상에 포함하면 줄어든 세금 이상의 가산세가 부과될 수 있다.

결국 나혼밥이 납부할 부가가치세는 매출세액 300만 원에서 공제가능 매입세액 68만 원을 차감한 232만 원이다. 매출세액 300만 원은 국가에 납부할 돈이다. 만났지만 헤어질 운명이다. 매입세액 68만 원은 자신을 떠났지만 다시 만난다. 수령한 매출세액 300만 원 중에서 자신이 부담했던 68만 원을 제외한 232만 원을 국가에 납부하기 때문이다. 대차대조표를 다시 살펴보자. 매출세액 300만 원은 부채에 표시되고 매입세액 68만 원은 자산으로 표시된다. 인연의 균형이 이루어졌다. 이와 같이 모든 거래는 회계의 언어로 재무제표에 표시된다.

▶ **삼합회**

삼합회의 상반기 화합을 도모해야 한다. 회계조직과 부가가치세 조직의 평화는 유지된다.

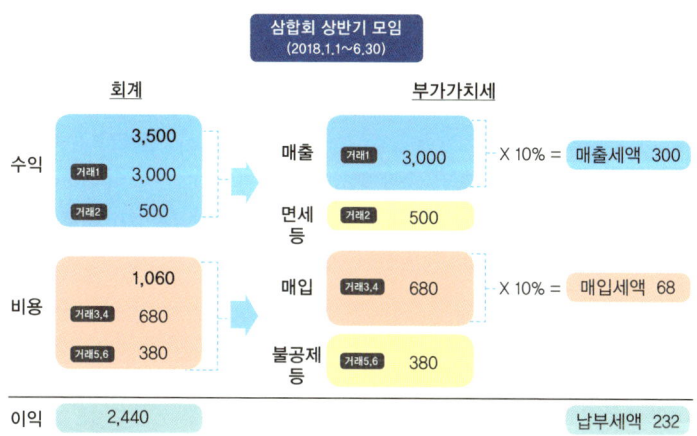

⟨회계 조직⟩
우리는 진실하고 균형 잡힌 장부를 작성했습니다. 이를 위해 통장수령 매출분도 수익으로 포함했고 가사경비는 비용으로 반영하지 않았습니다.

⟨부가가치세 조직⟩
우리는 진실한 장부를 바탕으로 매출세액과 매입세액을 관리했습니다. 회계 조직으로부터 파악한 통장 수령 매출을 매출세액에 포함했고 세금계산서를 정당히 주고받았습니다. 매입세액 공제 여부를 숙지해서 착오나 누락 없이 반영했습니다.

이해가 되지 않는 부분이 있어도 슬퍼하거나 노여워할 필요가 없다. 회계와 세무는 쉽지 않다. 원래 어렵다. 조용히 다시 한 번 눈을 감자.

"무엇이 보이나요?"

**보충자료** 회계장부 작성을 위한 분개 도출이 어려울 경우, 아래의 단계를 먼저 연습해보자. 거래의 원인과 결과를 파악하는 과정이다. 이 과정을 생략하고 바로 분개를 하면 된다.

| 거래 | | | 결과 | | 원인 |
|---|---|---|---|---|---|
| 거래1 | 컨설팅 수입 3,000만 원, 매출세액 300만 원 수령 | ❶ | 현금 3,300만 원 증가 | ❷ | 컨설팅수익 3,000만 원 창출 |
| | | | 자산(현금) 증가→왼쪽 | | 수익(컨설팅 소득) 증가→오른쪽 |
| | | | | ❸ | 매출세액 300만 원 수령 |
| | | | | | 부채(납부할 세금) 증가→오른쪽 |
| 거래2 | 인세수입 500만 원, 원천징수 15만 원 납부, 485만 원 수령 | ❹ | 현금 485만 원 증가 | ❻ | 인세수입 500만 원 창출 |
| | | | 자산(현금) 증가→왼쪽 | | 수익(사업소득) 증가→오른쪽 |
| | | ❺ | 세금미리 납부 15만원 | | |
| | | | 자산(*1) 증가→왼쪽 | | |
| 거래3 | 임대료 180만 원, 부가가치세 18만 원, 합계 198만 원 지급 | ❼ | 현금 198만 원 감소 | ❽ | 임대료 180만 원 지급 |
| | | | 자산(현금) 감소→오른쪽 | | 비용 증가→왼쪽 |
| | | | | ❾ | 매입세액 18만 원 지급 |
| | | | | | 자산(돌려받을 VAT)증가→왼쪽 |
| 거래4 | 영업비용 500만 원, 부가가치세 50만 원, 합계 550만 원 지급 | ❿ | 현금 550만 원 감소 | ⓫ | 영업비용 500만 원 지급 |
| | | | 자산(현금) 감소→오른쪽 | | 비용 증가→왼쪽 |
| | | | | ⓬ | 매입세액 50만 원 지급 |
| | | | | | 자산(돌려받을 VAT)증가→왼쪽 |
| 거래5 | 승용차비용 330만 원 지급(VAT 30만 원) | ⓭ | 현금 330만 원 감소 | ⓮ | 승용차유지비용 330만 원 발생 |
| | | | 자산(현금) 감소→오른쪽 | | 비용 증가→왼쪽(*2) |
| 거래6 | 기타영업비용 50만 원 지급(간이영수증) | ⓯ | 현금 50만 원 감소 | ⓰ | 영업비용 50만 원 발생 |
| | | | 자산(현금) 감소→오른쪽 | | 비용 증가→왼쪽(*3) |
| 거래7 | 가사경비 지출(*4) | | | | |

(*1) 미리 납부한 소득세로서 향후 납부할 소득세를 줄여준다. 따라서 선납세금은 가치 있는 자산이다.
(*2) 특정 승용차관련 매입세액은 매입세액 불공제 대상이다. 자산이 아닌 '비용'으로 반영한다.
(*3) 간이영수증 수령분은 매입세액 불공제 대상이다. 전체 금액을 비용으로 반영하면 된다.
(*4) 가사경비는 장부상 비용으로 반영하지 않는다. 진실한 회계를 실천해야 한다.

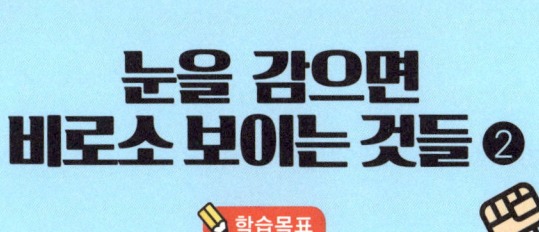

## 세무회계 04
# 눈을 감으면 비로소 보이는 것들 ②

**학습목표**

1인기업 사례를 통한 회계·세무 업무를 살펴본다
▶ 부가가치세 산출②

장안의 화제다. 애들도 와라. 들어는 봤나, 나혼밥의 관심법. 유명 정치인도 대통령도 그를 찾는다. 자신의 마음을 보기 위해. 상대의 마음을 읽기 위해. 그의 관심법은 멈춤이 없다.

지금까지 1월 1일부터 6월 30일까지의 거래에 대한 부가가치세 산출을 살펴보았다. 6개월이 지났다. 7월 1일부터 12월 31일까지의 부가가치세 신고를 다음 해 1월 25일까지 해야 한다.

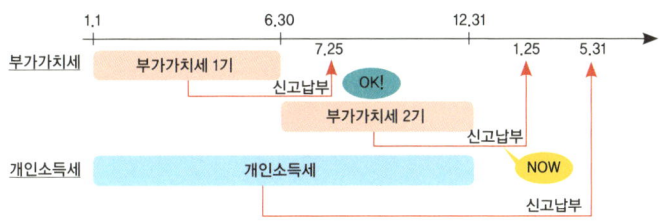

다시 눈을 감아야 한다.

▶ **거래내역**

하반기 부가가치세 신고를 위해 2018년 7월1일부터 12월 31일까지 거래를 살펴보자.

▶ **수익**

| No | 항목 | 매출금액 | 부가가치세 매출세액 | 합 계 | 비 고 |
|---|---|---|---|---|---|
| 1 | 코칭료 | 50,000,000 | 5,000,000 | 55,000,000 | 세금계산서 발행 10,000,000<br>신용카드 전표 발행 30,000,000<br>통장 수령 10,000,000 |
| 2 | 인세수입 | 15,000,000 | 0 | 15,000,000 | 원천징수 450,000 가정,<br>실 수령액 14,550,000 |
|   | 합 계 | 65,000,000 | 5,000,000 | 70,000,000 |   |

▶ **비용**

| No | 항목 | 매입금액 | 부가가치세 매입세액 | 합 계 | 비 고 |
|---|---|---|---|---|---|
| 3 | 임대료 | 1,800,000 | 180,000 | 1,980,000 | 세금계산서 수령 |
| 4 | 영업비용 | 15,000,000 | 1,500,000 | 16,500,000 | 신용카드 전표 수령 |
| 5 | 승용차비용 | 5,000,000 | 500,000 | 5,500,000 | 신용카드 전표 수령<br>매입세액 불공제 가정 |
| 6 | 기타비용 | 3,000,000 | 0 | 3,000,000 | 간이영수증 수령 |
| 7 | 가사경비 | 3,000,000 | 300,000 | 3,300,000 | 신용카드 전표 수령 |
|   | 합 계 | 27,800,000 | 2,480,000 | 30,280,000 |   |

▶ **기타거래**

| 8 | 2018.1.1.~6.30 거래분에 대한 부가가치세 2,320,000원을 납부 |
|---|---|
| 9 | 2018.7.1.~9.30 3개월분에 대한 부가가치세 예정 고지액 116만 원을 납부 |
| 10 | GTBC 방송출연료 5,000,000(기타소득 분류, 원천징수 300,000 가정, 실 수령액 4,700,000원) |

국가의 요청에 따라 하반기 6개월에 대한 부가가치세 신고 이전에 2018년 7월에서 9월까지 3개월의 부가가치세를 미리 납부했다(거래 9). 금액은 직전 6개월 부가가치세의 절반 수준이다. 방송출연료 수입은 부가가치세 면세 대상이다. 사업자 나혼밥이 GTBC 방송국으로부터 거래징수해야 할 부가가치세는 없다.

▶ **재무제표 작성**

재무제표를 작성을 위한 하반기 거래에 대한 분개를 해보자.

2018.7.1.~12.31

| | 차변(왼쪽) | | 대변(오른쪽) | |
|---|---|---|---|---|
| 거래1 | ① 현금 | 5,500만 원 | ② 컨설팅수익 | 5,000만 원 |
| | | | ③ 납부할 부가세 | 500만 원 |
| 거래2 | ④ 현금 | 1,455만 원 | ⑥ 인세수익 | 1,500만 원 |
| | ⑤ 미리 낸 소득세 | 45만 원 | | |
| 거래3 | ⑧ 임대료 | 180만 원 | ⑦ 현금 | 198만 원 |
| | ⑨ 돌려받을 부가가치세 | 18만 원 | | |
| 거래4 | ⑪ 영업비용 | 1,500만 원 | ⑩ 현금 | 1,650만 원 |
| | ⑫ 돌려받을 부가가치세 | 150만 원 | | |
| 거래5 | ⑭ 영업비용(승용차) | 550만 원 | ⑬ 현금 | 550만 원 |
| 거래6 | ⑯ 영업비용 | 300만 원 | ⑮ 현금 | 300만 원 |
| 거래7 | 해당사항 없음 | | | |
| 거래8 | ⑰ 납부할 부가세 | 300만 원 | ⑱ 돌려받을 부가가치세 | 68만 원 |
| | | | ⑲ 현금 | 232만 원 |
| 거래9 | ⑳ 납부할 부가세 | 116만 원 | ㉑ 현금 | 116만 원 |
| | 차변 금액합계 | 10,114만 원 | 대변 금액합계 | 10,114만 원 |

거래1부터 거래7까지의 내용은 상반기와 동일하다. 거래8은 2018년 6월 30일까지의 부가가치세를 납부하는 거래다. 거래9는 부가가치세 최종 신고 이전에

직전 과세기간 납부액의 50%를 미리 납부하는 거래를 반영한 것이다. 나혼밥의 방송출연은 계속·반복적이 아닌 일시적인 것으로 방송출연료를 기타소득으로 분류하는 것이 적절하다(거래 10). 기타소득 총액이 1,000만 원(2019년부터 750만 원 적용) 이하이므로 자신의 소득 수준을 고려하여 분리과세 선택을 가정한다. 따라서 장부에 반영하지 않고 원천징수로 과세의무를 종결한다.

2018년 하반기 6개월 동안의 손익계산서는 그 기간의 분개를 합산하고, 12월 31일 현재의 대차대조표는 지난 1년간의 모든 거래를 합산한다. 대차대조표는 지속적으로 누적된 특정 시점의 자산과 부채를 나타내기 때문이다.

### 나혼밥 관심법 코칭센터

| 손익계산서 2018.7.1.~12.31 | | | | 대차대조표 2018.12.31 현재 | | |
|---|---|---|---|---|---|---|
| I. 수익<br>　컨설팅수익<br>　인세수익 | 6,500만 원<br>5,000만 원<br>1,500만 원 | ②<br>⑥ | | I. 자산<br>　현금<br>　미리 낸 소득세<br>　돌려받을 부가가치세 | 6,566만 원<br>60만 원<br>168만 원 | (*2)<br>(*3)<br>(*4) |
| | | | | 자산합계 | 6,794만 원 | |
| II. 비용<br>　임대료 등 | 2,530만 원 | (*1) | | II. 부채<br>　납부할 부가가치세<br>III. 자본(I−II) | 384만 원<br>6,410만 원 | (*5) |
| III. 이익(I−II) | 3,970만 원 | | | 부채자본 합계 | 6,794만 원 | |

(*1) 영업비용 = ⑧+⑪+⑭+⑯ = 180+1,500+550+300=2,530만 원
(*2) 현금 = 2018년 6월 30일 현금 2,657+①+④−⑦−⑩−⑬−⑮−⑲−㉑ = 6,566만 원
(*3) 미리 낸 소득세 = 2018년 6월 30일 금액 15+ ⑤ 45 = 60만 원
(*4) 돌려받을 부가가치세 = 2018년 6월 30일 금액 68 + ⑨ 18 + ⑫ 150 − ⑱ 68 = 168만 원
(*5) 납부할 부가가치세 = 2018년 6월 30일 금액 300 + ③ 500 − ⑰ 300 − ⑳ 116 = 384만 원

수익은 6,500만 원(거래 1, 2)이 반영된다. 비용은 전체비용 2,780만 원에서 가사비용 300만 원(거래 7)을 제외하고 매입세액 불공제액 50만 원(거래 5)을 추가로 반영한 2,530만 원이 된다.

다음 해 1월 25일까지 납부해야 할 하반기의 부가가치세는 얼마인가? 정답은 역시 대차대조표에 있다. 납부할 부가가치세 384만 원에서 돌려받을 부가가치세 168만 원을 차감한 216만 원이다.

▶ **부가가치세 산출**

확인해보자. 눈을 뜨지 않아도 된다.

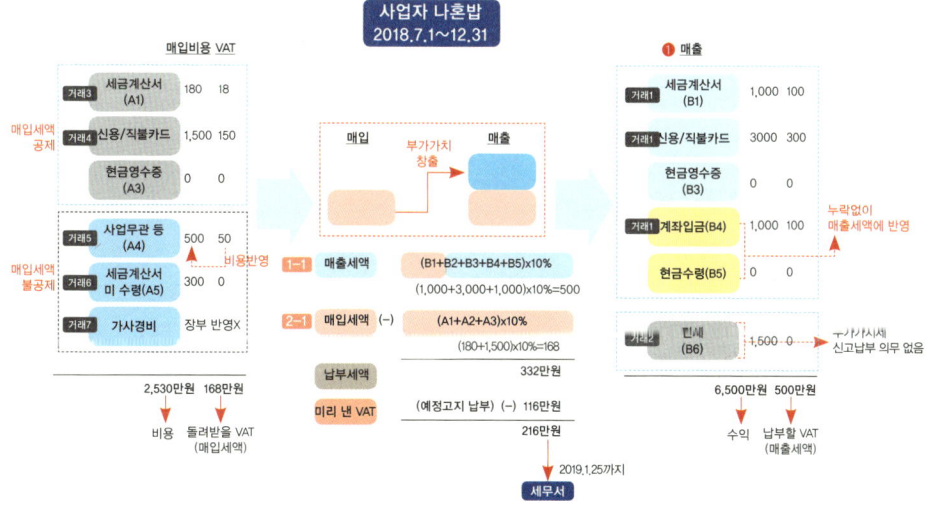

부가가치세는 매출세액에서 매입세액을 차감해서 산출된다. 매출세액은 500만 원(1-1, 거래1)이다. 공제 가능 매입세액은 세금계산서 수령분 18만 원(거래3)과 신용카드 매출전표 수령분 150만 원(거래4)의 합계 168만 원이다(2-1).[1]

결국 2018년 하반기 부가가치세는 매출세액 500만 원에서 매입세액 168만 원을 뺀 332만 원이다. 다만 미리 납부한 부가가치세 예정고지액 116만 원이 있으므로 실제로 납부할 부가가치세는 332만 원에서 116만 원을 뺀 216만 원이다.

---

[1] 이는 사업자가 부담했던 전체 매입세액 248만 원 중 승용차관련 매입세액 50만 원(거래 5) 및 가사경비관련 매입세액 30만 원(거래 7)을 차감한 금액으로 산출할 수도 있다.

대차대조표를 다시 확인해 보자.

▶ **삼합회**

하반기 삼합회 모임에 참가하자. 천기누설의 확인은 각자의 몫으로 한다.

〈회계 조직〉
방송출연료를 기타소득으로 분류한다는 소득세 조직의 의견에 따라 장부상 사업소득으로 반영하지 않았습니다. 가사경비는 비용에서 제외하고 부가가치세 조직으로부터 매입세액 불공제 대상액을 통보받아 장부상 비용으로 반영했고 소득세 조직에게도 통보했습니다.

〈부가가치세 조직〉
진실하고 균형 잡힌 장부가 있어 우리는 어려움 없이 부가가치세를 신고했습니다. 매출세액과 매입세액의 인연에 대한 균형은 우리 조직의 핵심규율입니다.

# 혁이 형

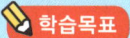

1인기업 사례를 통한 회계·세무 업무를 살펴본다
▶ 현장체험②

국내 최대의 S기업에서 나혼밥의 강연이 진행된다. 대상은 신입사원들, 주제는 상사와의 갈등 해결을 통한 보람찬 직장생활이다. 우리도 참석하자.

"한쪽이나 반쪽으로 정리해봐."

수십 장 분량의 보고서 내용을 한 장 이내, 반 페이지 분량으로 요약하라는 그분의 지시사항이네요.

"너무 부담 갖지 말고. 기왕이면 fancy하게. 늦게까지 야근은 하지 말고. 내일 오전에는 볼 수 있겠지?"

본인은 퇴근하며 내일 오전 출근 때까지 볼 수 있게 하라는 말이네요. 문서 디자인까지 예쁘게 신경 써야 하고 부담가질 필요는 없고 밤늦게 야근할 필요도 없이요. 여러분들 마음은 어떤가요? 어떻게 대처하실 건가요?

나혼밥의 관심법이 시작됐다. 자신의 마음을 되돌아본다.

나는 서른한 살, 늦깎이 신입사원이다. 입사 동기 중 5명 중 나이가 가장 많다.

다음으로 나이 많은 동기는 나보다 세 살 아래. 상급자 대부분이 나보다 어리다. 사회에서 나이가 중요한 것만은 아니지만 열심히 해보겠다는 열정만큼이나 팀 적응이 힘겨웠다.

팀 내 서열 2위 H, 그는 호탕한 웃음 지으며 인자한 표정을 짓는 분이다. 나의 입사지원서를 제일 먼저 확인하고, 어떤 이유에선지 괜찮은 사람이라며 나의 입사를 적극 추천하신 분이다. 나이 먹고 열심히 하겠다는 나를 가장 잘 알아주셨다.

아쉽게도 그 분은 팀원들의 기피대상 1호였다. 본인의 업무 대부분을 부하 팀원들에게 위임하는 탓이다. H와 함께 하는 프로젝트를 일부 팀원들은 '저질 프로젝트'라 했다. 그 분을 '썩은 동아줄'로 칭했다. 다른 간부와 함께 하는 그들의 업무를 '황태자 프로젝트'라 불렀다. 저질 프로젝트는 주목받지 못하고 인정받지 못하는 일이다. 야근을 해도 고생한다는 말 대신 아무도 관심 주지 않는 경우가 많았다.

저질 프로젝트 수행멤버는 주로 나와 나의 세 아들이었다. 1년 후임 3인방이다. '저질' SY, '변태' MH, '오버' SJ다. 그들과 함께 업무를 수행할 때 나는 당시 개그프로에서 유행하던 '웅이 아부지'라 불렸다. 3형제 또한 황태자 라인보다 썩은 동아줄 라인에 가까웠다. 우리는 그 분을 '혁이 형'이라 불렀다. 나름 돈독한 패밀리다. 혁이 형과 저질 3형제, 내가 S기업에 재직했던 7년 동안 많은 시간을 그들과 함께 했다.

다음 해 H는 이사로 승진하고 더 좋은 곳으로 이사하셨다. '이사도 되고 이사도 했다'며 좋아하셨다. 그는 몇 년 후 이직하셨다. 이사가 되며 위·아래 직급 사이에서 더 많은 업무적인 스트레스를 받으신 듯하다. 나의 썩은 동아줄은 끊어졌다. 황태자 라인 팀원들의 말처럼······.


누구에게나 장·단점이 있어요. 그런데 사회생활에서는 장점보다는 단점이 더 부각돼요. 누군가의 단점만을 문제 삼는 것이죠. 그 분은 자신의 일을 부하 직원들에게 위임하는 단점이 있지만 팀원들의 입장을 잘 이해했어요. 힘든 업무가 끝나면 공짜 휴가를 부여했어요. 황태자 프로젝트에 가려진 팀원에게 법인카드를 마음껏 사용할 수 있는 보상도 주었죠.

"내게 그런 핑계 대지마, 입장 바꿔 생각을 해봐."

어느 국민 가수의 노랫말이 생각나네요. 입장 바꿔 내 마음을 들여다보고 나 자신과 대화하면 됩니다. 이사가 해야 할 일을 아래 직급 사원에게 위임한다면? 그 사원 입장에서는 정말 고마운 일이예요. 이사로 승진해야만 수행할 일을 미리 경험해볼 좋은 기회잖아요. 이사의 업무능력을 갖출 수 있는 소중한 순간이죠. 밤 새워 수십 장 보고서를 한 장으로 요약해야 한다면? 정말 멋진 능력을 계발할 기회 아닌가요. 부당한 지시에 무조건 따르라는 말은 아니에요. 기왕 해야 할 일이라면 고마운 마음으로 임해야 해요. 즐거운 마음으로 새벽을 맞이하세요.

나혼밥의 관심법이 계속된다.

나는 한 번도 그 분을 썩은 동아줄이라 생각해본 적이 없다. 그에겐 자신을 회피하는 팀원들에 비해 어떤 지시사항이든 말없이 수행하는 내가 필요했을 수도 있다. 나를 이용했을 수도 있다. 상관없다. 그 분은 나에게 입사 기회를 주신 고마운 분이다. 열심히 일할 수 있는 기회를 주신 소중한 분이다. 나를 믿고 일을 맡겨준 멋진 분이다. 바쁘다는 핑계로 5년간 연락 한 번 드리지 못했다. 새로운 곳에서 새로운 길을 가고 계신 혁이 형에게 힘찬 응원을 보내드리고 싶다.

"그대 기억이~ 지난 사랑이~ 내 안을 파고드는 가시가 되어~"

"날 사랑해줘요~ 날 울리지 마요~ 늘 숨어만 있는 나는 겁쟁이랍니다."

소주 세 잔 기울이면 나보다 더 얼굴이 붉게 홍당무 되던 혁이 형, 버즈의 「가시」와 「겁쟁이」를 열창하던 혁이 형, 술에 취해 노래에 취해 노래방 한쪽 의자에서 귀엽게 잠을 청하던 혁이 형, 흐뭇한 표정으로 손 흔들며 대리운전 기사의 차에 올라 집으로 향하던 혁이 형.

오늘은 문득 그 분이 그립다. 고마워요, 혁이 형.

나혼밥의 관심법이 끝났다.

 "입사 축하드립니다."

부가가치세 신고를 끝내고 강연도 들었다. 이제 지난 1년간의 종합소득세를 신고·납부해야 한다. 재무제표를 출발점으로 세무조정을 통해 세무상 소득을 구한다. 종합과세 대상 다른 소득이 있을 경우 뭉쳐서 종합소득세를 산출한다. 소득세 천기누설을 확인하고 연말 삼합회에 참석할 것이다.

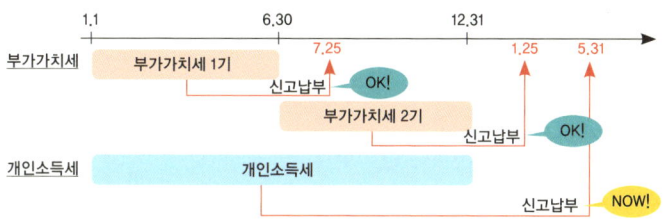

다시 때가 됐다. Close your eyes. You can do it!

▶ **재무제표 작성**

2018년의 재무제표를 작성하자. 상반기(제3장)와 하반기 분개(제4장)를 모두 합산하면 된다.

**나혼밥 관심법 코칭센터**

| 손익계산서 2018.1.1.~12.31 | | 대차대조표 2018.12.31 현재 | |
|---|---|---|---|
| I. 수익<br>　컨설팅수익<br>　인세수익 | 10,000만 원<br>8,000만 원<br>2,000만 원 | I. 자산<br>　현금<br>　미리 낸 소득세<br>　돌려받을 부가가치세 | 6,566만 원<br>60만 원<br>168만 원 |
| | | 자산합계 | 6,794만 원 |
| II. 비용<br>　임대료 등 | 3,590만 원 | II. 부채<br>　납부할 부가가치세<br>III. 자본(I-II) | 384만 원<br>6,410만 원 |
| III. 이익(I-II) | 6,410만 원 | 부채자본 합계 | 6,794만 원 |

2018년 1년 동안의 손익계산서는 상반기의 손익과 하반기의 손익을 합산한 결과와 같다. 2018년 12월 31일의 대차대조표는 하반기 부가가치세 신고 과정에서 작성되었다.

### ▶ 종합소득세 산출

**세무조정 ▶** 종합소득세를 산출하기 위해 세무상이익(사업소득금액)을 구해야 한다.

회계상이익에서 세무조정을 통해 세무상이익을 산출한다. 나혼밥의 회계상이익과 세무상이익은 동일하다. 장부 작성 시 가사경비는 비용에서 제외하였고, 기타소득으로 분류한 방송출연료는 분리과세를 선택하였으므로 장부상 수익으로 반영하지 않았다. 즉 수익과 비용항목을 모두 재무제표에 적절히 반영하였기 때문이다. 기타 회계와 세무의 차이는 없다고 가정한다.

**모여라 ▶** 사업소득 이외의 종합과세 대상 소득이 있다면 함께 뭉쳐야 한다.

사업소득 이외 종합소득으로 함께 뭉칠 소득은 없다. 인세수입을 계속·반복적인 성격으로 보아 사업소득에다 포함했고, 방송출연료는 일시적인 것이라 기타소득으로 구분했다. 기타소득으로 반영된 방송출연료가 500만 원으로 분리과세와 종합과세 가운데 선택할 수 있으므로, 나혼밥은 자신에게 적용될 세율을 고려하여 분리과세를 선택했다. 만약 기타소득 총 수령금액이 1,000만 원(2019년부터 750만 원 적용)을 초과한다면, 종합과세대상 기타소득으로 포함해야 한다. 또한 방송출연이 일시적이 아니라 계속·반복적으로 발생한다면 이를 사업소득으로 반영해야 한다.

종합소득공제는 1,810만 원으로 가정한다. 종합소득금액 6,410만 원에서 이 금액을 뺀 4,600만 원에다 세율을 곱한다. 최초 1,200만 원까지는 6%, 1,200만 원을 넘는 3,400만 원에 15%를 곱해서 산출세액 582만 원이 계산된다.
나혼밥은 간편장부대상자로서 복식부기 하였으므로 기장세액공제 산출세액의 20%인 116만 원을 적용받는다. 다만 기장세액공제는 한도 100만 원이 적용된다. 따라서 나혼밥의 소득세는 산출세액 582만 원에서 이를 뺀 482만 원이다.
한편 인세를 받을 때 60만 원을 원천징수로 기 납부 했으므로 482만 원에서 이를 뺀 422만원이 최종 납부할 세금이다.

▶ 소득세 천기누설 확인

이제는 눈을 떠 보자. 소득세의 천기누설을 확인해야 한다.
소득세의 출발점은 수익이다(❶). 수익을 장부에 빠짐없이 반영해야 한다. 나혼밥은 통장으로 수령한 매출도 모두 수익에 포함했다. 세금을 줄이기 위한 매출 누락은 불법이다. 탈세다. 또한 인세수입을 기타소득으로 반영할 경우 수령액의 70%(2019년부터 60% 적용)를 비용으로 인정받을 수 있어 세 부담 측면에서 유리할 수 있다. 하지만 나혼밥의 저술활동은 계속·반복적 성격으로 보는 것이 타당하므로 사업소득으로 반영했다. 진실한 회계의 균형을 택했다.

소득세 감소의 출발점은 비용이다(❷). 사업관련 비용이라면 빠짐없이 장부에 반영해야 한다. 반면 세금 절감을 위해 가사경비 또는 가공경비를 비용으로 반영한다면 이 또한 불법이다. 나혼밥은 사업경비만을 장부에 반영했다. 또한 부가가치세 매입세액불공제 금액도 가능한 경우 모두 비용으로 반영했다. 비용은 세금을 줄이기 때문이다.

소득세를 감소시키는 다른 요인은 소득공제다(❸). 이는 소득에서 일정액을 차감하는 것이다. 나에게 적용되는 소득공제 항목을 빠짐없이 반영해야 한다. 다시 한 번 강조하지만 누구도 먼저 챙겨주지 않는다.

소득세를 감소시키는 요인으로 세액공제와 감면이 있다(❹). 이는 세율을 곱해 산출된 세금에서 일정액의 세금을 깎아주는 것이다. 복식부기 의무자가 아닌 자가 복식부기를 수행할 경우 적용되는 기장세액공제가 대표적이다. 자신에게 적용되는 세액공제와 감면항목이 어떤 것이 있는지 스스로 답할 수 있어야 한다.

소득세를 공연히 증가시키는 요인으로 가산세가 있다(❺). 자신의 장부작성 의무를 이행하지 않는 경우, 정해진 기한 내에 소득세를 신고·납부하지 않는 경우, 가산세가 붙는다. 세금 감소를 위해 매출을 누락하거나 사업소득을 기타소득으로 반영하는 경우, 가사경비를 사업경비로 반영하는 등 장부를 조작하여 신고하는 경우 또한 가산세 부과사유가 된다. 불필요한 가산세를 안 내는 것이 바로 절세다.

▶ **삼합회 연말 모임**

기장선원 미국수련원에 세 조직이 모두 모였다.

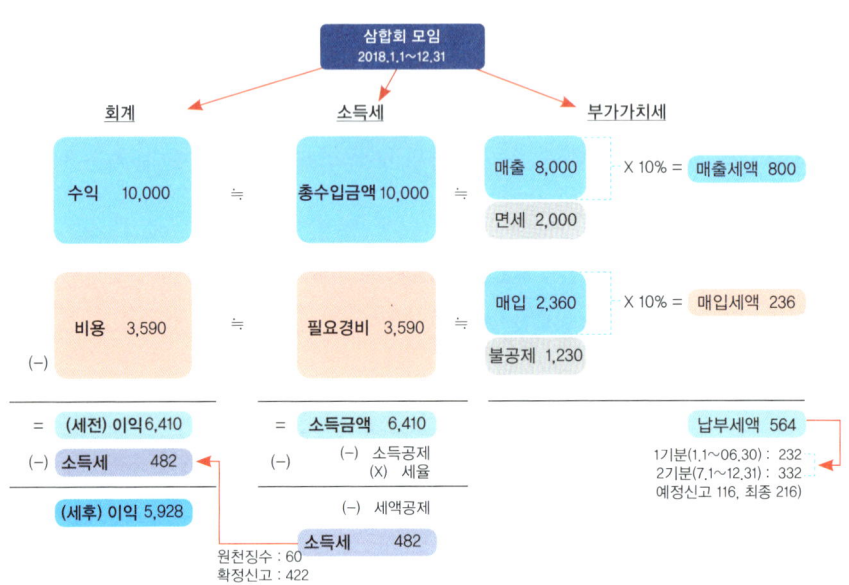

삼합회의 선서를 확인해 보자.

### 회계
진실한 "균형"을 추구하고
- 통장 수령 매출도 빠짐없이 반영하여 부가가치세 및 소득세 조직에 통보
- 부가가치세 조직으로부터 사업/기타소득 구분내역을 수령하여 반영
- 소득세 조직으로부터 가사경비 항목을 수령하여 장부에 미반영
- 부가가치세 조직으로부터 매입세액불공제 항목을 수령하여 비용으로 반영
- 상기 내용을 반영한 진실하고 균형 잡힌 재무제표를 부가가치세와 소득세 조직에게 제공

### 소득세
내 안의 나와 "소통"하며
- 계좌로 수령한 매출 또한 신고대상에 포함
- 종합과세 대상 소득을 적절히 분류하여 회계장부에 반영토록 통보
- 내 안의 사업자와 대화하여 가사경비와 사업경비를 엄격히 구분
- 부가가치세 신고로 인해 소득세 산출을 위한 수익과 비용을 대부분 확정
- 회계조직으로부터 진실한 재무제표를 제공받아 소득세를 최종 산출

### 부가가치세
"인연"의 소중함을 돌아보았습니다.
- 회계장부를 기초로 통장수령 매출 분 또한 매출세액에 포함하여 신고
- 소득세 조직으로부터 가사경비 내역을 통보받아 매입세액을 공제하지 않았고 회계조직에게 비용 반영토록 통보. 또한 매입세액공제 가능항목은 빠짐없이 반영
- 세금계산서를 정당하게 주고받으며 매출세액과 매입세액 정보를 관리
- 회계조직으로부터 진실한 재무제표를 제공받아 부가가치세를 최종 산출

 **삼합이 이루어졌다. 여정이 마무리되고 있다.
이제 TAX-GO와의 결전만이 남았다!**

# 일생에 한 번은 TAX-GO를 만나라!

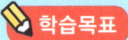

수업의 전체 내용을 복습한다①

결전의 날이 왔다. 삼합회와 TAX-GO와의 대결이다. TAX-GO는 세계최고의 TAX AI 로봇이다. 그는 과거 세무공무원의 업무를 대신한다. 실시간으로 인간의 정보를 수집한다. 수입과 지출, 통장거래 내역, 모든 현금거래까지도 그의 두뇌 속에 저장된다. 우리의 세금신고 내역을 검토하고 우리를 찾아온다. 한 치의 오차도 허용하지 않는 인정사정없는 놈이다. 피도 눈물도 모르는 우주 최고의 용병이다. TAX-GO는 사업자들에게 회피의 대상이다.

나혼밥의 꿈은 TAX-GO를 만나는 것이다. 그와 일전을 위해 20년간 수련해 왔다. 드디어 TAX-GO로부터 초대장이 왔다. 나혼밥이 삼합회를 대표해 대결에 임한다. 4라운드 대결이다. TAX-GO의 공격을 잘 방어해야 한다. 때가 되면 자신의 필살기로 반격할 기회가 있다. 선방어 후공격의 전략이다.

사방이 고요하다. 삼합회 최고의 주먹 나혼밥과 우주 최고의 용병 TAX-GO가 만났다. TAX-Doll 창설 이래 최고의 대결이다.

## Round 1. (임전臨戰) - 회계

선공은 TAX-GO의 몫이다. 그의 주무기인 오른손 훅이다. 모든 삼합회 회원들이 두려워하는 공포의 펀치다. 나혼밥은 피하지 않는다. 인생의 모든 것은 정면승부다!

| TAX-GO | 나혼밥 |
|---|---|
| 손익계산서와 대차대조표는 무엇인가요? (PART Ⅱ 제1장) | 손익계산서는 수익과 비용을, 대차대조표는 자산과 부채를 나타내는 회계보고서입니다. |
| 이익과 순자산은 어떻게 구하나요? (PART Ⅱ 제1장) | 이익은 수익에서 비용을 차감해서, 순자산은 자산에서 부채를 차감해서 구해집니다. |
| 인생의 복식부기는 어떻게 하는 것인가요? 이를 위해 무엇이 필요한가요? (PART Ⅱ 제3장) | 일상의 원인과 결과가 진실한 균형을 이루는 것입니다. 관심법이 필요합니다. |
| 회계의 복식부기는 무엇이고 어떻게 하는 것인가요? (PART Ⅱ 제4장, 제5장) | 거래의 원인과 결과를 왼쪽과 오른쪽에 모두 기록하는 방법입니다. 거래를 자산, 부채, 수익, 비용으로 구분하고 자산과 비용을 왼쪽, 부채와 수익을 오른쪽에 기록합니다. 이를 분개라 합니다. |
| 복식부기 재무제표는 어떻게 작성하고 최종균형은 어떻게 확인하나요? (PART Ⅱ 제4장, 제5장) | 분개에 반영된 항목들을 가감해서 수익과 비용을 손익계산서에, 자산과 부채를 대차대조표에 표시합니다. 최종적으로 자산의 합계가 부채와 자본의 합계와 일치하는지 여부를 확인합니다. |
| 회계, 뭣이 중헌가요? (PART Ⅱ 제2장, 제6장) | 거래의 경제적 실질이 참된 균형을 이루는 것입니다. |
| 이익은 무엇인가요? 세금과 이익은 무슨 관계가 있나요? (PART Ⅱ 제7장, 제8장) | 벌어들인 수익에서 지출된 비용을 차감하고 남은 부분이 이익입니다. 소득세는 이익에 세율을 곱해서 산출됩니다. |
| 회계와 세무의 만남은 어떻게 이뤄지나요? (PART Ⅱ 제8장) | 회계기준에 의한 이익을 출발점으로 세무조정을 거쳐 세무기준 이익을 산출합니다. |
| 사업자의 회계의무는 무엇인가요? (PART Ⅱ 제9장) | 개인사업자는 업종 및 매출에 따라 복식부기 및 간편장부 작성의무가 부여됩니다. 또한 이에 따른 세법상 당근과 채찍이 있습니다. |
| 사업자가 회계하지 못하는 경우 구원받을 수 있나요? (PART Ⅱ 제10장) | 사업자가 장부를 작성하지 않아도 추계방식으로서 단순경비율과 기준경비율에 의해 이익을 산정할 수 있습니다. 기준경비율 적용이 원칙이고 수입이 일정금액 미만인 경우에만 단순경비율을 적용할 수 있습니다. |

## Round 2.(탐색전探索戰) - 기본 개념

주먹의 전설로 알려진 나혼밥의 실전을 본 사람은 드물다. 그는 조용한 내면을 가진 영혼이지만 대결 앞에서 양보는 없다.

| TAX-GO | 나혼밥 |
| --- | --- |
| 법인(法人)의 개념은 무엇인가요?<br>(PART III 제1장) | 법인은 원래 사람은 아니지만 법으로 사람이 될 수 있는 권리와 의무를 부여받은 사람입니다. |
| 법인(法人)은 왜 존재하나요?<br>(PART III 제2장) | 법인은 수익을 창출하고 본연의 사람들에게 나누어주기 위해 존재합니다. 구성원들에게 임금과 배당을 주고 남는 돈이 있다면 새로운 일자리 창출에 기여하는 것이 법인의 존재이유입니다. |
| 법인과 개인은 소득에 대해<br>어떤 세금을 납부 하나요?<br>(PART III 제5장) | 법인사업자는 모든 소득에 대해 법인소득세(법인세)를 납부하고, 개인사업자는 법으로 열거된 소득에 대해 개인소득세(소득세)를 납부합니다. |
| 종합과세와 분류과세는<br>무엇인가요?<br>(PART III 제6장) | 유사한 소득을 하나의 '종합소득'으로 합산하여 세금을 산출하는 것을 '종합과세'라고 합니다. 서로 합산하지 않고 별도로 세금을 산출하는 것을 '분류과세'라고 합니다. |
| 여러 종류의 소득을 왜 하나로<br>합산 하나요?<br>(PART III 제6장) | 하나의 소득으로 뭉쳐 높은 세율을 적용하기 위합니다. 뭉치면 세금이 높아집니다. |
| 종합소득세율은 어떻게<br>구성되어 있나요?<br>(PART III 제6장) | 소득구간별로 높은 세율이 적용되는 7단계 초과누진세율입니다. |
| 원천징수는 무엇인가요?<br>(PART III 제7장) | 소득을 지급하는 자가 소득을 지급할 때 상대방이 내야할 세금을 미리 징수하여 국가에 납부하는 것을 '원천징수'라고 합니다. |
| 완납적 원천징수와<br>예납적 원천징수는 무엇인가요?<br>(PART III 제7장) | 원천징수로 납세의무가 종료되는 경우를 '완납적 원천징수'라고 하고 이러한 과세방법을 '분리과세'라고 합니다. 원천징수로 납세의무가 종료되지 않는 경우를 '예납적 원천징수'라고 합니다. 이 경우 종합소득세 확정신고를 해야 합니다. |

## Round 3. (격전激戰)-소득세

TAX-GO의 펀치 공격은 계속된다. 나혼밥은 한 번 더 때려 보라며 얼굴을 허용한다. 주위의 놀라움과 탄성이 이어진다.

| TAX-GO | 나혼밥 |
|---|---|
| 개인의 소득종류와 과세방법은 무엇인가요?(PART IV 제1장) | 이자소득·배당소득·사업소득·근로소득·연금소득·기타소득을 '종합소득'이라 하고 '종합과세'를 적용합니다. 퇴직소득과 양도소득에 대해서는 '분류과세'를 적용합니다. |
| 이자소득과 배당소득의 과세방법은 무엇인가요?(PART IV 제2장) | 이자소득과 배당소득이 합계가 2천만 원 미만이면 분리과세, 2천만 원 이상이면 종합과세가 적용됩니다. |
| 근로소득의 과세방법은 무엇인가요? (PART IV 제2장) | 근로소득은 원천징수와 연말정산을 통해 납세의무가 종료됩니다. 근로소득 이외의 종합과세 대상 소득이 있다면 확정신고를 해야 합니다. |
| 연금소득의 과세방법은 무엇인가요? (PART IV 제2장) | 국민연금 등 공적연금은 원천징수와 연말정산을 통해 납세의무가 종료됩니다. 종합과세 대상 다른 소득이 있는 경우 확정신고를 해야 합니다. |
| 사업소득과 기타소득은 어떻게 구분하고 과세방법은 무엇인가요? (PART IV 제3장, 제4장) | 사업소득은 계속·반복적으로, 기타소득은 일시·우발적으로 발생하는 소득입니다. 사업소득은 종합과세 대상입니다. 인세와 강연료 등의 기타소득은 총금액 합계 1,000만원 이하인 경우 분리과세와 종합과세 중 하나를 선택할 수 있고, 초과하는 경우 종합과세 대상입니다. |
| 사업소득과 기타소득에 대한 필요경비는 어떻게 산출하나요? (PART IV 제3장, 제4장) | 사업소득은 실제 발생한 비용을 필요경비로 반영합니다. 기타소득은 실제 비용이 없더라도 총수입금액의 70%를 필요경비로 반영합니다. (2019년 이후 60%) |
| 1인기업 삼합회 회원들은 사업소득과 기타소득의 구분을 잘 하였나요? (PART IV 제3장, 제4장) | 동일 종류의 소득인 경우에도 사업목적으로 계속·반복적으로 발생하는 경우 사업소득으로 구분하여 종합과세를 적용했습니다. |
| 기타소득으로 분류되는 소득에 대해서는 세금신고를 어떻게 하였나요? (PART IV 제3장) | 기타소득 총수입금액이 1,000만 원[1]을 초과할 경우 종합과세를 적용했습니다. 기타소득 총수입금액이 1,000만 원[1] 이하인 경우 분리과세와 종합과세를 적용할 경우의 세금 부담을 비교하여 유리한 과세방법을 선택했습니다. |
| 종합소득세는 어떻게 산출하나요? (PART IV 제5장) | 종합소득 총수입금액에서 필요경비와 종합소득공제를 차감한 금액에 종합소득세율을 곱하여 세금을 산출합니다. 세금에누리 성격의 세액공제와 감면을 차감하고 가산세를 가산합니다. 동 금액에서 원천징수 등으로 이미 납부한 세금을 뺀 금액을 추가로 납부합니다. |
| 종합소득세 절세를 위해 어떤 노력을 하였나요? 종합소득세 절감을 위해 수익을 누락하거나 비용을 과대계상 하지 않았나요? (PART IV 제7장, 제8장) | 모든 회원들은 1인기업 세무과외를 받습니다. 미국 수련원에서 정기적으로 회계, 소득세, 부가가치세의 삼합을 위한 인생수련을 합니다. 우리는 진실한 장부작성을 최우선으로 합니다. 벌어들인 수익과 이를 위해 지출된 비용을 누락 없이 장부에 반영하는 것이 기본 규율입니다. 비용은 본연의 사업 관련비용만을 반영 했습니다. 사업 무관 가사경비는 엄격히 구분하여 사업소득 계산 시 제외했습니다. 또한 개개인에게 적용되는 소득공제와 세액공제 항목을 숙지하였고, 규정을 준수하여 불필요한 가산세는 발생하지 않았습니다. 세금을 줄이기 위한 매출누락과 비용과대 계상은 존재하지 않습니다. 우리는 인생과 사업의 균형을 추구하고, 본연의 나와 내 안의 나는 항상 얘기 나눕니다. |

[1] 2019년부터 750만 원 적용

## Round 4 (종전終戰) - 부가가치세

지치지 않는 TAX-GO의 실력은 기대 이상이다. 하지만 나혼밥에게 그는 그저 평범한 깡통 로봇에 불과할 뿐. 이제 대결을 마무리할 시간이다. 많은 기술이 필요치 않다.

| TAX-GO | 나혼밥 |
| --- | --- |
| 부가가치세는 무엇인가요?<br>(PART III 제4장, 제8장) | 부가가치세는 거래단계별로 재화나 용역에 생성되는 부가가치에 부과되는 세금입니다. |
| 부가가치세는 누가 부담하고 누가 신고납부 하나요?<br>(PART III 제4장, 제8장) | 부가가치세는 소비자가 부담하고 소지자에게 물품을 공급하는 사업자가 신고납부 합니다. 사업자는 물품을 판매할 때 소비자로부터 물품대금과 부가가치세를 함께 수령하고 부가가치세를 국가에 신고납부해야 합니다. |
| 부가가치세는 어떻게 계산하나요?<br>(PART III 제4장, 제8장) | 부가가치세는 매출세액에서 매입세액을 차감해서 산출합니다. 매출세액은 매출액의 10%, 매입세액은 매입액의 10%입니다. |
| 부가가치세를 계산할 때 매출세액에서 매입세액을 차감하는 이유는 무엇인가요?<br>(PART V 제6장) | 매입세액을 매출세액에서 차감하는 이유는 매입액이 새로운 부가가치 창출의 기초가 되기 때문입니다. 이처럼 부가가치세는 자신의 거래단계까지 발생한 매출세액에서 이전 거래단계에서 발생한 매입세액을 차감하는 방식으로 계산합니다. |
| 매입세액공제와 매입세액 불공제의 의미는 무엇인가요?<br>(PART V 제6장) | 매출세액에서 매입세액을 차감하는 것을 매입세액공제라고 합니다. 매입세액 불공제는 매출세액에서 매입세액이 차감되지 않는 경우를 의미합니다. 그만큼 부가가치세 납부액이 증가합니다. |
| 매입세액 불공제 사유는 무엇인가요?<br>(PART V 제6장) | 사업과 무관한 매입비용으로서 매입액이 새로운 부가가치 창출에 기여하지 못하는 경우, 세금계산서를 수령하지 않은 경우, 면세사업자의 매입세액은 공제되지 않습니다. |
| 매출세액과 매입세액은 회계의 거래 종류인 자산, 부채, 수익, 비용 중 무엇에 속하나요?<br>(PART V 제1장, 제2장) | 매출세액은 부채, 매입세액은 자산으로 분류됩니다. 매출세액은 자신이 소비자로부터 수령했지만 국가에 납부해야 할 돈이고, 매입세액은 국가로부터 돌려받을 돈이기 때문입니다. 돌려받는 다는 의미는 매출세액에서 매입세액을 차감한 금액만을 부가가치세로 납부한다는 의미입니다. |
| 매출세액에서 공제되지 않는 매입세액은 회계거래중 무엇에 속하나요?<br>(PART V 제6장) | 매입세액불공제 대상 매입세액은 '비용' 으로 분류됩니다. 돌려받을 가치가 있는 '자산' 이 아니기 때문입니다. |
| 부가가치세 면세는 무슨 의미인가요?<br>(PART V 제4장) | 특정 물품에 대해서는 부가가치세는 부과하지 않는 제도입니다. 주로 서민들이 소비하는 기초생활 필수품 등에 대해 부가가치세를 면제함으로써 그들의 세금부담을 줄여 줍니다. |
| 부가가치세 간이과세 제도는 무엇인가요? (PART V 제7장) | 부가가치세 부담을 경감시키고 부가가치세 신고납부 부담을 줄여주는 제도입니다. |

| | |
|---|---|
| 부가가치세 간이과세 제도의 장단점은 무엇인가요?<br>(PART V 제7장) | 부가가치세 부담이 일반적인 경우보다 업종별 부가가치 수준으로 경감됩니다. 또한 부가가치세 신고·납부를 1년에 한 번만 하면 됩니다. 하지만 간이과세자는 매입세액이 매출세액보다 큰 경우에도 환급을 받을 수 없고, 세금계산서를 발급할 수 없어 거래상대방이 매입세액공제를 받을 수 없습니다. |
| 부가가치세 절세비법은 무엇인가요?<br>(PART V 제8장) | 매출세액을 제대로 징수하고 부담했던 매입세액을 잘 돌려받으면 됩니다. 현금매출 등 부가가치세 과세대상 매출을 모두 반영합니다. 또한 매입세액공제가능 항목을 빠짐없이 반영합니다. 이를 위해 세금계산서를 적절히 주고받습니다.<br>매입세액불공제 항목을 숙지하고 이는 부가가치세 공제대상 매입세액에서 제외합니다. 한편 매입세액 불공제 항목인 경우에도 소득세 영역에서 비용으로 반영 가능한 경우가 있으므로 관련 거래 자료를 빠짐없이 수령합니다. |

일생에 한 번은 TAX-GO를 만나라!

오늘은 나혼밥이 40년 지기 친구 나혼회를 만나는 날이다.

"요즘은 사업 좀 할 만한가?"

나혼회는 나혼밥의 안부를 묻는다.

"며칠 전 TAX-GO와 멋진 결전을 치렀어."

나혼밥의 무용담이 시작된다.

"선공은 TAX-GO의 몫이었지. 소문대로 무서운 오른손 훅이었어. 하지만 나는 피하지 않았지. 더 때려 보라며 얼굴을 허용했다네. 나는 그와의 대결에서 많은 기술이 필요치 않음을 알고 있었다네. 합기도의 전환권법 기본동작이면 족하리라는 생각이 들더구먼. TAX-GO는 계속 펀치를 날렸지만 나는 왼손으로 가볍게 방어하고 시계방향으로 한 바퀴 반을 회전 후 나비의 날갯짓을 연상시키는 오른손 타격으로 반격했지. 휘청이는 TAX-GO에게 바람을 가르는 핵펀치로 마무리했다네. 오랜 시간 그를 연구하고 준비한 덕분이지. 온 국민이 '열공'중인 1인기업 세무과외를 시작한 지도 어느덧 20년이 지났네. 우리가 이 수업을 선택한 건 신의 한 수였지. 이제 정말 1인기업시대가 도래했구먼. 우리 모두 일생에 한번은 TAX-GO를 만나야 한다네. 오늘 횟감이 좋아. 한 잔 하세나 친구."

수업의 전체 내용을 복습하자!
Are you ready?

## I. 나 이런 사람이야

**001** 당신은 어떤 사람인가? *A4용지 한 장으로 기술하라.
'nahonbap@gmail.com' 으로 전송

## II. 회계

**001** ①~④에 들어갈 용어를 보기에서 골라서 채워보라.

보기: 비용, 자산, 수익, 부채

재무제표

얼마 벌고 얼마 쓰나요?          지금 재산은 얼마인가요?

| 손익계산서 | 대치대조표 |
|---|---|
| 번 돈 =①_____ | 전체 재산 =③_____ |
| (-)쓴 돈 =②_____ | (-) 갚을 돈 =④_____ |
| 남은 돈(=이익 또는 손실) | 순 재산(=자본) |

**002** ①~④에 들어갈 용어를 보기에서 골라서 채워보라.

보기: 진실, 결과, 균형, 원인

복식부기란 거래의 ①_____ 과 ②_____ 가 ③_____ 하게
④_____ 을 이루는 것이다.

**003** ①~④에 들어갈 용어를 보기에서 골라서 채워보라.

보기: 비용, 부채, 자산, 자본

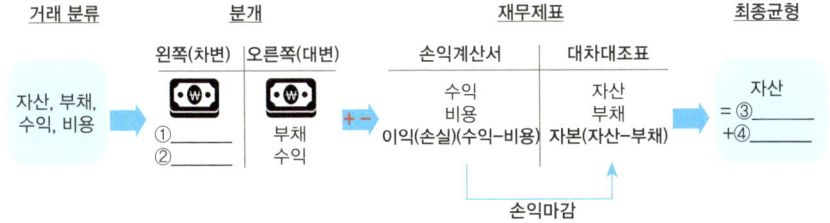

**004** 1-1 부터 3-3 중에서 기장세액공제를 적용받을 수 있는 경우와 가산세를 납부해야 하는 경우는 각각 어느 경우인가? A와 B에 들어갈 용어는 무엇인가?

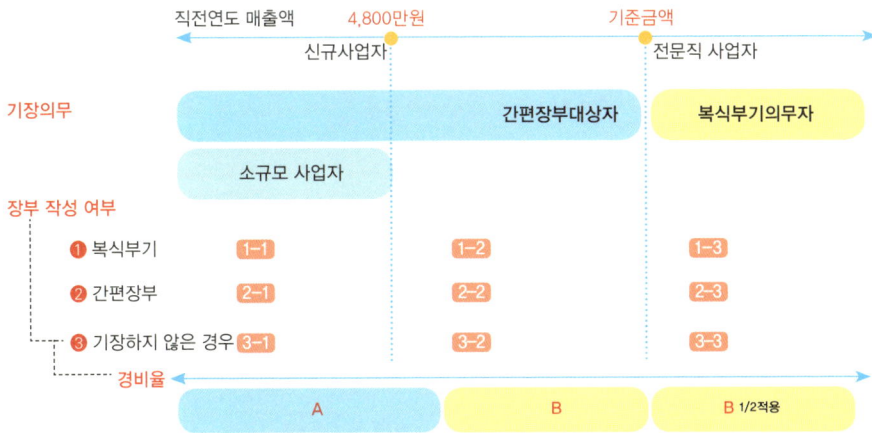

# Ⅲ. 소득세

**001** A, B, C에 들어갈 용어는 무엇인가?

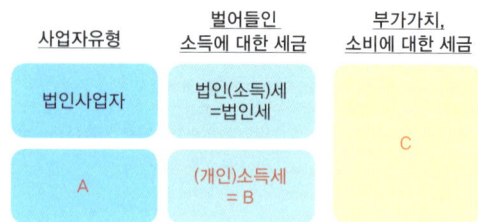

**002** ①~⑥에 들어갈 소득의 종류와 a에 들어갈 과세방법은 무엇인가?

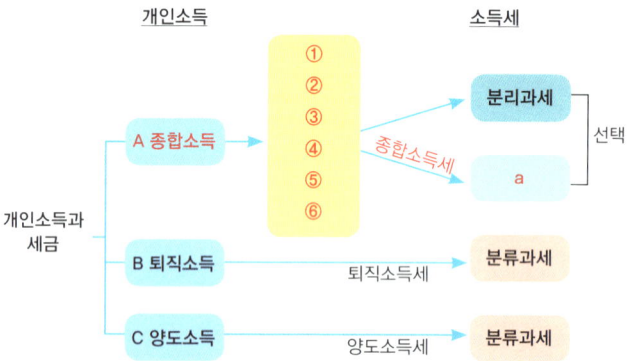

**003** A, B, C, D에 들어갈 과세방법과, a, b에 해당하는 금액은 얼마인가요?

| 종합소득 구분 | | 과세방법 | 비 고 |
|---|---|---|---|
| • 이자소득, 배당소득 | | 분리과세 | 연간 금융소득 합계 2,000만 원 이하인 경우 |
| | | 종합과세 | 연간 금융소득 합계 2,000만 원 초과인 경우 |
| • 사업소득 | | A | 사업소득은 원칙적으로 종합과세, 원천징수된 사업소득의 경우 확정 신고시 기납부세액으로 차감 |
| • 근로소득 | | B | 매월 원천징수 및 다음해 2월 연말정산 |
| | | | 다른 소득 없는 경우 종합소득 확정 신고 생략가능 |
| • 연금소득 | 국민연금 등 공적연금 | 종합과세 | 매월 원천징수 및 다음해 1월 연말정산 |
| | | | 다른 소득 없는 경우 종합소득 확정 신고 생략가능 |
| • 기타소득 | | C | 기타소득금액 a만원(총 수령액 b만원) 이하인 경우 |
| | | D | 기타소득금액 a만원(총 수령액 b만원) 이하인 경우 |

**004** 인세와 강연료 등 동일한 종류의 소득인 경우에도 동 소득이 일시·우발적으로 발생하는 경우에는 A_____ 으로 분류되고, 계속·반복적으로 발생하는 경우에는 B_____ 으로 분류될 수 있다.
A와 B에 들어갈 종합소득의 종류는 무엇인가?

**005** A와 B에 들어갈 용어는 무엇인가?

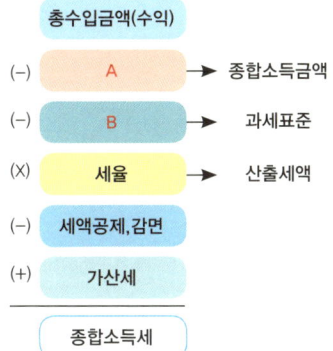

006 아래의 회계와 소득세의 관계를 설명해보라.

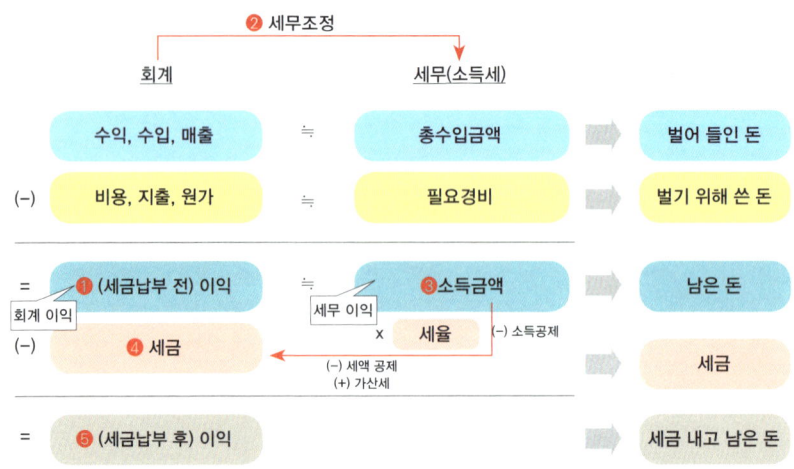

## Ⅳ. 부가가치세

001 부가가치세법을 기준으로 A와 B에 들어갈 사업자유형은 무엇인가?

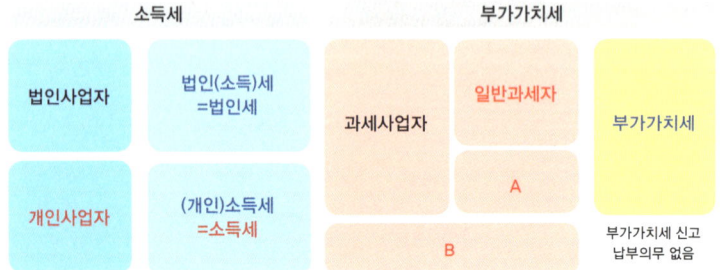

**002** 사업자의 매출과 매입에 대해 부가가치세 매출세액 X와 매입세액 Y를 산출하라. 만약 X < Y 인 경우 사업자가 납부할 부가가치세는 얼마인가?

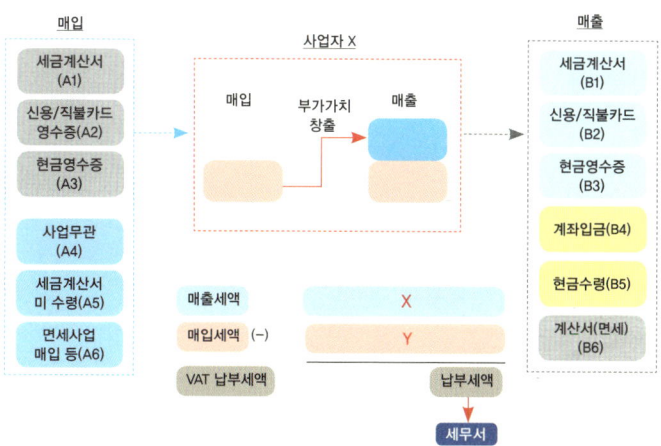

**002-1** 사업자가 '일반과세자'인 경우

**002-2** 사업자가 '간이과세자'인 경우(부가가치율을 R이라고 가정)

**003** 아래의 회계와 부가가치세의 관계를 설명해보라.

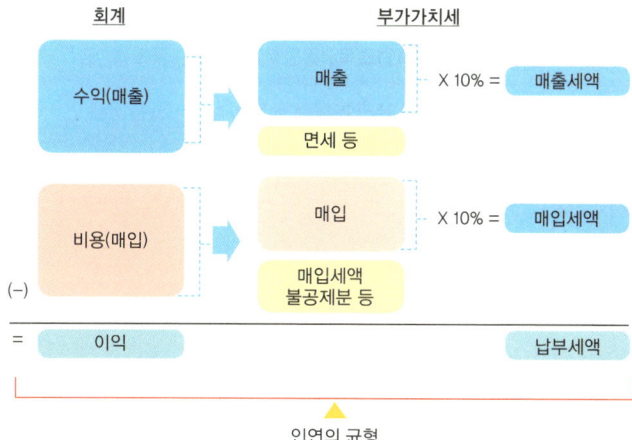

## 모범답안

### Ⅰ. 나 이런 사람이야

모범답안 없음

### Ⅱ. 회계

**001** ①수익, ②비용, ③자산, ④부채

**002** ①원인(또는 결과), ②결과(또는 원인), ③진실, ④균형

**003** ①자산, ②비용, ③부채, ④자본

**004** 기장세액이 적용되는 경우 : 1-1, 1-2
가산세가 부과되는 경우 : 2-3, 3-2, 3-3
A: 단순경비율, B: 기준경비율

### Ⅲ. 소득세

**001** A: 개인사업자, B: 소득세, C: 부가가치세, a: 종합과세

**002** ①이자소득, ②배당소득, ③사업소득, ④근로소득, ⑤연금소득, ⑥기타소득

**003** A: 종합과세, B: 종합과세, C: 분리과세를 선택가능, D: 종합과세
a: 300만원, b: 1,000만원(2019년 이후 750만 원)

**004** A: 기타소득, B: 사업소득

**005** A: 필요경비 또는 비용, B: (종합)소득공제

**006** 회계상 이익(❶)에서 세무조정(❷)을 통해 세무상 이익(❸)을 산출한다. 세무상 이익에 소득세율을 곱해 소득세(❹)가 산출된다. 회계상 이익에서 세금을 차감한 이익이 최종이익(❺)이다. 한편, 세무상 이익에 세율을 곱하기 전에 소득공제를 차감해 준다. 소득공제는 소득공제금액에 종합세율을 곱한 금액만큼 종합소득세금액을 감소시킨다.

## Ⅳ. 부가가치세

**001** A: 간이과세자, B: 면세사업자

**002-1** 일반과세자인 경우

매출세액 X = (B1+B2+B3+B4+B5) x 10%

매입세액 Y = (A1+A2+A3) x 10%

매출세액 X < 매입세액 Y인 경우 사업자는 X-Y만큼을 환급받는다.

**002-2** 간이과세자인 경우

매출세액 X = (B1+B2+B3+B4+B5) x 10% x R

매입세액 Y = (A1+A2+A3) x 10% x R

매출세액 X < 매입세액 Y인 경우 간이과세 사업자가 납부할 부가가치세는 없다. 간이과세자의 경우에는 환급이 적용되지 않는다.

**003** 회계장부의 수익과 비용이 부가가치세의 출발점이다. 장부상 매출액 중 부가가치세가 부과되지 않는 면세사업 관련 등 매출액을 제외한 매출액의 10% 금액이 거래상대방으로부터 징수한 매출세액이다. 한편, 장부상 매입액 중 부가가치세 매입세액 불공제 해당분과 부가가치세가 부과되지 않는 면세관련 매입액을 제외한 매입액의 10% 금액이 공제가능한 매입세액이다. 부가가치세 납부세액은 매출세액에서 매입세액을 차감해서 산출한다.

# 부록

# 질문이 답이다

 **학습목표** 세무대리인에게 질문할 내용을 학습한다

우리는 세무의 기본개념을 다지기 위해 여러 여정을 거쳐 왔다. 세무회계업무를 세무대리인에게 위임하고자 할 경우에는 그들을 통제할 수 있어야 한다. 그들과 대화 할 수 있어야 한다. 대화의 핵심은 질문이다. 자신이 기본을 알고 제대로 된 질문을 그들에게 던져야 한다. 우리의 여정을 무사히 마쳤다면 이제 그들과 대화할 수 있으리라. 걱정할 것 없다. 수업 내용을 완전히 이해하지 못해도 무방하다. 최소한 이런 내용이 있다는 것만 알아도 성공이다. 물어보면 된다. 자신만의 세무 용병에게. 이제 자신이 익힌 세무의 기본개념과 함께 최소한 아래의 질문사항들을 손에 쥐고 그들에게 물음을 던지자. 질문이 답이다.

## 회계

▶ 나의 기장의무는? 기장을 꼭 해야 하나요? (PART Ⅱ 제9장, 제10장)
  – 간편장부를 작성하면 되나요? 복식부기를 해야 할까요?
  – 간편장부와 복식부기에 따른 혜택 및 불이익과 나에게 적합한 장부작성 방안은?
  – 장부를 작성하지 않으면 단순경비율과 기준경비율 중 무엇이 적용되나요?
  – 장·단기적으로 장부작성이 유리한가요, 경비율에 의한 신고가 유리한가요?
▶ 복식부기는 어떻게 하는 것인가요? (PART Ⅱ 제3장, 제4장, 제5장)
▶ 매출과 이익의 개념은? (PART Ⅱ 제7장)
▶ 나에게 적용되는 주요 세무조정 항목은?(PART Ⅱ 제8장)
  – 장부에 반영되지 않은 항목 중 세무상 수익비용으로 반영 가능한 항목은?
  – 장부에 반영된 항목 중 세무상 수익비용으로 인정되지 않은 항목은?
▶ 회계장부 작성을 위해 내가 준비하고 보관해야 하는 서류는?

## 소득세

▶ 개인사업자와 법인사업자 중 나에게 유리한 것은? (PART Ⅲ 제1장, 제2장)

- 각 사업자 유형의 장단점은?
- 각각의 경우 세금 부담은?

▶ 내가 창출하는 소득 종류별 과세방법은? (PART Ⅳ 제1장)

- 종합과세 대상 소득은?
- 분류과세 대상 소득은?
- 원천징수로 납세의무가 종료되는 분리과세 대상 소득은?
- 분리과세와 종합과세 중 하나를 선택 가능한 항목은? 나에게 유리한 방법은?

▶ 나의 소득 중 기타소득과 사업소득의 구분이 필요한 경우는? 구분 기준은? (PART Ⅳ 제3장, 제4장)

▶ 내가 지출한 항목 중 사업경비로 반영 가능한 항목은? 이를 위해서는 거래증빙으로 받아야 하는 자료는? (PART Ⅳ 제8장)

▶ 내가 지출한 비용 중 가사경비로 분류되는 것은? (PART Ⅳ 제8장)

▶ 가사경비와 사업경비를 구분하기 위한 방법은? (PART Ⅳ 제8장, PART Ⅵ 제1장)

▶ 내가 원천징수를 당한 금액이 세금신고에 미치는 영향은? (PART Ⅲ 제7장)


## 부가가치세

▶ 나는 소득세를 납부하는데, 부가가치세를 납부해야 하는 이유는? (PART Ⅴ 제3장)

▶ 부가가치세 일반과세자와 간이과세자 중 나에게 유리한 것은? (PART Ⅴ 제7장)

▶ 간이과세자에게 부가가치세 환급이 적용되지 않는 이유는? (PART Ⅴ 제7장)

▶ 내가 공급하는 재화 및 용역 중 부가가치세 면세대상은? (PART Ⅴ 제4장)

▶ 나는 부가가치세법상 면세사업자가 될 수 있나요? (PART Ⅴ 제4장)

▶ 부가가치세는 계산방법은? (PART Ⅲ 제4장, 제8장)

▶ 매출거래에 대해 상대방에게 발행해야 하는 거래 자료는? (PART Ⅴ 제8장)

- 세금계산서, 신용카드전표, 현금영수증, 간이영수증, 기타자료 등

▶ 나는 주로 현금매출만 존재하는데 부가가치세 신고 방안은? (PART V 제8장)

▶ 매입세액 공제를 위해서 받아야 하는 거래 자료는? (PART V 제8장)

▶ 거래처의 사정으로 매입거래에 대한 세금계산서를 수령하지 못하는 대신, 매입대금을 할인 받았는데 부가가치세와 소득세 신고에 미치는 영향은? (PART V 제6장, 제8장)

▶ 내가 지출한 매입비용 중 매입세액공제 불가능한 항목은? (PART V 제6장)

▶ 나의 승용차 유지비용은 매입세액공제가 가능한가요? (PART V 제8장)

▶ 나의 매입세액 불공제 항목 중 소득세 계산을 위해 비용으로 반영 가능한 항목은? 또한 이를 받아야 하는 거래 자료는? (PART V 제8장)

▶ 내가 지출한 매입비용 중 혹시 매입세액 공제항목으로 누락된 것은? (PART V 제8장)

▶ 나의 장부상 매출액과 부가가치세 매출세액 계산을 위한 매출액의 차이 내역은? (PART V 제8장)

▶ 나의 장부상 비용항목 중 부가가치세 매입세액 계산을 위한 매입액의 차이 내역은? (PART V 제8장)

▶ 부가가치세를 절감하기 위해 내가 할 수 있는 일은? (PART V 제8장)

▶ 부가가치세 신고 · 납부 기한은? (PART VI 제1장)

**알아두면 돈 되는 1인기업 세무과외**

**초판 1쇄 인쇄** 2018년 6월 25일
**초판 3쇄 발행** 2020년 6월 4일

**지 은 이** 박순웅
**펴 낸 이** 권기대
**펴 낸 곳** 도서출판 베가북스
**총괄이사** 배혜진
**편    집** 박석현, 임용섭, 신기철
**디 자 인** 박숙희
**마 케 팅** 황명석, 연병선
**경영지원** 지현주

**출판등록** 2004년 9월 22일 제2015-000046호
**주소** (07269) 서울특별시 영등포구 양산로 3길 9, 201호 (양평동 3가)
**주문 및 문의** (02)322-7241 **팩스** (02)322-7242

ISBN 979-11-86137-71-0

※ 책값은 뒷표지에 있습니다.
※ 좋은 책을 만드는 것은 바로 독자 여러분입니다. 베가북스는 독자 의견에 항상 귀를 기울입니다. 베가북스의 문은 항상 열려 있습니다.
원고 투고 또는 문의 사항은 vega7241@naver.com으로 보내주시기 바랍니다.

홈페이지 www.vegabooks.co.kr
블로그 http://blog.naver.com/vegabooks
인스타그램 @vegabooks 트위터 @VegaBooksCo 이메일 vegabooks@naver.com